我国建筑业转型升级潜力测算与路径优化研究

RESEARCH ON POTENTIAL CALCULATION AND PATH OPTIMIZATION OF CONSTRUCTION INDUSTRY TRANSFORMATION AND UPGRADING IN CHINA

卢永琴◎著

中国经济出版社
CHINA ECONOMIC PUBLISHING HOUSE
北 京

图书在版编目（CIP）数据

我国建筑业转型升级潜力测算与路径优化研究／卢永琴著．—北京：中国经济出版社，2022.4

ISBN 978－7－5136－6781－4

Ⅰ．①我…　Ⅱ．①卢…　Ⅲ．①建筑业－产业结构升级－研究－中国　Ⅳ．①F426.9

中国版本图书馆 CIP 数据核字（2021）第 269645 号

责任编辑　张利影
责任印制　巢新强
封面设计　久品轩

出版发行　中国经济出版社
印 刷 者　北京九州迅驰传媒文化有限公司
经 销 者　各地新华书店
开　　本　710mm×1000mm　1/16
印　　张　13.25
字　　数　200 千字
版　　次　2022 年 4 月第 1 版
印　　次　2022 年 4 月第 1 次
定　　价　78.00 元
广告经营许可证　京西工商广字第 8179 号

中国经济出版社　**网址** www.economyph.com　**社址** 北京市东城区安定门外大街 58 号　**邮编** 100011

本版图书如存在印装质量问题，请与本社销售中心联系调换（联系电话：010－57512564）

前　言

随着经济的不断发展，能源的消耗量迅速增长，空气污染和温室效应不断加剧，人类生存环境逐步恶化。因此寻找建筑业可持续发展的突破口成为实现建筑业转型升级需要解决的问题。面对建筑业转型升级，西方国家完善节能减排体系，将太阳能、风能等绿色能源应用于建筑业中，并引入绿色低碳发展的理念，推广低能耗的绿色建筑和绿色施工。

党的十九届五中全会指出，要推动传统产业转型升级，着力提升产业链供应链现代化水平，把产业基础高级化水平明显提高作为“十四五”时期经济社会发展的主要目标和任务之一。新常态下对建筑业发展提出了“适用、经济、绿色、美观”的新要求。《关于加快新型建筑工业化发展的若干意见》指出，通过新一代信息技术驱动，以工程全寿命期系统化集成设计、精益化生产施工为主要手段，整合工程全产业链、价值链和创新链，实现工程建设高效益、高质量、低消耗、低排放的建筑工业化。据统计，截至2020年底，建筑业总产值26.4万亿元，同比增长6.2%，自2011年以来，建筑业增加值占国内生产总值的比例始终保持在6.8%以上，但增加值率从2011年的9.8%下降到2019年的5.6%。而随着我国建筑业不断发展，规模不断扩大，其能源消耗量从2011年的5872.16万吨标准煤增加到2017年的8554.51万吨标准煤。虽然我国建筑业在国民经济支柱产业中的地位稳固，但出现了每年所创造的新价值在不断减少而能源消耗持续增加的情况，因此，我国建筑业需要进行绿色转型升级以应对经济发展的严峻挑战，协调行业发展与生态保护之间的矛盾，实现行业自身的可持续发展。

基于我国建筑业发展面临的国际国内形势，本书以我国2009—2017年30个省份建筑业的相关数据为基础，针对我国建筑业转型升级的潜力及路径展开研究。首先，本书分析了我国建筑业转型升级与绿色发展模式的联系，明确建筑业转型升级的三条路径，根据绿色全要素生产率测算方法与转型升级的联系，构建建筑业转型升级潜力测算模型并完成相关测算。其次，利用动态多目标优化模型，构建我国建筑业转型升级路径优化与预测的模型，并进行优化预测。最后，从政府、行业及企业角度提出我国建筑业转型升级的策略。本书的研究结果为：

根据基于绿色全要素生产率测算的建筑业转型升级潜力测算结果，以2017年数据为例，北京市、天津市、上海市、江苏省、浙江省、江西省、湖北省、广西壮族自治区以及新疆维吾尔自治区建筑业的转型升级潜力为零，其余各省在能源节约、价值提升、环境友好方向上有不同的转型升级潜力。

根据我国建筑业转型升级路径优化结果，以2016—2020年数据为例，在价值提升型转型升级路径下五年间的建筑业总产值是最高的，达到了1568349.89亿元；在能源节约型转型升级路径下五年间消耗的能源最少，为22402.82万吨标准煤；在环境友好型转型升级路径下五年间的污染排放量最少，仅为1338859.44万吨；在均衡型转型升级路径下五年间建筑业总产值为1474356.68亿元，能源消耗量为24407.86万吨标准煤，污染排放量为1433258.98万吨。

本书的具体编写分工为：卢永琴全面负责，包括专著框架构建、现状统计分析、理论模型构建、实证数据分析处理、研究结果分析等，并进行所有内容的著述；西华大学土木学院的蒋丽丽、王状同学负责收集文献资料、问卷设计、市场调查、统计数据的收集和分类整理。本书在编写过程中，得到了土木学院的舒波院长和向勇书记的大力支持，采纳了项勇教授、陈泽友教授、熊伟教授和李海凌教授提出的建议，在此深表谢意。本书在编写过程中，汲取了部分学者的研究成果和观点，使本书的内容得到了丰富和完善，在此对这些学者表示衷心的感谢。最后，特别要感谢中国经济出版社的张利影编辑在本书出版过程中给予的帮助和支持。

卢永琴

2022年2月28日

目 录

第一章　国内外建筑业转型升级的研究现状

在经济全球化和行业信息化程度不断加深的过程中，发达国家的建筑业通过不断融合制造业中先进的理念及方法，提高生产效率、产品质量以及创新技术水平，满足消费者对建筑产品多样化的需求，实现建筑产品市场竞争力的提升，拓展建筑业国际市场，进而推动建筑业发展方式的综合性转变。目前，我国建筑业开始注重用工程建设全寿命周期的科学理论和方法来引领其发展走向，即将原本对设计、采购、施工环节的工程管理拓展为对策划、选择、评估决策、设计、施工、运维的工程建设全过程管理，开始注重在建筑业价值提升的过程中降低投入成本以减少对环境的破坏等问题。[1]

第一节　国外建筑业转型升级相关研究现状

一、国外建筑业转型升级发展趋势的相关研究

在绿色发展的理念中，为了降低建筑业生产过程中能源利用以及污染排放对生态环境造成的影响，推动建筑业的转型发展与绿色发展理念相适应，建筑业创新了传统的项目管理、项目施工以及资源配置等方式。其绿色发展的新趋势为：第一，在行业发展模式上引发了新的思考，制定了绿色评价标准；第二，在人才的发展态度上，注重对高技术人才的培养，建立完善的人才待遇制度；第三，在建造技术上不断探寻建筑材料的循环利用、建筑能源循环使用的途径，提高绿色环保材料的使用频率。[2]

20 世纪 60 年代，Paola Soleri 将生态学和建筑学合并为生态建筑（Arology），首次提出了“生态建筑”的理念，更加关注生态环境与建筑之间的关系。

David Pierce 等（1989）将生态学的理念与经济发展相结合，从理论上明确了“绿色经济”的概念。在对经济活动进行测算时，增加了对环境影响因素的评价，进而制定出针对绿色经济考核的标准，为绿色发展、绿色增长以及低碳经济概念的提出奠定了基础。[3]

Brian Edwards（2003）从建筑设计角度对建筑业绿色发展转型进行了研究：为了让设计满足可持续发展和变化的周期性，将“循环利用、绿色环保”的设计方案运用到更多的工程建设中，并且基于全寿命周期的视角对建筑展开综合评估。[4]

建筑环境性能评估是建筑业转型升级过程中的重要步骤，而建立建筑环境性能评估体系是建筑业可持续发展的一个重要趋势。随着可持续发展理念的深入人心，建筑环境性能评估的相关研究逐渐增多，为了推动绿色建筑及环境性能评估体系的建设，各国政府提出了与本国实际情况相符合的评估体系：

英国政府建立世界首个绿色建筑评估体系——BREEAM 体系，该体系从全球视角、区域视角、管理视角、室内视角四个维度对建筑主体的能源消耗情况及建筑周边场地生态环境情况进行评估。基于对建筑的核心性能、环境性能以及评价结果等指标考核，BREEAM 体系能够有效对建筑的绿色性能进行评价。[5]

美国绿色建筑委员会根据建筑与环境、能源、水、空气质量、材料以及场地之间的相互影响关系，对绿色建筑评估体系进行了分级化处理。在国际上，这种绿色建筑分级评估体系运作模式较为成熟和广泛。[6]

日本的建筑综合环境评价委员会将不同类型建筑进行分类，在综合考虑建筑周边环境及外部负荷、建筑性能等因素之后，利用可持续发展的理念对原有的环境性能评价体系进行改进，建立了 CASBEE 评价体系。[7]

为了顺应不同时期的发展要求，全球建筑业在发展过程中进行过多次转型升级。随着工业革命的深入推进，建筑业向工业化方向升级，美国、日本、瑞典等国都对建筑工业化进行了深入的探索研究。

Silva 等（2013）认为建筑业应该向工业化、绿色低碳方向转型升级。他从低能耗传统建筑物外墙围护结构中获得启发，将节能材料应用于装配式建筑外墙围护结构预制构件的生产中，达到对预制构件节能改造的目的，建造更加低碳节能的建筑。[8] Jae 等（2014）对装配式建筑建造中各单位的信息传递进行了研究，以 Industry Foundation Classes（IFC）为标准，研发出各单位信息交流的数据转换器，解决了重要文件储存格式和方法的问题，减少了数据传输中重要信息的流失程度，为装配式建筑各单位信息传递奠定了技术基础，从而提高了建设效率，促进了建筑业的工业化。[9]

在信息技术高速发展的今天，建筑业的信息化水平也在不断提高。政府的支持、行业团体的辅助推进，都预示着 BIM 这种“虚拟现实”技术是建筑业未来发展的重要支持。美国、英国、日本、加拿大等各个国家根据国内 BIM 的发展情况制定出不同的 BIM 实施指南和发展标准，以指导和规范 BIM 技术的完善和成熟，提升建筑业信息化水平，提高建筑业的信息管理效率。

Kumar（2015）认为，西方国家 BIM 技术已经形成了相对成熟的理论体系。在建筑工程的实践活动中，BIM 技术得到了施工、设计以及项目管理公司的认可。通过对不同软件中文件格式进行统一，搭建出 BIM 软件和分析软件信息交互的平台，加强了 BIM 技术与其他软件的融合，使 BIM 技术拥有较为广阔的市场前景。[10] 伯恩斯等在对美国 BIM 技术的应用进行分析后，认为大范围推广 BIM 技术是合理解决当前美国建筑业中存在的问题的途径。利用 BIM 技术在信息处理上的各方面优势，实现对建设项目的全过程管控是建筑业未来的发展方向。[11]

Vincent Kam Wai Wong 等（2009）总结了 84 篇有关 BIM 技术的文献，发现 BIM 技术的应用有利于促进绿色建筑的施工应用，分析了目前 BIM 技术在绿色建筑的设计阶段应用较多的原因，提出了推动 BIM 技术在绿色建筑全寿命周期进行应用的措施。[12]

二、国外建筑业转型升级影响因素的相关研究

在国际上，人力资源往往被视作知识经济时代最重要的生产要素。建筑业中具备高技能的人才作为行业人力资源的核心，在建筑业的发展中扮演了

不可或缺的角色。然而，在经济、信息以及组织等因素的综合影响下，建筑专业人才发挥的作用并不明显，为了提升“人”的重要性，多位学者进行了建筑业转型升级的影响因素研究。

Hilland Lorenz、Bordass 和 Leaman 等（2013）提出面对国际大环境的影响，应该完善建筑业的相关伦理道德准则，建立健全专业人士准入规则以及退出机制，提升建筑专业人士的职业道德修养，实现各个专业组织间的整合，推动国际建筑业转型升级以充分发挥建筑专业人士的作用。[13]

Hartenberger 等（2013）指出，建筑业可以借鉴现代医学教育的经验，改革建筑业中人才培养方式，完善人才培养中相对缺乏的内容。通过产学研一体化教育模式、“一问一答”的问题学习模式以及师徒制的培训模式，建立培养掌握多学科综合技能人才的综合教育体系，为建筑业转型升级提供更多高素质的人才，更好地满足信息化的要求。[14]

Bonham M. B.（2013）提出应对国际建筑业新型专业化发展趋势的措施，指出政府要在建筑业的转型升级中发挥引领性作用，通过直接的政策法令推动和间接的经济杠杆调控，促使国际建筑业发展环境的转变。[15]

区域经济的增长情况将影响区域建筑业转型升级的进程。国外学者对于建筑业经济增长的研究主要从影响因素以及与宏观经济之间的关系等方面展开。

Turin（1978）对 40 多个国家的建筑业经济增长与人均 GDP 的关系进行了分析，通过对数据的研究，指出在人均 GDP 的增长下，建筑业经济增长的幅度先增大后减小，呈 S 形曲线关系。[16]

Raymond、Sivaguru（1997）以香港建筑业为研究对象，在全面分析了导致香港生产总值增加的因素后，确定了建筑业产值和生产总值的关系，通过格兰杰因果检验方法，进一步得出了生产总值的增长与建筑业产值增长呈正相关关系。[17]

World Bank（1998）等从产业结构和亚洲国家的经济增长关系方面展开研究，认为市场经济体制的推行对于促进产业转型升级有着积极的作用。在亚洲地区，引入相对自由的市场经济制度可以促进该区域经济较好地增长。[18]

Arditi 等（2000）在采用两次问卷调查的方法分析了美国建筑业经济增长的内在因素后，总结了要保障美国建筑业经济的稳定增长，必须使建筑业向高质量、高效率、依靠较少的劳动力方向升级，做好建筑业的质量控制、成本控制、进度控制以及劳动力资源的合理分配。[19]

Jiang Heng 等（2011）从建设需求的角度对澳大利亚建筑业进行了研究，通过向量误差修正模型的应用，将其国内人口增长、国民收入和家庭开支的变化以及相关利率的变动作为主要的影响因素进行分析，研究结果显示澳大利亚建筑建设需求受人口、收入、开销等的影响较大。为了使建筑业转型升级后经济能够达到持续发展的目标，可以更多考虑绿色低碳建筑的建设。[20]

Ozkan Filiz 等（2012）收集了 1987—2008 年土耳其建筑业的相关数据，采用了格兰杰因果检验法，验证了建筑业产值的增长与城市基础设施建设、各种投资金额的数量以及本国 GDP 的增长密切相关。因此，建筑业需要进行以满足市场需求的转型升级，利用市场获得大量的投资，带动建筑业经济的增长。[21]

在经济全球化的作用下，产业价值链开始出现全球化的趋势。为了保持产业价值链在全球化进程中的完整性、可持续性，学者对影响产业价值链的因素展开了研究，探索产业在全球化的进程中从低端向高端上升的路径，提升相关产业的竞争力。经济全球化作用下价值链理论的相关研究对于探索国外建筑业的转型升级的影响因素有一定的借鉴作用。如 Gerem（1999）构建了 GVC 模型，丰富和拓展了价值链理论，认为企业内部、企业之间、国家内部以及国际性区域是产业升级的四个主要层次。[22]

三、国外建筑业转型升级生产率测算的相关研究

一个国家或地区建筑业的生产率能够直观地反映出本国或者区域建筑业投入产出的实际情况。因此，研究建筑业的生产率有利于了解建筑业发展的现状，分析阻碍建筑业发展的重要因素，推动建筑业的转型升级。

W. Leontief（1986）建立了用于描述国民经济部门在一定时期内投入产出

情况的投入产出表（IO），提出了针对投入产出表的数据分析方法，并以美国经济结构为研究对象，测算出美国的经济效率。此方法还用于计算国民经济各部门经济发展的结构和运行效率之间的数量关系，是国民经济核算体系的重要组成部分。[23]

K. W. Chau、A. Walker（1988）从建筑业成本—价格的角度，构建了全要素生产率的测算模型，采用几何平均数的测算形式并假定不同建筑产品占总产出价值的比例、不同要素价值占总投入价值的比例在整个测算过程中保持不变。经过比较分析后发现测算方法、测算结果和实际的定性分析具有一致性。[24]

Michael Porter（1990）第一次将“创新驱动”的理念拓展到各个行业。随着其研究的深入，涉及生产力与生产关系的全要素生产率被纳入了创新驱动的范畴，他认为各行业提升其竞争优势，带动经济发展的第一动力已经转变为创新。要实现创新驱动发展，最核心的是提高全要素生产率。[25]

Edvardsen（2003）测算了挪威建筑企业2000年的效率，结果显示所选建筑企业的平均生产率水平较高，认为提高计时工资、降低学徒比率、延长工作时间有利于建筑企业的高效率生产。[26]

Crawford Paul、Vogl Bernard（2006）在测算方法上，将平均劳动生产率和全要素生产率的优劣进行对比后，确定出更适用于测算建筑业生产率的方法。在数据获取上，综合考虑生产工艺不同对产出数量和质量的影响，便于创新和改进现有数据获取的方式，以得到更精确的测算结果。[27]

Wang Y. 等（2008）在DEA方法的基础上加入了管理指标，完善了效率评价的指标体系，并以数家建筑承包企业为研究对象，在经过测算分析后发现同一施工单位的不同建设项目存在资源合理配置的问题，不同的企业和部门生产效率同样存在较大差距。[28]

Nguyen Khac Minh、Giang Thanh Long 等（2007）利用越南经济普查的数据，测算了2298家建筑企业的全要素生产率。通过对比参数法（SFA）和非参数法（DEA）的测算结果，发现国有企业和非国有企业在全要素生产率、净资产和劳动力比率上存在明显差异，而这种比率差异对DEA法产生的影响低于 SFA 法。[29]

David Grau 等（2009）研究了土耳其 32 家大型建筑企业的劳动生产率，采用 T 检验法对 82 个施工项目中影响劳动生产率的因素进行分析，得出土耳其建筑企业劳动生产率的现状，有利于更好地把握当前土耳其建筑业的行业形势。[30]

Yan Li、Chunlu Liu（2010）通过对澳大利亚建筑业技术效率、纯技术效率以及规模效率的作用机理进行分析，确定了 1990—2007 年影响该国建筑业效率的因素，并分析了该行业变革的实际情况。在对测算结果进行时间和空间上的对比后，发现时间和空间的改变会导致实际产出情况发生改变。[31]

Isabel M. Horta、Ana S. Camanho（2010）等采用 DEA 法对 20 家施工企业的效率进行评价，对不同绩效指标设置不同权重以区分不同绩效指标的重要程度，在对不同生产决策单元进行测算后，确定出最有效的单元。另外，在进行效率优化的过程中，结合了虚拟单元法，即在原 DEA 生产前沿外找到实际的生产前沿，以达到提高全部生产单元效率的目的。[32]

四、国外建筑业转型升级路径选择的相关研究

当前，建筑业发展的内外部环境越来越复杂。从外部环境看，全球化进程不断加深对竞争更加激烈的国际经济形势产生影响。大多数行业在转型升级的路径上不断进行探索，以增强行业发展的潜力。从内部环境看，随着绿色、生态、环保等观念的传播，消费者对建筑产品的需求更加多样化，全新的建造技术增加了项目施工的难度。因此，在这样的内外部环境的影响下，许多发达国家的建筑业通过将先进的技术应用于施工建设，推广工厂制造的建造方式以及拓展国际建筑市场份额等途径，实现了建筑业在生产驱动、施工场地、市场结构以及成本控制等方面的转型升级，促进了建筑业劳动效率的提高以及行业形象的转变。[33]

Ghemawal、Nalebuff（1990）认为建筑企业的转型升级与其核心竞争力密切相关，通过对建筑企业的主要业务进行重新组合，明确各级组织的工作任务，简化相应业务流程手续以及加强公司文化和主流思想建设，以提高其核

心竞争力，实现其转型升级。[34] Shaheen（1994）将建筑企业作为建筑业转型升级的重要基础，指出随着外界环境的变化，建筑企业内部的价值、技术、行为以及存在形态也相应发生变化，通过加强企业内部文化建设，调整企业发展战略以及设计产品新的内涵，推动建筑企业的可持续发展，以带动整个行业的转型升级。[35]

国际建筑与建设研究创新理事会（2003）认为，制造业的转型升级能够为建筑业提供一定的经验。在建筑业中，利用新兴的建造技术或施工工艺改变原有的生产方式，采用先进的管理理念创新建设项目的管理方式，能够不断推动建筑业向工业化、标准化、信息化方向发展。

David 等（2006）认为在绿色发展理念不断与建筑业发展实践结合的过程中，建筑业的发展目标更加具有综合性，从原有控制项目成本、质量、进度三大目标拓展到技术、环境多元化目标等，项目管理的阶段更加具有全面性，从施工管理逐渐深化为全寿命周期管理。[36]

五、国外建筑业转型升级多目标优化的相关研究

在建筑业转型升级过程中，不仅需要通过生产率测算明确转型升级的必要性，还涉及转型升级的路径选择与优化的问题。国外建筑业转型升级的多目标优化大多是为减少工程项目管理以及建筑设计方面的阻碍，从行业内部进行调整，将优化目标与升级目标紧密结合，实现建筑业的转型升级。

Prem Vrat（1963）首次将分段函数引入多目标优化领域，分析建设过程中各工序的工期和成本间的关系，达到了简化优化目标之间关系、降低优化过程难度的目的，促进优化方式在工程项目管理中全面推广。[37]

Deckro 等（1995）在多目标优化的方法得到改进之后，利用各个工序工期和成本之间的联系，构建出与实际情况更加符合的工期成本二次关系模型，丰富了建筑领域的多目标优化研究，为建筑业转型升级的目标优化奠定基础。[38] Babu 等（1996）根据工期与成本的负相关关系以及与质量的正相关关系，在假设条件中设置满足工期、成本和质量关系的约束条件，构建出具体的成本、质量、工期模型，以实现对工程项目管理各个目标的上下限进行

控制。[39]

L. G. Caldas 等（2002）在研究建筑热舒适度和光照的过程中，首次采用了遗传算法辅助建筑设计的方式对目标性能进行评估并展开优化，这种方式有利于决策者制定和考察规划设计方案，评估建筑物环境和性能指标，从设计阶段推动了建筑业的信息化转型。[40]为了降低设计方案的能源消耗，D. A. Coley 等（2002）将遗传算法和动态热模型进行耦合以实现对能耗目标的控制，利用可视化的方式将优化结果向用户进行展示，以综合评估设计方案的节能效果是否满足要求。[41]

W. Wang 等（2005）在绿色发展理念的影响下对设计方案的经济性和环保性展开研究，通过将遗传算法最优解引入多目标优化模型，实现对设计方案经济和环保目标的控制，从设计环节促进建筑业的绿色发展。[42] K - El - Rayes 等（2005）认为质量是影响工程项目的重要因素，对质量进行控制有利于提升建筑业的整体建设水平，促进建筑业向高质量转型升级。因此，将已构建的工期—成本优化模型作为基础，引入质量控制目标，建立起工期—成本—质量综合优化模型，并采用遗传算法对模型进行求解。[43]

Tareghian 等（2007）认为工序质量的水平是工程项目整体质量水平的体现，将几何平均数引入质量目标控制体系中，利用电磁分散式方法对构建的工期—成本—质量的离散型综合优化模型进行求解，以达到对建设项目优化的目的。[44]

E. Znouda 等（2007）将地中海区域建筑节能的控制目标集中在供暖系统以及空调系统上，通过含有遗传算法的多目标优化模型，对计算机能耗实验进行优化调整，以在达到降低建筑能耗的同时保证建筑的舒适度的要求，促进建筑业的绿色转型。[45]

S. Azhar 等（2009）发现 BIM 技术能够进行复杂的环境及性能模拟，使建设前期阶段对建筑的设计方案展开可持续性能评价及优化成为可能，为建筑公司制定出详细的 BIM 评估方案，有利于建筑业在信息化与可持续发展逐渐深化的过程中从建筑与设计方面进行转型升级。[46]

Shi 等（2009）认为建设项目的成本随质量的提高而增加，通过正切函数模拟出工程项目成本和质量的关系，构建出成本—质量优化模型，最后采用遗传算法进行模型求解。[47]

Heravi 等（2012）在设计阶段确定出工程项目工期、成本、质量的控制目标，通过模糊数对质量进行估计，并采用蒙特卡洛模拟方法处理成本和工期，寻找建设项目资源最优的状态，完成多目标的优化任务。[48]

Ali Salmasnia 等（2012）将工期函数、成本函数、质量函数的一般形式通过线性假设进行表达，建立出满足工期、质量、成本控制要求的综合优化模型，使三个目标的变化与实际情况更加符合，进而促进工程管理水平的提高。[49]

B. R. Welle（2012）在多目标优化与 BIM 技术结合应用的基础上，开发了适用于 BIM 系统的热量模拟工具 Thermal Opt，实现了优化技术上的重要突破，减少了 BIM 进行目标优化的时间，也提高了项目优化的效率。[50]

D. Gossard 等（2013）采用遗传算法与神经网络技术耦合的方式对住宅外墙的物理特性进行优化研究以提高建筑环保性能，降低建筑能源消耗，进行分析后发现神经网络的使用减少了优化时间，提高了优化的效率。[51]

Asadi 等（2014）构建出以建筑能耗、热舒适度和改造成本为优化对象，结合神经网络和遗传算法的建筑节能改造模型。在以某学校的建筑为例进行优化模拟的过程中，将建筑外墙保温、屋内保温、采暖及空调系统作为控制因素，通过 TRNSYS 模拟出数据进行 BP 神经网络训练，发现了该模型不仅能节约优化时间，而且便于对建筑能耗、热舒适度和改造成本进行预测。[52]

第二节　国内建筑业转型升级相关研究现状

一、国内建筑业转型升级发展趋势的相关研究

现阶段建筑业转型升级主要向绿色低碳、建筑的装配化以及 BIM 等计算机网络数据应用的方向发展。因此，国内建筑业对于转型升级发展的文献大多是关于上述方面。

为了应对信息技术带来的发展与挑战，发达国家逐渐将建筑业的发展重点转移到信息系统在建筑业的应用以及新技术的研发上，进而促进传统建筑业的转型升级。我国学者也开始意识到建筑业的转型升级应该趋向于以 BIM 为主的信息化和数字化。

远方（2008）认为在信息技术高速发展的今天，各行业生产效率的提高以及竞争力的提升可以通过数字化的技术实现。而信息技术在建筑业中的应用水平较低，还不够深入。其在对制造业 PLM 的成功实施进行系统分析之后，认为建筑业的转型升级要更多发挥 BIM 在全寿命周期管理中的作用，使建筑业未来的发展更好地与信息化相结合。[53]

刘晴等（2010）提出 BIM 技术在建设全寿命周期管理中的应用是未来整个建筑业发展的一个大方向。应通过人才培养、应用推广、技术提升、产业服务、国际接轨等方式将 BIM 技术更好地应用于建筑业，促使建筑业转型升级。[54]

周建亮等（2014）回顾了美国在 BIM 领域的发展，重点介绍了美国 BIM 技术在建筑业的应用以及在高校培训的情况，对比了 BIM 在我国建筑业发展中存在的不足，最后得出在数字信息化的时代下，我国建筑业要促进 BIM 技术的推广应用，使建筑业的转型升级向以 BIM 为主的数字信息化方向发展。[55]

戚欣等（2016）认为在全国建筑业市场中，吉林省建筑业存在竞争力较弱、资金紧张、带头企业少的问题。自 2014 年以来，在中国建筑业持续低迷的大背景下，推进 BIM 技术在设计、施工、运营等阶段的应用，可以使吉林省建筑业有效应对发展中的阻力，实现吉林省建筑业的转型升级。[56] 钟娟（2018）通过分析 BIM 在国内建筑业领域中的应用现状以及 BIM 在发展时遇到的缺乏可应用模型、建筑大环境不成熟、传统思维难以转变等实质困难，搭建了一个 BIM 的项目管理信息平台，为 BIM 技术在建筑业转型升级中的应用提供了对策。[57] 谢非（2019）对于数字时代下建筑业转型升级的发展趋势进行了相关的研究，认为在建设新型智慧城市的新要求和新目标下，建筑业应向着数字化转型升级，并利用 BIM 技术推动建筑业的发展，使信息化、工业化与城镇化深度融合，实现建筑业的可持续发展。[58]

近几年来，装配式建筑的发展如火如荼，技术革新为装配式建筑带来了更为高效、更为环保的建筑方式，实现了建筑业从手工“建造”到工业“制造”的跨越。

朱百峰（2016）阐述了装配式建筑在生态环境、技术经济、管理机制和综合效益方面的绿色优势，认为装配式建筑具有较高的绿色度，并指出装配式建筑在生态环境上的优势与建筑业在转型升级发展上的要求具有一致性。[59]

于龙飞等（2015）认为当前我国建筑业的发展重心应当放到发展装配式建筑上，分析了装配式建筑在我国的发展前景并且通过与国外进行对比，总结了装配式建筑是未来建筑工业化的方向。[60]

文林峰（2016）研究了在全国大范围推广装配式建筑的价值，指出装配式建筑的发展符合建筑业向提高生产效率、节能减排、绿色安全等方向转型升级的要求。建筑业的装配式发展不仅可以改变其需要依靠大量劳动力进行建设的现状，还可以促使建筑技术不断发展进步。[61]

刘东卫（2017）对装配式建筑提出了全建筑、全寿命、全过程、全协同的发展理念，认为装配式建筑不仅有利于破解能源资源的约束难题，促进绿色建筑的实施，推动资源节约型、环境友好型社会的建设，而且可以促进实现我国建筑业工业化的目标，将建筑业与现行的信息技术不断融合，促进产业的现代化。装配式建筑在新一轮建筑业的科技革命和产业变革中具有导向性，代表着建筑业转型升级的发展趋势。[62]

张军（2019）通过对济宁市近几年装配式建筑的成果进行对比与分析，得出目前解决传统建筑业高耗能、高排放、劳动力依赖等问题的法宝就是大力发展装配式建筑。在国家各种政策的支持下，我国建筑业要加快新旧动能之间的转换，向着绿色、高效发展，实现建筑业的转型升级。[63]

廖礼平（2019）阐述了装配式建筑的发展现状并且梳理了其发展历程，从绿色建筑的角度，指出了其发展过程中缺乏政策引导、技术标准化支持、产业管理的方法以及稳定的资金来源等问题，提出了大力发展绿色装配式建筑，实现建筑业可持续健康发展，促进其快速转型升级。[64]

在绿色经济的浪潮下，面对资源环境的压力，推动资源能源消耗的重点行业进行转型升级势在必行。

王雪（2013）在建筑施工企业进行绿色转型的背景下，通过定性分析的方式确定了建筑施工企业经济转型的关键影响因素。另外，采用定量分析的方法，对绿色发展模式下建筑业经济转型进行了评价。[65]

王本明（2016）指出在全球经济结构、发展方式、环境安全等进行调整与创新的趋势下，我国建筑业应该抓住转型的机遇，在市场、需求、建造等方面贯彻正确处理人与自然关系为核心的绿色发展理念，以打破当前建筑业发展面临的困境。[66]

高源等（2014）认为低碳建筑是传统建筑业转型升级的必然选择。由于社会各界对低碳建筑的认知有限，低碳建筑相关技术的推广存在资金支持力度薄弱、碳交易市场机制不健全以及政策体系不完善等问题。为了促进我国传统建筑业向低碳建筑转型升级，政府要不断完善相关政策，加强监管；企业应转变管理理念，引进低碳技术。[67]

刘芳等（2017）对绿色发展模式与经济转型相关理论进行了阐述，以可操作性、动态性、科学性、系统性为原则，确定了建筑业经济转型要向技术创新、资源节约、环境友好以及生态文明方向发展。[68]

李兰兰（2018）把可持续发展理论、绿色发展理论、循环经济理论、产业升级理论应用到建筑业转型升级的相关研究中。通过 DEA 模型分析了我国建筑业的绿色发展水平，提出了绿色发展存在的一些问题，认为绿色转型应该坚持走循环经济、创新驱动、产业融合的路径。[69]

在中国推进城镇化和可持续发展的经济转型过程中，邱晓稳（2018）指出要不断完善建筑业绿色发展的政策，促使建筑企业逐渐涉足绿色领域，在我国经济转型的过程中，推动建筑业绿色发展，加快生态文明建设，实现新型城镇化建设。[70]

二、国内建筑业转型升级影响因素的相关研究

关于国内建筑业转型升级影响因素，大多数学者主要集中于从劳动力需

求、新型城镇化、供给侧结构性改革以及数字化与信息化等的视角进行研究。

戴国琴（2013）收集整理了杭州市建筑业劳动力投入量的相关资料，分析了我国建筑业劳动力的主要来源及现状，指出由于近10年我国劳动年龄人口绝对数量增速减缓，导致建筑业劳动力的投入量出现缺口。因此，推动建筑业转型升级，保持其劳动力供求平衡以及劳动力供给的可持续已经刻不容缓。[71]

宋健等（2017）统计了2016年建筑业中农民工年龄的分布情况，在对统计结果进行分析之后，指出由于越来越多的年轻人不愿意从事现场的施工工作，建筑业的劳动力投入将面临困境，需要不断推动建筑业从劳动密集型向技术密集型转变。[72]

张英杰等（2018）对2000—2016年劳动力投入数据进行敏感性分析，指出影响我国建筑业劳动力投入的相关因素。为了对未来建筑业劳动力的供求趋势进行预测，建立了劳动力供需状况测算模型，得出了通过推动建筑业转型升级、可解决建筑业劳动力投入量下降问题的结论。[73]

孙育平（2013）提出我国建筑业应从产业形态、生产方式以及科技创新等方面实现系统化再造，从而在提高城镇化水平的同时使建筑业获得新的发展机遇，向现代建筑业转型。[74]张慎林（2013）认为建筑业转型升级应该抓住新型城镇化发展机遇，在推动新型城镇化过程中要坚持统筹兼顾、以人为本的原则，将市场开发的重点向西部地区转移，把工作的重心由一、二线城市向三、四线城市及周边倾斜，迎合新型城镇化所需要的市场。同时，将经营模式向综合模式转变，推动传统建筑业向现代建筑业转型。[75]

张贵林（2014）认为由于我国建筑业发展的重心集中于东部地区，建筑业发展的地区差异明显，而建筑业对于能源的消耗及环境的破坏较大，导致东部地区的雾霾不断加重。为了解决建筑业发展中区域不平衡的问题，更好地承担起节能环保的社会责任，应推动建筑业的转型升级。[76]

1998年以来，我国通过需求侧管理扩大投资、拉动内需、促进出口，但随着时间的推移，需求侧管理所产生的副作用日渐明显，出现了经济增速下降、实体企业盈利下降、工业品价格下降、财政收入增幅下降、经济风险发生概率上升的“四降一升”状况。在稳定的经济形势下，进行需求侧管理收效甚微，付出的代价则越发明显。进入经济新常态后，我国经济转型需求更为紧迫，而根本解决之道在于结构性改革，将宏观调控重点转向供给侧管理。

崔秀瑞（2017）认为，供给侧结构性改革的提出明确了我国经济改革的侧重点应该从需求侧的规模扩张转到供给侧供给体系的提质增效，建筑业在供给侧结构性改革的影响下，应该确定在政府、行业、企业项目层面的转型路径，构建建筑业转型发展的制度体系。[77]

在数字化及信息技术方面，信息技术发展迅速，大数据技术的崛起将各行各业与信息技术紧密融合，建筑业与信息技术的融合将会是发展的巨大推动力。

唐生乾（2016）认为在信息技术的应用中，建筑业能更科学地决策、更好地转变发展方式、更高效地完成生产、更精准地节约资源，进而实现产业转型升级。[78]石治平（2017）在对信息化的研究中提到以大数据、智能化、移动通信、云计算和物联网为代表的信息技术与传统行业的融合发展，使传统行业不断创新和升级。与此同时，“互联网 +”等信息技术在建筑业的应用，能解放和提高建筑业的生产力和生产效率，促进建筑业更快地转型升级。[79]张爱琳等（2018）在“互联网 +”的大背景下，分析了高新信息化技术在建筑业中的应用现状，指出了在建筑业转型升级的过程中，“互联网 +”推动了建筑业生产方式的信息化，改变了以往建筑业粗放式的管理模式。[80]

王景（2018）指出随着近几年来信息技术的高速发展，促进了各个行业之间的联系，建筑业也获得了数字化发展的机会。利用信息技术集成化、高效化的特点，可以对工程项目全寿命周期的各个阶段进行实时控制与监督，提高信息传递的速度，实现现场资源的优化配置。信息技术使建筑业生产效率有了较大的提高，建筑产品的质量也得到了提高，有利于促进建筑业的转型升级。[81]汪莉莉（2019）提出建筑业在应用技术和管理创新上的发展缓慢，建筑业数字化还处于发展初期，当前建筑业的发展无法满足数字时代社会发展的要求。因此，数字化发展已经成为推动建筑业转型升级的新动能。[82]

三、国内建筑业转型升级生产率测算的相关研究

虽然我国建筑业全要素生产率测算的相关研究起步较晚，但通过分析目前已有的研究，有利于了解我国建筑业生产率的现状，掌握测算生产率的相关方法，发现影响建筑业生产率的关键因素，更好地推动建筑业的转型升级。

李小冬（2000）测算了我国1990—1998年建筑业的全要素生产率，通过相关曲线的绘制，发现除某几个年份生产率上升外，其余年份的生产率呈下降趋势。由此得出建筑业的粗放型发展不利于建筑业整体效益水平提升的结论。[83]

高金窑（2003）在对我国建筑业的发展现状进行实证调研并对建筑业的全要素生产率进行测算之后，发现我国建筑业全要素生产率在总体上缓慢下降，建筑业由于正处于向集约型增长的转变阶段，其生产效率的提高并不显著。[84]

史修松等（2006）对我国1993—2003年的建筑业全要素生产率增长进行了非参数Malmquist指数法分析，发现在技术进步的推动下，我国建筑业总体全要素生产率的年均增长为正增长，但是各个地区之间的生产率增长的差异较大，西部地区的生产率增长幅度明显小于东部沿海地区的增长幅度。因此，他指出不同区域建筑业都应利用自己的优势，结合地区实际情况选择发展方式，借鉴发展较好地区的经验，采用发展较好地区的先进技术。[85]

曲建君（2007）将全要素生产率测算的方法分为增长核算法、指数法和生产前沿面法三类，为更加准确地测算建筑业生产率提供了方法支撑。[86]李忠富等（2008）采用了DEA方法与Malmquist生产率指数法相结合的方式，对我国大型的建筑承包商进行全要素生产率的测算。根据测算数据，在分析了技术效率和技术进步的变化情况后，总结了技术效率和技术进步的变化原因。[87]

崔秀敏（2013）对我国建筑业的技术效率变动及影响因素展开研究。通过分析测算结果，明确指出了我国建筑业的水平、动力装备的配置情况与建筑业的技术效率呈正相关关系。[88]凌郁等（2014）分别测算我国各种经济类

型建筑企业的全要素生产率，将测算数据制表进行对比研究，发现私营经济企业的全要素生产率低于总体水平，提出了需要激励私营经济企业的发展以提高整体的全要素生产率。[89]

谭丹等（2015）采用灰色关联度分析与收敛回归分析相结合的方法，研究了我国 1993—2003 年建筑业的全要素生产率。从变化特征上，总结了技术进步和全要素生产率的增长存在正相关关系；从影响因素上，概括出经济环境、科技投入情况、市场结构对全要素生产率的增长产生影响。[90]

徐美玲（2016）认为目前我国建筑业的发展在管理上还存在一些问题，如不完善的法律法规、没有统一的管理标准导致行业中存在着竞争力不足、管理不到位等。并选取我国 31 个省、自治区、直辖市建筑业在 2004—2014 年的数据进行效率测算。结果显示，我国建筑业发展潜力不足、管理不到位等多是因为对建筑业科技的投入资源缺乏，建筑业科技的更新速度过慢，建筑业科技驱动力不足。[91]

田友春等（2017）探讨了全要素生产率测算方法以及数据选择的问题。采用不同的全要素生产率方法以及选取不同的数据指标对 2004—2012 年我国不同行业面板数据进行测算。将测算结果进行对比分析后，发现不同的测算方法应该根据不同的数据特征进行选择。此研究不仅思考了方法的合理性，而且分析了数据使用的特征，推动了包括建筑业在内的各行业的生产率测算方法与数据使用的完善。[92]

向鹏成等（2019）从低碳的视角出发，选择 Global Malmquist－Luenberger 指数模型，在对 2008—2017 年建筑业绿色全要素生产率进行测算后，从建筑业内外部对影响因素展开了分析，指出在建筑业内部，建筑业总产值、建筑业从业人员专业素质、建筑业资本化水平等因素将对绿色全要素生产率产生影响，而经济水平、劳动力素质、固定资产投资是影响绿色全要素生产率的外部因素。另外，从能源、人力资源、建筑业市场等方面探索了实现建筑业可持续发展的改进路径。[93]

叶贵等（2019）认为提高建筑业的全要素生产率是多方面创新的关键，建筑业要发展必须要提高全要素生产率。其研究从指标选择、研究方法角度系统评述了目前关于建筑业全要素生产率测算的相关文献，指出了现有研究中以 DEA - Malmquist 生产率指数法、超越对数生产函数法等应用为多，并且在之后的研究中应对生产率指标进行全方位的分析，加大对劳动力、机械租赁等变量的思考，使全要素生产率的测算更贴合实际发生的情况。[94]

张静晓等（2020）通过对已有的生产率指数的研究改进，构建了一种新的生产率指数（Global Malmquist - Luenberger，GML），并从全国和地区两个层面对 2011—2017 年我国建筑业动态绿色全要素生产率进行测算。[95]

四、国内建筑业转型升级路径选择的相关研究

近年来，关于转型升级路径的研究大量涌现。高巍（1995）对香港的四大工业，即制造业、建筑业、水电煤气业和矿业展开研究，指出处于经济转型期的香港四大工业中大部分企业已经将劳动密集型产业转移到内地。[96]

在行业管理的视角下，高学斌（2008）指出建筑业转型升级要从谋划和实施转型升级战略、加快行业结构调整、引导企业做大做强、推动行业科技进步、完善政策创新制度 5 方面入手。[97]

在山东省建筑业面临高能耗和粗放发展等问题导致其无法满足经济可持续发展的要求背景下，宋瑞乾（2010）认为山东省建筑业转型升级的关键要依靠管理创新、机制创新和科技创新。应该通过先进、完善的管理理念和管理体制，高效的决策机制、激励机制、人才机制、考核机制、可持续发展机制以及在核心技术领域和关键技术领域的技术创新和改造来实现建筑业的转型升级。[98]

洪鸿（2011）认为推动高新技术在建筑业中不断深化应用是建筑业转型升级的路径之一，通过科技创新不仅可以促进工程管理效率的提高，而且大量新技术、新工艺、新材料的使用还能有效地节约能耗。[99]

江苏省住房和城乡建设厅驻盐城调研组（2012）指出实现盐城建筑业转型升级的路径应该以改变粗放式经营为前提，以推进建筑工业化为突破口，以资质高等级化为手段，以确立建筑产业的支柱地位为出发点和落脚点。[100]

李德全（2013）提出建筑业转型升级的重要途径是融合发展，将建筑企

业与资本融合，将建筑业与制造业及信息技术融合，将建造过程各环节和专业融合，将资质等级企业承包领域和经营功能领域融合，将中、小企业专业化与总包协作相融合来实现建筑业的转型升级。[101]

林抒（2013）对建筑业的新型工业化展开了详细的阐述，认为通过将原有建筑业的生产方式转变为预制装配化，将产业链拓展到设计、生产、施工、运维的全过程，将建筑产品融合节能环保的要求，可以推动建筑业转型升级，达到可持续发展的目的。[102]

陈朝兵等（2014）等指出荆门建筑业要想改变传统型管理、粗放型增长模式，促进建筑业的转型升级，就要以加快企业改制步伐、优化产业结构、加强人才教育培养、增强科技创新能力、大力实施质量安全兴业战略为路径。[103]陶拥军（2014）认为创新可以激发建筑业转型升级的活力，通过创新可以实现建筑业的信息化管理，优化企业的资源配置，落实安全质量责任，进行人才培养，发展多种经营模式，从而达到整个行业转型的目的。[104]

戚欣等（2017）对吉林省的建筑业发展情况进行了调查与分析，发现当前建筑业的发展存在规模小体系不健全、政府的重视力度不够、技术进步缓慢、技术工人严重匮乏等问题，认为在未来建筑业的发展中应注重扩大建筑业发展的规模，积极发展绿色建筑，提高信息化应用水平，实施“引进来”和“走出去”战略，提高融资能力。[105]王铁宏（2018）指出北京地区的建筑业只有抓住深化改革、科技跨越、绿色发展三条主线以及厘清装配式建筑发展、市场模式变革、“一带一路”倡议、雄安新区规划建设四个方面的问题，才能更好更快地找到建筑业转型升级的出路。[106]

谢树立等（2019）提出建筑业正处于我国经济由高速度向高质量转变的发展阶段，为了解决建筑业发展中存在的困难和短板，贯彻落实创新、经济、绿色、品质的发展理念，建筑业应该积极融入市场模式、全面融入装配式发展、大力融入“一带一路”，推动建筑业进行转型升级。[107]

杜明芳（2019）认为在数字中国，智慧社会的概念被提出后，建筑业应承担起数字智慧化转型的责任。智慧建筑是未来建筑的发展方向，只有从内涵、架构、理论体系等方面对其明确，才能为建筑业的转型提供更好的方向指引，才能更好地促进建筑业健康可持续发展。[108]

五、国内建筑业转型升级多目标优化的相关研究

目前，国内建筑业目标优化的相关研究主要集中在工程项目管理领域，通过对建设过程中工期、成本、质量目标进行优化，达到转型升级的要求，实现建筑业的可持续发展。

高一凡等（2001）认为图论是利用数学方法对各种复杂的工程系统和管理问题进行优化的一种途径。在项目的进度管理中可以将图论方法与工程进度相结合，用计算机语言来高效构建施工中的网络计划图，从而在最短时间内计算出工程的关键线路以及每个工序的总时差与自由时差。[109]

王健等（2004）利用多属性效用函数理论构建出工程项目管理的工期—成本—质量综合均衡优化模型。通过对工期、成本和质量进行全面系统的分析，结合网络计划技术和遗传算法对模型进行求解，达到控制工程项目工期、成本和质量的目的，有利于提高工程建设项目的综合效益，保证建筑业更好地转型升级，推动建筑业的可持续发展。[110]

李雪淋等（2007）等结合多目标优化理论，针对工程项目管理的相关问题，构建了基于向量评价的多目标优化模型。将进度、费用和质量作为工程项目的三大控制目标，确定了利用向量评价遗传算法对工程项目多目标优化问题进行求解的思路，阐述了算法的实现流程，并通过实例验证了该模型的可行性。[111]

赵瑞等（2008）指出建筑业的转型升级需要提升建筑企业工程项目管理能力。这涉及对工程的质量、工期、成本、资源等目标进行综合均衡控制。在具体分析各目标之间相互作用关系的基础上，建立了工期、进度、质量三者之间的模型，并且引入工程质量目标、资源均衡目标、综合单目标模型，在对工期—费用进行优化之后，建立了进度计划的多目标模型，利用改进的理想点法对实施方案展开优选。[112]

王宇静等（2010）在原本的工程项目进度、质量、成本目标的控制中加入了环境保护的目标，推动了建筑业的绿色发展。利用目标优化理论，构建

了多目标均衡优化模型，通过微粒群算法对模型进行求解，得出的最优解即可作为绿色施工管理的主要控制目标。[113]

王维博等（2011）通过构建工程当中的质量—进度—成本的多目标优化模型来寻求工程优化问题的最优解，并采用基于多子群分层策略的 HSPSO 算法进行多目标优化，通过枚举法验证了模型的合理性和算法的有效性。[114]

李海涛（2012）指出在工程施工过程中资源的供给情况是影响工程进度、质量、成本最重要的因素。保证现场的资源供给有利于降低施工的管理费用，避免造成窝工的现象，从而推动建筑业的持续健康发展。因此，为了解决工程中的资源供给与配置问题，构建了资源均衡优化模型，对工程中的资源属性进行分类并对资源属性的重要度进行确定，最后通过遗传算法对模型进行求解。[115]

刘玲等（2014）认为绿色建筑具有节约资源、生态环保等特点。在建筑业发展的过程中，绿色建筑不断引领绿色发展潮流，成为建筑业新的发展方向。利用动态优化模型对绿色建筑的三大目标进行优化，对于促进建筑业绿色转型升级发展具有深远影响，因此，通过分析各工程活动的时间、成本和功能三者之间的相互关系，构建了绿色建筑的优化模型，并用遗传算法进行求解。[116]

王玫婷等（2017）构建了更符合工程实际情况的非线性多目标综合优化模型。在模型中将工程按照一定的原则分类为不同的小工程，考虑了项目间接成本的效用，探讨了工程进度、质量、成本目标之间的非线性关系。求解算法时采用实数编码的遗传算法求解，并对选择复制、交叉、变异等遗传操作做了一定改进。[117]

陈玉梅（2019）基于 GA－PSO 算法构建出绿色施工项目多目标均衡优化模型，结合目标管理的特点对绿色施工项目的重点阶段进行定性以及定量分析。他指出，在以绿色为导向的高质量发展逐渐成为建筑业发展风向标的时代下，推动绿色施工的发展是建筑业转型升级、实现可持续发展的必经之路。[118]

第三节 国内外相关研究现状总结评价

在对国内外建筑业转型升级的相关文献进行梳理后，总结出目前有关建筑业转型升级的研究主要体现以下特点：

（1）对于建筑业转型升级的发展趋势，国内外的研究主要集中于建筑业的绿色发展、建筑业的预制装配化以及建筑业中 BIM 技术的应用。国内学者在受到国外学者的绿色发展理论以及信息化工业化的影响下，开展了建筑业转型升级发展趋势研究。一方面，对于相关理论，比如绿色发展理论、可持续发展理论，国内学者的研究较晚，与我国的具体国情的结合处于探索阶段，多是将转型升级的趋势预测作为研究的方向。另一方面，国外学者对于绿色评价体系的相关研究相对较为完善，而国内的研究尚处于起步阶段。

（2）关于建筑业转型升级动因方面的研究，国内学者基于我国的具体国情，对人口老龄化、劳动力不足、新型城镇化、供给侧结构性改革以及数字化时代等方面的影响因素进行了具体的分析。但是相关研究较为分散，未能形成相对有影响力的理论体系，并且没有站在全球化等视角对影响因素进行分析，国际化的视野较窄。国外学者关注了工程的作用、新型的信息化工业化以及经济全球化下的价值链对建筑业转型升级的影响，在产业价值链的研究上，形成了相对完善的理论体系。

（3）在建筑业转型升级生产率测算上，国外学者的研究起步较早。对生产率测算的研究内容主要分为探究建筑业生产率的重要影响因素、分析不同测算方法和数据使用产生的误差以及实例应用。国内的文献都集中在中后期，虽然缺少对生产率测算基础理论的研究，但并未影响其发展速度，生产率测算的许多新方法都已经被应用，测算的内容也不断与时俱进。国内外进行建筑业生产率测算的研究数量虽然多，但将生产率测算与建筑业转型升级潜力直接联系起来的研究相对缺乏。目前，较多的是关于绿色转型升级能力的评价。但是在评价方法以及理论模型构建上的研究比较少，不利于测算建筑业转型升级的潜力。

（4）在探索建筑业转型升级的路径上，由于国内外学者对于产业转型升级的相关理论研究较为全面，因此，在结合产业转型升级理论的基础上，借鉴制造业转型升级的相关研究，国内外学者提出了可以通过结构调整、创新驱动发展以及建筑业的融合发展等方式实现建筑业的转型升级。虽然大多数学者都提出了具体的措施，但是未能从宏观视角归纳概括出转型升级的路径，而且在关于这些措施的实施效果以及路径优化上的研究也较为缺少。

（5）关于多目标优化在建筑业转型升级的应用上，国内外的相关研究都较少且主要通过在建设过程中设置相应的控制目标，对工程项目进行目标优化，实现更低成本、更高效益的建筑业发展要求。然而，随着信息化及绿色发展等新要求的提出，国外建筑业将多目标优化的应用拓展到了建筑设计领域，增加了能耗以及可持续性目标的设置，从设计环节开始推动建筑业的转型升级。

综上所述，虽然国内外学者对于建筑业转型升级进行了大量的研究，但研究内容的深度和广度有待进一步提升。目前学术界对转型、升级、转型升级、绿色转型、绿色转型升级的概念区分不明确且未进行明显的界定，多数学者在研究过程中将以上概念模糊对待。在建筑业转型升级的潜力测算上，大多是对生产率测算进行研究，缺少针对潜力测算构建的计量模型以及转型升级潜力的评价方法。在转型升级路径上，主要集中在对具体实施方法的分析方面，缺少对路径选择的量化研究、路径实施效果的优化以及预测。

参考文献

[1] DAVID ADAMSON, TONY POLLINGTON. Change in the construction industry: An account of the UK construction industry reform movement [M]. Routledge 2 Park Square, 2006.

[2] EGAN, SIR J. Rethinking construction: The report of the construction task force [R]. Department for transport local government and the regions, 1998.

[3] 大卫·皮尔斯，等. 绿色经济的蓝图 [M]. 北京：北京师范大学出版社，1997.

[4] 布赖恩·爱德华兹. 可持续性建筑 [M]. 周玉鹏，译. 北京：中国

建筑工业出版社，2003.

[5] BREEAM. Building research establishment environmental assessment method [EB/OL]. Homepage, available at http://www. bre. co. uk, 2004.

[6] LEED. R for new construction & major renovations V2. 2 [S]. US GBC, 2005.

[7] 华佳. 浅析日本 CASBEE 评价体系 [J]. 住宅产业，2012 (5): 46 -47.

[8] SILVA, PEDROC P., ALMEIDA, MANUELA, BRAGANÇA, LUIS, MESQUITA, VASCO. Development of prefabricatedretrofit module towards nearly zero energy buildings [J]. Energy and buildings, 2013 (56): 115 -125.

[9] JAE WAN PARK, YUN GIL LEE. Developing an integrated evaluation technology for energy - and cost - efficient building design based on BIM in the real - time manner [J]. Architectural research, 2014, 16 (3): 93 -100.

[10] KUMAR, KAUSHIKSC. Performance evaluation of green roof and shading for thermal protection of buildings [J]. Building and environment, 2015, 40 (11): 1505 -1511.

[11] BRIAN GILLIGAN, JOHNKUNZ. VDC us in 2007: Significant value, dramatic growth, and apparent business opportunity [D]. Center for integrated facility engineering (CIFF), 2007.

[12] VINCENT KAM WAI WONG, HUA ZHOU, SIMON SHIU FAI CHEUNG, TING LI, LIANG LIU. Mechanistic study of saikosaponin - d (Ssd) on suppression of murine T lymphocyte activation [J]. Journal of cellular biochemistry, 2009, 107 (2).

[13] BORDASS B., LEAMAN, A. A new professionalism: Remedy or fantasy [J]. Building research and information, 2013, 41 (1): 1 -7.

[14] HARTENBERGER U. et al. A shared built environment professional identity through education and training [J]. Building research and information, 2013, 41 (1): 60 -76.

[15] BONHAM M. B. Leading by example: New professionalism and the gov-

ernment client [J]. Building research and information, 2013, 41 (1): 77 -94.

[16] TURIN A. D. Construction and development [J]. Habitat international, 1978 (3): 33 -45.

[17] RAYMOND Y. C., TSE, SIVAGURU GANESAN S. Causal between construction flows and GDP: Evidence from Hong Kong [J]. Construction management and economics, 1997, 15 (4): 371 -376.

[18] WORLD BANK. Poverty lines in theory and practice [R]. Living standards measurement study working paper, 1998.

[19] ARDITI D., MOCHTAR K. Trends in productivity in the US construction industry [J]. Construction managememt and economics, 2000, 18 (1): 15 -27.

[20] JIANG HENG, LIU CHUNLU. Forecasting construction demand: A vector error correction model with dummy variables [J]. Construction management and economics, 2011, 29 (9): 969 -976.

[21] OZKAN FILIZ, OZKAN OMER, GUNDUZ MURAT. Causal relationship between construction investment policy and economic growth in Turkey [J]. Technological forecasting and social change, 2012, 79 (2): 362 -370.

[22] GEREM G. International trade and industrial upgrading in the apparel commodity chain [J]. Journal of international economics, 1999, 48 (1): 37 -70.

[23] LEONTIEF, W. W. Input - output economics. 2nd edition [M]. Oxford University Press, New York, 1986.

[24] CHAU K. W., WALKER A. The measurement of total factor productivity in the Hong Kong construction industry [J]. Construction management and economics, 1988, 6 (3): 209 -24.

[25] 迈克尔·波特. 国家竞争优势 [M]. 李明轩, 邱如美, 译. 北京: 华夏出版社, 2002: 67.

[26] EDVARDSEN D. R. Efficiency of norwegian construction firms [D]. School of economics and commercial law, Goterborg University, 2003.

[27] CRAWFORD P., VOGL B. Measuring productivity in the construction industry [J]. Building research & information, 2006, 34 (3): 208.

[28] XUE X., SHEN Q., WANG Y., et al. Measuring the productivity of the construction industry in China by using DEA – based malmquist productivity indices [J]. Journal of constriction engineering and management, 2008, 134 (1): 64.

[29] NGUYEN KHAC MINH, GIANG THANH, THANG, BACH NGOC. Technical efficiency of small and medium manufacturing firms in vietnam: parametric and Non – parametric approaches [J]. Korean economic review, 2007, 1 (3): 187 – 221.

[30] DAVID GRAU, CARLOS H. CALDAS, CARL T. HAAS, PAUL, M. GOODRUM, JIE GONG. Assessing the impact of materials tracking technologies on construction craft productivity [J]. Automation in construction, 2009 (18): 903 – 911.

[31] YAN LI, CHUNLU LIU. Malmquist indices of total factor productivity changes in the Australian construction industry [J]. Construction management and economics, 2010, 9 (28): 933 – 945.

[32] ISABEL M. HORTA, ANA S. CAMANHO. Performance assessment of construction companies integrating key performance indicators and data envelopment analysis [J]. Journal of construction engineering and management, 2010 , 136 (5): 581 – 594.

[33] OFORI G. Singapore ' s construction: Moving towards a knowledge – based industry [J]. Building research and information, 2002, 30 (6): 401 – 412.

[34] GHEMAWAL, RAND B., NALEBUFF. The devolution of declining industries [J]. Quarterly journal of economics, 1990 (105): 167 – 186.

[35] SHAHEEN G. T. Approach to transformation [J]. Chief Executive, 1994: 2 – 5.

[36] DAVID ADAMSON, TONY POLLINGTON. Change in the construction

industry: An account of the UK Construction industry reform movement [M]. Routledge 2 Park Square, 2006.

[37] PREM VRAT. Optimality and non - scalar - valued performance criteria [J]. IEEE transactions on automatic control, 1963: 59 - 60.

[38] DECKRO R. F., HEBERT J. E., VERDINI W. A., GRIMSRUD P. H., VENKATESHWA R. S. Nonlinear time/cost trade off models in project management [J]. Computers & industrial engineering, 1995, 28 (2): 219 - 229.

[39] BABU A J G., SURESH N. Project management with time, cost, and quality considerations european [J]. Operations Research, 1996 (88): 320 - 327.

[40] LUISA GAMA CALDAS, LESLIE K. NORFORD. A design optimization tool based on a genetic algorithm [J]. Automation in construction, 2002, 11 (2): 173 - 184.

[41] DAVID A. COLEY, STEFAN SCHUKAT. Low - energy design: Combining computer - based optimi - sation and human judgement [J]. Building and environment, 2002, 37 (12): 1241 - 1247.

[42] WEIMIN WANG, RADU ZMEUREANU, HUGUES RIVARD. Applying multi - objective genetic alg - orithms in green building design optimization [J]. Building and environment, 2005, 40 (11): 1512 - 1525.

[43] E - l RAYES K., KHALAFALIAH A. Trade off between safety and cost in planning construction site layouts [J]. Journal of construction engineering and management, 2005 (131): 1186 - 1195.

[44] TAREGHIAN H. R., TAHERI S. H. A solution procedure for the discrete time, cost and quality trade off problem using electromagnetic scatter search [J]. Applied mathematics & computation, 2007, 190 (2): 1136 - 1145.

[45] ZNOUDA E., GHRAB N. Optimization of mediterranean building design using genetic alg - orithms [J]. Energy and buildings, 2007, 39 (2): 148 - 153.

[46] SALMAN AZHAR, JUSTIN BROWN, RIZWAN FAROOQUI. BIM - based sustainability analysis: An evaluation of building performance analysis soft-

ware [C]. Proceedings of the 45th AS – C Annual Conference, 2009.

[47] SHI Y. F. , LI H. M. , LU N. Quality reliability – cost optimization of construction project based on genetic algorithm [C]. International Conference on Engineering Computation, IEEE, 2009: 159 – 162.

[48] HERAVI, GNEZHAD, S. F. A Group decision making for stochastic optimization of time cost quality in construction projects [R]. Journal of Computing in Civil Engineering, 2012.

[49] SALMASNIA A. , MOKHTARI H. , ABADIINK. A robust scheduling of projects with time, cost, and quality considerations [J]. The international journal of advanced manufacturing technology, 2012, 60 (5): 631 – 642.

[50] BENJAMIN ROSS WELLE. Parametric attribution and decomposition methodologies for pr – oduct model – based thermal simulation using multidisciplinary design optimization (MDO) environments [M]. Stanford University, 2012.

[51] DIDIER GOSSARD, BERANGERE LARTIGUE, FRANCOISE THELLIER. Multi – objective optimization of a building envelope for thermal performance using genetic algorithms and artificial – neural network [J]. Energy and buildings, 2013 (67): 253 – 260.

[52] EHSAN ASADI, MANUEL GAMEIRO D. A. SILVA, CARLOS HENGGELER ANTUNES, et al. Multi – objective optimization for building retrofit: A model using genetic algorithm and artificial neural network and an application [J]. Energy and buildings, 2014 (81): 444 – 456.

[53] 远方 . BIM 技术和 BLM 理念在建筑业信息化发展中的研究 [D] // 庆祝刘锡良教授八十华诞暨第八届全国现代结构工程学术研讨会论文集 . 天津大学：全国现代结构工程学术研讨会学术委员会，2008.

[54] 刘晴，王建平 . 基于 BIM 技术的建设工程生命周期管理研究 [J]. 土木建筑工程信息技术，2010，2 (3)：40 – 45.

[55] 周建亮，吴跃星，鄢晓非 . 美国 BIM 技术发展及其对我国建筑业转型升级的启示 [J]. 科技进步与对策，2014，31 (11)：30 – 33.

[56] 戚欣，潘慧冰．吉林省建筑业转型升级环境下 BIM 技术的应用［J］．河北企业，2016（8）：33－34.

[57] 钟娟．BIM 在国内建筑业领域的应用现状与障碍研究［J］．安徽建筑，2018，24（3）：60－62.

[58] 谢非．"数字中国"时代：建筑业的数字化转型［N］．中国建设报，2019－06－07（006）．

[59] 朱百峰．装配整体式建筑绿色度评价体系研究［D］．沈阳：沈阳建筑大学，2016.

[60] 于龙飞，张家春．装配式建筑发展研究［J］．低温建筑技术，2015，37（9）：40－42.

[61] 文林峰．发展装配式建筑 促进供给侧改革［J］．住宅产业，2016（10）：13－15.

[62] 刘东卫．装配式建筑推动建筑业转型升级［J］．工程建设标准化，2017（5）：6－7.

[63] 张军．加快建筑业转型升级 助力新旧动能转换：济宁市装配式建筑发展总结与思考［J］．住宅与房地产，2019（14）：28－32.

[64] 廖礼平．绿色装配式建筑发展现状及策略［J］．企业经济，2019（12）：139－146.

[65] 王雪．绿色发展模式下建筑业的经济转型研究［D］．青岛：青岛理工大学，2013.

[66] 王本明．我国建筑业绿色发展的难点与重点［J］．中国建筑装饰装修，2016（2）：110－115.

[67] 高源，刘丛红．我国传统建筑业低碳转型升级的创新研究［J］．科学管理研究，2014，32（4）：72－75.

[68] 刘芳，赵杰．绿色发展模式下建筑业经济转型评价指标体系的建立初探［J］．科技经济导刊，2017（9）：18－19＋17.

[69] 李兰兰．中国建筑业绿色转型发展的路径研究［D］．武汉：武汉理工大学，2018.

[70] 邱晓稳. “绿色”潮流引领建筑业转型升级 [J]. 中华建设, 2018 (12): 18-21.

[71] 戴国琴. 建筑业劳动力未来供给趋势及影响因素研究 [D]. 杭州: 浙江大学, 2013.

[72] 宋健, 黄梅. 把握劳务改革主动权 建立转型升级新优势 [N]. 中国建设报, 2017-05-26 (008).

[73] 张英杰, 叶怀远, 王晓峰. 中国建筑业未来发展对策研究: 基于建筑业劳动力供求的视角 [J]. 经济问题, 2018 (11): 66-73.

[74] 孙育平. 新型城镇化背景下江西建筑业转型路径探索 [J]. 企业经济, 2013 (9): 107-111.

[75] 张慎林. 新型城镇化是建筑业转型升级的新机遇 [J]. 建筑, 2013 (23): 37-38.

[76] 张贵林. 中国建筑业发展路径暨施工企业转型升级研究 [J]. 建筑, 2014 (3): 8-19.

[77] 崔秀瑞. 供给侧改革背景下建筑业转型升级研究 [D]. 济南: 山东建筑大学, 2017.

[78] 唐生乾. 转型升级背景下建筑业利用大数据的意义和途径 [J]. 中国经贸导刊, 2016 (32): 62-63.

[79] 石治平. 信息化: 建筑业转型升级的强力支撑 [J]. 建筑, 2017 (4): 20-21.

[80] 张爱琳, 梁爽. 互联网+信息化技术促进建筑业转型升级 [J]. 价值工程, 2018, 37 (3): 167-168.

[81] 王景. “数字”浪潮下, 看建筑业如何转型 [J]. 中国建设信息化, 2018 (10): 12-13.

[82] 汪莉莉. 数字化转型, 势不可挡 [J]. 中国建设信息化, 2019 (18): 14-15.

[83] 李小冬. 我国建筑业全要素生产率研究 [D]. 哈尔滨: 哈尔滨工业大学, 2000.

[84] 高金窑．我国建筑业全要素生产率的实证分析 [J]．山东建筑工程学院学报，2003（4）：81－82.

[85] 史修松，徐康宁．1993—2003年中国建筑业全要素生产率增长的实证研究 [J]．建筑经济，2006（12）：17－20.

[86] 曲建君．全要素生产率测算方法的比较 [J]．经济师，2007（2）：86－87.

[87] 李忠富，邹心勇，李国良．中国建筑业全要素生产率的变迁：1996—2005年实证分析 [J]．土木工程学报，2008（11）：106－111.

[88] 崔秀敏．基于SFA的我国建筑业技术效率影响因素研究 [J]．建筑经济，2013（4）：95－98.

[89] 凌郁，崔新媛，魏欢，等．中国不同经济类型建筑企业全要素生产率增长率测算：基于随机前沿生产函数的实证分析 [J]．建筑经济，2014（7）：101－105.

[90] 谭丹，王广斌，曹冬平．建筑业全要素生产率的增长特征及其影响因素 [J]．同济大学学报（自然科学版），2015（12）：1901－1907.

[91] 徐美玲．技术进步对我国建筑业全要素生产率增长的影响研究 [D]．大连：东北财经大学，2016.

[92] 田友春，卢盛荣，靳来群．方法、数据与全要素生产率测算差异 [J]．数量经济技术经济研究，2017，34（12）：22－40.

[93] 向鹏成，谢怡欣，李宗煜．低碳视角下建筑业绿色全要素生产率及影响因素研究 [J]．工业技术经济，2019，38（8）：57－63.

[94] 叶贵，付媛，王玉合，牟萍，等．建筑业全要素生产率测量研究综述 [J]．建筑经济，2019，40（9）：24－28.

[95] 张静晓，金伟星，李慧，彭夏清，许浩雷．中国建筑业动态绿色全要素生产率测度研究 [J]．工程管理学报，2020，34（1）：1－6.

[96] 高巍．香港制造业的转型与升级 [J]．国际商务（对外经济贸易大学学报），1995（4）：35－37.

[97] 高学斌．江苏建筑业发展的新优势 [J]．施工企业管理，2008

（5）：39－40.

［98］宋瑞乾．转型升级：做强建筑业的必由之路［J］．建筑，2010（19）：4＋17－19.

［99］洪鸿．以科技创新促建筑业转型升级［J］．建筑，2011（6）：14.

［100］江苏省住房和城乡建设厅驻盐城调研组．盐城建筑业转型升级的战略选择［J］．建筑，2012（16）：22－23.

［101］李德全．建筑企业的转型与升级［N］．企业家日报，2013－05－04（W03）.

［102］林抒．发展新型建筑工业化，推动建筑业转型升级［N］．中国建设报，2013－11－29（006）.

［103］陈朝兵，李韩琼．实现荆门建筑业转型升级的对策与思考［J］．中国建设信息，2014（4）：75－76.

［104］陶拥军．浅谈建筑业的转型升级［C］//《建筑科技与管理》组委会．2014年9月建筑科技与管理学术交流会论文集．北京恒盛博雅国际文化交流中心，2014.

［105］戚欣，范云翠．吉林省建筑业发展转型升级对策研究［J］．建筑经济，2017，38（1）：8－10.

［106］王铁宏．建筑业转型升级的三条主线和四个问题［J］．建筑，2018（5）：20－21.

［107］谢树立，任金昌．做好“三个融入”文章 促进建筑业转型升级：界首市住房和城乡建设委主任徐新士谈城市建设高质量发展［J］．中国建设信息化，2019（8）：26－27.

［108］杜明芳．智慧建筑：建筑业转型升级之路［J］．中国建设信息化，2019（10）：44－47.

［109］高一凡，王选仓．图论在工程进度管理中的应用［J］．西安公路交通大学学报，2001（2）：21－23.

［110］王健，刘尔烈，骆刚．工程项目管理中工期—成本—质量综合均衡优化［J］．系统工程学报，2004（2）：148－153.

[111] 李雪淋，王卓甫，刘晓平，等. 基于向量评价遗传算法的工程项目多目标优化 [J]. 水运工程，2007 (11)：9 - 11 + 86.

[112] 赵瑞，刘晓君，申金山. 建设项目多目标优化方法研究 [J]. 西安建筑科技大学学报（自然科学版），2008，40 (6)：858 - 862.

[113] 王宇静，李永奎. 工程项目绿色施工管理多目标均衡优化研究 [J]. 计算机工程与应用，2010，46 (10)：7 - 10.

[114] 王维博，冯全源. 基于改进粒子群算法的工程项目综合优化 [J]. 西南交通大学学报，2011，46 (1)：76 - 83.

[115] 李海涛. 基于遗传算法的工程项目多资源均衡优化研究 [D]. 大连：大连理工大学，2012.

[116] 刘玲，魏向辉，李明. 绿色建筑项目管理综合均衡优化研究 [J]. 数学的实践与认识，2014，44 (19)：48 - 55.

[117] 王玫婷，张建坤，黄有亮. 基于改进遗传算法的工程项目多目标优化研究 [J]. 建筑经济，2017，38 (11)：26 - 31.

[118] 陈玉梅. 基于 GA - PSO 算法的绿色施工项目多目标均衡优化研究 [D]. 扬州：扬州大学，2019.

第二章　我国建筑业转型升级及发展现状

第一节　我国建筑业转型升级的理论依据

一、经济增长理论

实现建筑业的转型升级能够为国民经济发展提供可持续增长的动力。通过何种方式提高建筑产品生产的效率、增加知识型劳动力数量的比例、降低生产及使用阶段建筑的能耗，是推动建筑业转型升级的前提。经济增长理论研究促进了经济增长的模式、因素、后果、目标以及与经济政策之间的关系，涵盖了古典经济学、新古典经济学、内生经济增长三部分内容，能够满足建筑业转型升级所需要的经济学理论要求。

古典经济学派的研究成果为经济增长理论的发展奠定了基础。威廉·配第（1662）认为劳动是财富的源泉，一个国家的富强，在于拥有的高素质人才、先进的技术以及较大的货币持有量；一个国家的贫穷，在于劳动力缺少、技术支持不够以及货币的持有量少。赋税是财富分配以及政府调节经济活动的手段，合理的赋税制度在其他社会条件不完善的情况下，能够对经济发展产生重要影响。[1]亚当·斯密（1776）从宏观角度提出了经济增长问题的基本构思，认为国民财富增长与经济增长呈正相关关系，明确了国民财富的增长取决于劳动生产率的提高、资本积累的增加以及制度的完善。因此，在劳动生产率方面，合理的分工可以提高工人的技术水平，有效节约时间，促进技术进步，从而提高劳动生产率，增加国民财富；在资本积累方面，详细区分物资与人力资本，确定增加物资与人力资本的正确途径，提高劳动者对机械使用的熟练度及物资与人力资本的配合度，保证资本积累的合理增加，以促进国民财富的增加；在相关制度方面，制定出包容性强、与经济形势相适应、符合实际情况的经济制度将有利于经济社会可持续发展，促进国民财富的增加。[2]李嘉图（1817）认为资本主义生产的扩大就是通过资本积累不断促进经济增长的过程。李嘉图从两方面对经济增长展开了阐述：一是在其产品定量分配理论中，将利润的增加作为促进资本积累、保证经济增长的一种方式，将人口数量、土地面积以及相关的社会自然条件作为阻碍利润增加的重要因素；二是在国际贸易理论中，通过技术进步和对外贸易可以缓解稀缺要素对经济增长的阻碍作用，达到推动经济增长的目的。[3]

在经济增长的相关理论中，新古典经济学派进行了开创性的研究，丰富了经济增长理论的内涵。哈罗德和多马（20 世纪 40 年代）提出了哈罗德—多马模型。该模型通过在储蓄、资本转移、资本产出条件、产品、生产要素以及技术条件六个方面进行假设，对资本增加和经济增长的关系展开了研究。根据模型六个假设条件成立，哈罗德将经济增长率分为实际增长率、均衡增长率和自然增长率，并指出增加资本积累并进行有效的投资能够使经济增长率得到快速提升。[4]索洛（1956）和斯旺（1957）将劳动、资本和技术进步作为影响经济增长的主要因素。通过假设边际生产递减以及资本积累率不变等条件，结合现有的生产函数形式，构建出带有外化资本积累率的新古典增长模型。在对该模型进行分析后得出资本积累率的提高会提高稳态时的人均资本和人均收入水平，但无法影响稳态时的人均产出增长率。因此，在促进国家经济增长的过程中，应保持技术合理进步使其不断推动资本积累的增加。[4]丹尼森（1962）为了准确测算资本、劳动力、土地等全要素对经济增长的贡献程度，以索洛的测算方法为基础，构建了一个可以反映资源配置、规模经济、知识进展等情况的模型，并进一步指出在对知识进行革新、改良等一系列环节之后，新的科学技术、高效的生产方法、更先进的管理模式等将会促进生产力提升，经济呈现增长的态势。[5]

在内生经济增长理论中，根据国民经济呈现出规模收益递增的特点，放松了规模收益不变的假设条件，将技术变量由人为确定转化为由经济系统内生确定，打破了索洛—斯旺模型的结构框架，实现了由外向内对经济增长理论的深化，揭示了国家经济持续增长的源泉、动力和运行机制。Frankel（1962）引入了可替代的要素和外部的知识，构造出第一个能够解释人均产出持续增长的 AK 模型，即假定人们进行资本积累的同时，技术进步可以增加资本的边际产出，进而抵消了技术不变时边际产出递减的趋势，因此，这种来自企业积累物质资本过程中的知识外部性就成为人均产出长期增长的动力源泉。[6]罗默（1990）认为知识和技术是导致一个国家经济长期增长的主要原因。资本和劳动力等要素在知识和技术的影响下，能够使整个经济系统产生递增收益。因此，从技术溢出的角度构建了一个独特的竞争性均衡增长模型，该模型反映出一个国家经济系统在外部效应竞争情况下规模收益递增的特征。[7]Lucas（1988）从劳动者的角度，对持续经济增长问题展开了研究。在社会生产中，他将劳动力资本区分为掌握一般知识的劳动力和掌握专业技能的劳动力，分析了劳动者在接受正规学校教育或者非正规学校教育的情况下对经济增长产生的不同影响，得出了在适当延长劳动者接受正规学校教育时长的情况下，能够保证劳动力资本的合理增长，有效避免资源垄断，促进产出的可持续增长的结论。[8]

二、生态经济理论

生态经济理论是对生态学理论以及经济学理论的综合反映。运用生态经济理论来研究建筑业的转型升级有利于把握好人类的建造活动与自然生态之间相互影响的关系，从而推动建筑业向绿色发展转型升级，在生态平衡的基础上实现持续稳定发展。

布朗（1998）认为，对生态系统和经济系统之间包含与被包含的不同理解，是区分生态学和经济学的关键。在生态经济学的评价标准中，经济系统包含于生态系统中，经济的发展应受到生态的限制，只有这样生态系统与经济系统才能维持一个相对平衡的状态，获得协调与持续发展的可能。[9]吴优等（1998）指出生态经济系统作为一个综合体系，融合了多层次与多学科的基础理论。在生态经济学系统中，利用经济学理论和生态学理论对人类社会进行概括，并将自然环境归属于人类社会的生产领域。[10]沈满洪（2007）对生态经济学的子系统——生态经济产业展开了研究，认为推动经济产业发展的必要前提是保持生态环境的健康稳定。总结了经济发展规模扩大与自然环境保护之间的规律，有利于建立起平衡经济发展与自然保护的复合经济系统，以激发产业发展的生机与活力，进而实现整体经济的可持续发展。[11]

在传统的西方经济学理论研究中，Pearce D. W. 等（1992）发现大多数学者将研究的目光聚焦于偏市场性质的混合经济体制的相关领域，但并未深入考虑经济体制运作对生态体系造成的影响。因此，从生态视角来看，传统理论单方面强调经济效果，不利于在人类社会中建立起协调经济与生态关系的发展机制。[12]陈伟平（2015）在研究了人类的生产活动后，发现为了保持长期的经济增长，社会生产只注重发展的速度和规模，并未考虑生态环境破坏产生的副作用。因此，在采用测算方法来评价经济活动时，加入了生态因素，使原有的测算方法在生态环境的约束下展开，修正了测算方法中与实际不相符合的地方，实现了经济发展中生态化和效益化的统一。[13]

三、可持续发展理论

可持续发展理论对人类社会的经济发展提出了新的要求。在可持续发展理论的影响下，建筑业的生产活动要保证生态环境的可持续发展、人类需求的不断满足以及维护社会公平正义的要求。只有实现这样的转型升级，建筑业才能更好地协调自然、经济、社会三者的关系，推动自身的可持续发展。

首先，可持续发展是人类社会为了持续生存所共有的目标。

戴利（1996）认为在最大的人口数量以及最长的时间限制下，可持续发展能够为人类社会创造更好的生存条件，提供发展所需要的物质及精神支撑。通过严格地控制人口增长、使用更多节能环保材料以替代不可再生资源、合理地进行消费引导避免浪费现象的发生等措施，实现可持续发展的目标。[14]巴比尔（1987）指出全球人口数量、经济发展的整体质量以及资源储备等因素对人类实现可持续发展目标具有重要影响。在必要时，应该对全球人口数量以及经济规模进行合理的控制，使其更多地依靠可再生、清洁的能源来满足生存和发展的需要，减少不可再生能源的消耗，推动人类社会向着可持续发展方向迈进。[15]科斯坦萨等（1997）在对可持续发展进行相关的研究之后，通过分析生态系统以及经济系统之间的关系，解释了可持续发展理念并构建出生态经济的系统框架，从而有利于解决人类社会发展中产生的经济与生态的矛盾，促进人类社会的持续健康发展。[16]

其次，可持续发展是人类实现经济、自然和社会协调进步的关键。

康韦（1987）指出在生态学领域，可持续发展更加注重经济发展过程中的环境因素，具体体现在经济系统与生态系统相互适应的动态演化过程中，这样的演化过程会在两者协调平衡后趋于稳定。[17]国际生态学协会与国际生物科学联合会（1991）将可持续发展视作生态系统的一种能力，强调了在经济发展过程中，通过保护和增强生态系统的生产与更新能力，使其不断进步超越自身，寻找最佳状态，推动经济进步。

最后，可持续发展是长时间内人类维持代际公平的核心。

布伦特兰（1987）对可持续发展展开了全面、系统的论述，认为人类社会的发展应该既满足当代人生存需求，又不损害后代生产生活的资源。[18]皮尔斯（1989）对可持续发展目标影响下的人类代际公平问题进行了分析，指出可持续发展提倡的是维持人类社会的长期稳定发展，要求在增加当代人福利的情况下，不会使后代人的福利减少。[19]

四、转型升级理论

某一事物的内部结构、外在形态以及运转模式，或是人们的态度、观念以及想法发生了根本性转变，我们把这样的变化称为转型升级。转型升级的内容和方式是不同主体内部存在条件以及外部面临形势的具体体现，包括经济转型升级、产业转型升级以及文化转型升级。现阶段，对于转型升级的研究主要集中于经济转型升级以及产业转型升级两个方面。

（一）经济转型升级

经济转型是不同经济运行状态之间的改变。王雪（2013）从三方面对经济转型进行了较为系统的解释。一是在发展要素上，经济主体由于内部状态或外界环境的变化，导致其在资源配置过程中发生了需求要素的根本性转变；二是在发展方式上，经济主体由于原有的发展目标及发展动力的变化，导致现有的发展方式与实际经济情况无法适应的现象；三是在发展制度上，经济主体为了控制发展的方向，尽快实现发展的目标，对原有的经济制度进行了调整。[20]

陈平（2015）对经济转型与经济发展进行了系统论述，指出在一个国家的经济系统中，发展是转型的重要诱因，转型是发展的驱动力量，即“在转型中发展，在发展中转型”。经济转型通过三方面体现：一是经济形态的变化，即由计划经济向市场经济的转变；二是经济结构的调整，即合理化各个产业在国民经济中的比重；三是经济质量的提升，即在经济发展中注重综合目标的控制。而经济发展是指引进先进技术，推动社会进步，改善人类生存环境，在创造社会财富的同时产生生态效益，加快现代化城市建设等经济发展要求，不断促使人类社会向前迈进。[21]

（二）产业转型升级

产业转型升级是指通过技术升级、市场升级、管理升级等多种方式对产业结构进行调整，以达到增加产品附加值、减少生产能耗以及提高集约水平的要求，实现产业结构的高级化，保证其向着更有利于经济、社会发展的方向演进。

刘东（2016）将产业转型与产业升级作为产业发展过程中必要的环节。在转型环节上，产业转型是指在国民经济发展中，由于受产业结构、组织管理、技术配备以及产业规模等不同要素变化的影响，导致产业发展目标或状态出现根本性变化。通过产业转型，有利于构建与实际经济发展相适应的资源利用方式，提高产业生产的总体质量，推动产业持续发展；在升级环节上，产业升级是指通过吸引大量投资以及推动先进生产技术与生产相结合，提升产品价值，增强产业主体的产出及盈利能力，实现产业价值链综合定位的转变，其升级的内容包括产品质量、生产工艺、产品功能以及产业融合等方面。[22]

赵文玲（2017）从宏观、中观、微观层面对产业转型进行阐述。宏观层面的产业转型是指某个国家或地区根据国际经济发展的总体形势、产业发展的国内市场环境以及生产技术水平等具体情况，制订产业转型的实施流程及计划，以推动产业内技术水平的提升、扩大发展规模、完善组织管理以及优化发展结构。中观层面的产业转型强调产业内部与外部资源的协调，通过对产业内部结构进行调整，转变产业发展的资源要素构成，解决产业在发展过程中资源获取及资源配置问题。微观层面的产业转型集中于对产业内部问题的思考，由于产业结构与产业规模无法发挥积极的作用，导致产业发展受到阻碍。在对资本、劳动力或技术构成进行调整后，有利于产业结构及产业规模的不断完善。[23]

周大鹏（2013）认为产业转型升级是世界经济的热点问题之一，产业转型升级具有不同层次的含义。在宏观层面主要是指国家经济发展与产业转型升级的关系，中观层面主要是指产业间的关系结构，微观层面主要是指企业竞争力与企业的关系。[24]

第二节　我国建筑业转型升级的发展现状与存在的问题

一、我国建筑业转型升级的演进历程及发展现状

由于我国社会经济环境、自然资源以及生态环境的变化，影响了我国建筑业的发展，因此，为了使我国建筑业的发展与社会经济及自然生态条件相适应，在建筑业相关的学术研究中，“转型升级”一词出现的频率逐渐上升。对我国建筑业转型升级的演进过程及现状进行归纳总结，有利于评价我国建筑业转型升级的潜力，探索我国建筑业转型升级的路径。因此，在此小节中首先对我国建筑业转型升级的演进过程进行阐述；再通过数据具体分析我国建筑业转型升级的现状。

（一）我国建筑业转型升级的演进历程

1. 国家计划经济体制阶段（1949—1959 年）

新中国成立初期，国民经济大发展对全国范围内的建筑业大规模建设提出了要求。在大规模建设的过程中，完成了产业的总体布局，形成了基本的管理体制。

在劳动力供给上，早期建筑工程师队伍的形成，不仅解决了新中国成立初期建筑业的劳动力供给问题，而且为国家建筑工程部直属工程局的设立积累了经验。在工程来源上，大量的建设任务集中于工业化的范畴，涵盖了军事建设、能源建设以及生产建设的多个领域。由于新中国成立初期我国实行的是计划经济体制，因此建筑业的发展主要依靠国家提供的劳动力、技术以及建设任务，其发展模式也属于计划模式。

2. 准军事化管理体制阶段（1960—1977 年）

在中苏关系逐渐紧张的国际形势下，由于缺少设计图纸、技术专家、科研项目，我国建筑业由原本的计划发展模式向独立自主的准军事化管理模式转变。在劳动力供给上，国家组建了基建工程队使原有建设队伍壮大，为建筑业的发展提供了充足的劳动力。在工程来源上，由于国际形势不稳定，为了增强我国国防实力、改善生产力布局及促进中西部地区工业化的“大三线”建设任务扩展到建筑业当中，在建筑企业的所有制上，吸取“大跃进”运动的教训，重新制定了建筑企业国有化的标准以及具体措施，避免了因盲目转化对建筑业发展产生的不利影响，有利于建筑业的生产关系与生产力的发展相适应。由此，中国建筑业的准军事化转型基本完成。

3. 建筑业承包经营管理阶段（1978—1986 年）

党的十一届三中全会后，为了激发经济发展的活力，国家制定了一系列有利于各行各业发展的政策制度。在这一时期的国家发展规划中，建筑业被列为支柱型产业，国家赋予国营施工企业经营管理自主权。通过《关于改革建筑业和基本建设管理体制若干问题的暂行规定》对建筑业原有的招标承包制、项目投资包干责任制等进行改革，并为企业承包经营制的实施奠定了有力的制度基础。建筑业管理体制的改革，提高了建筑业发展的积极性，促进了建筑业承包经营管理制度的发展，标志着我国建筑业承包经营管理体制发生了重大转变。

4. 项目法施工阶段（1987—1997 年）

在鲁布革水电站工程建设阶段，由于采用了项目法施工，在缩短建设工程施工周期的同时降低了项目成本，保证了工程的质量。因此，“鲁布革经验”开启了我国工程建设领域改革的新篇章，国家开始在建筑企业中试点推行项目法施工。在确立社会主义市场经济体制目标之后，建筑企业在市场中经济活动自由度得到明显提升，但是市场竞争也更加激烈。项目法施工在工程项目管理领域具有重要意义，有利于促进招投标、工程监理以及总承包制度的不断完善，使建筑业实现了管理制度上的转型升级。

5. 法制化管理阶段（1998—2013 年）

在国家法制化得到初步发展的背景下，通过颁布《中华人民共和国建筑法》《招投标法》《建设工程项目管理规范》《建设工程监理规范》等一系列法律法规，加强了对建筑业的规范化管理。通过资金集中管理、大宗材料集中采购、劳务集中招标的方式率先构建了“法人管项目”的管理模式，实现了企业体系管理的精细化和法人管理的集权化与集约化，提升了建筑业项目管理的水平，保证了建筑业总产值的稳定增长。在经历 2009 年金融危机的冲击后，建筑业发展速度下降，发展规模出现萎缩，可持续发展能力不足，建造资源耗费量大，技术进步较慢，市场主体行为不规范等问题不断显现，建筑业需要再次转型升级以适应国家经济的发展。

6. 绿色发展转型阶段（2014 年至今）

新中国成立至今，建筑业在发展中经历了数次转型升级，但为了保持行业发展的生机与活力，建筑业转型升级的步伐依然没有停止。在当前国际国内经济发展面临资源短缺、生态环境持续破坏的情况下，以牺牲环境效益换取经济效益的做法已经不符合发展的可持续要求。国家制定高质量发展的目标，推进供给侧结构性改革，为降低建筑业发展的速度、提升建筑业整体质量、解决建筑业发展的资源环境矛盾奠定基础，有利于推动建筑业向绿色发展方向不断转型。

（二）我国建筑业转型升级的发展现状

在对我国建筑业转型升级的演进历程进行总结后，明确了当前我国建筑业正处于向绿色发展转型阶段。这一阶段国际国内经济发展受到资源的限制，而建筑业在通过大量的资源投入获得产出效益时忽视了对社会、环境造成的影响。因此，在分析目前我国建筑业的转型升级现状时，主要选取了建筑业的增加值以及增加值率、建筑业的能源消耗总量三方面的数据。建筑业的增加值可以较好地反映建筑业生产经营活动的具体情况；增加值率可以体现出增长的快慢情况，便于对各年增加值进行横向比较；建筑业的能源消耗总量有利于把握建筑业生产过程中的能耗情况。建筑业的增加值及增加值率、能源消耗数据主要来源于2011—2019年国家统计局数据，而能源消耗由于缺少2018—2019年的数据，因此选择2011—2017年的数据进行分析。

1. 建筑业增加值

由图2.1可知，中国建筑业增加值总体呈上升趋势，从2011年的32840亿元增加到2019年的70904亿元，说明近10年我国建筑业一直处于向前发展的状态。其中，2014年建筑业的增加值达到了44790亿元，而到2015年建筑业的增加值为46456亿元，较近几年增幅放缓，在2016年再次回升至51499亿元，增加值增幅的小范围下降说明了建筑业在发展中可能受相关政策变动或者市场环境波动的影响。

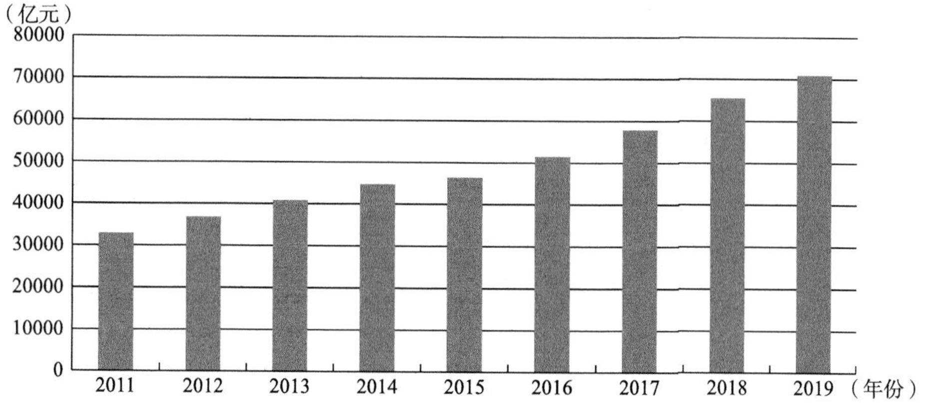

图2.1　2011—2019年我国建筑业增加值

2. 建筑业的增加值率

虽然我国建筑业近10年的增加值总体呈上升趋势，但从增加值率的角度看却有差异，如图2.2所示。总体上，我国建筑业的增加值率呈波动下降趋势，从2011年的9.8%下降至2019年的5.6%，说明我国建筑业每年所创造的新价值在不断减少。从不同时间段上看，2015年之前，增加值率都呈下降趋势，说明建筑业在我国经济快速发展的同时粗放式发展模式的弊端日益显现。从2015年开始增加值率从6.8%上升到2016年的7.7%，根据前文所述的建筑业的发展历程，其增长率上升的原因是国家提出了供给侧结构性改革的措施。2019年，我国建筑业的增加值率处于低位，说明建筑业依然存在较大的发展空间，建筑业应该依靠转型升级获得可持续发展的动力。

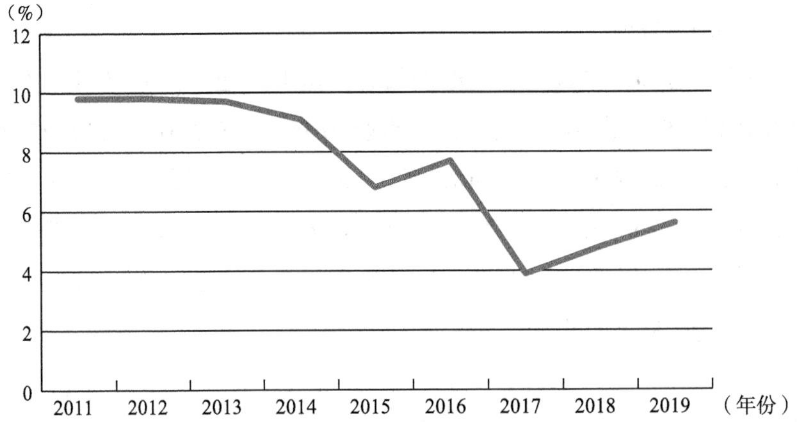

图2.2　2011—2019年我国建筑业增加值率

3. 建筑业能源消耗总量

2011—2017年建筑业的能源消耗总量如图2.3所示。由于我国建筑业不断发展，规模不断扩大，导致能源消耗量从2011年的5872.16万吨标准煤增加到2017年的8554.51万吨标准煤。而从图2.3可以看出，其增加的速度却有差异。其中，2012—2013年增速最大，增加了849.6万吨标准煤，从2013年之后增速开始逐年放缓。2014—2017年，增加了1034.93万吨标准煤。说明虽然建筑业规模在不断扩大，但是由于近年来的绿色理念要求转变粗放型的发展方式，建筑业在发展中也更多地采取了节约资源与能源的措施。

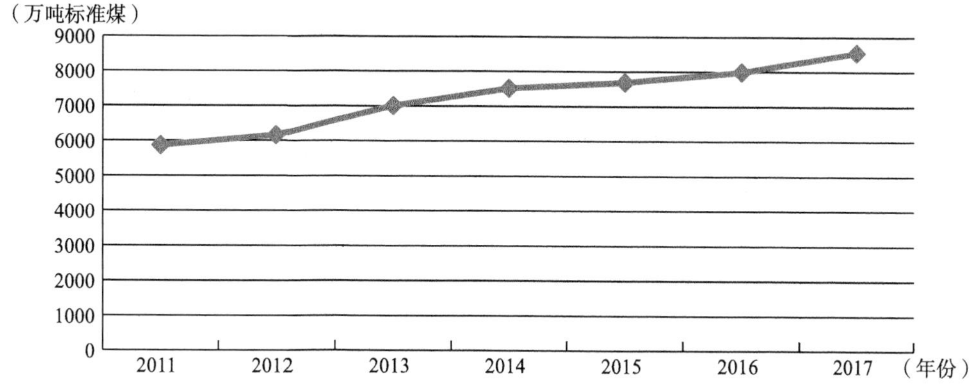

图 2.3　2011—2017 年我国建筑业能源消耗总量

二、国外建筑业转型升级的发展现状

将我国建筑业与国外建筑业的转型升级现状进行对比、分析，从中发现我国建筑业在当前发展中存在的问题，及时寻求应对方法，解决我国建筑业转型升级的障碍，保持当前我国建筑业中可持续发展的优势，强化建筑业的竞争力，扩大我国建筑企业在国际建筑市场中的份额，逐步在国际竞争中实现建筑业的转型升级。

（一）美国建筑业的转型升级现状

与我国的情况相似，建筑业在美国国民经济中同样占据支撑地位。从总体转型升级情况上看，美国建筑业不仅实现了对行业自身产值的提升，增强了与钢铁工业、机械制造业的联系，还为美国提供了大量的就业岗位，缓解了社会的就业压力，维护了社会稳定，有利于行业的可持续发展。从管理体制的转型升级情况上看，美国政府对原有项目管理体制进行了变革，制定了工程项目的详细分类标准，根据工程项目的不同性质采取不同的管理措施。如对于政府项目，必须通过公开招标来确定承包单位，政府机构在公开招标前需要准备好相应的招标文件与预算；对于私营和民间投资项目，不必公开招标，业主对承包商的选择具有很强的自主性；对于大型工程，将工程监理制度强制引入；对于军事及保密工程，政府对承包商设置了严格的考核标准，以确保项目的机密性以及安全性。从市场准入体制的转型升级上看，美国对外资企业设置了更加严格的市场准入制度。如要求参与招标和承包的外资企业必须拥有一定数量取得当地注册工程师资格的员工；外国工程专业技术人员和工人进入美国的建筑业条件十分严格；建筑业中的劳务工作必须雇佣当地美国工人。这些条件使美国建筑业市场的对外开放程度大大降低，一定程度上保护了本国建筑企业的利益，但从长远看不利于本国建筑业竞争力的提升，以及先进技术的发展。

（二）日本建筑业的转型升级现状

建筑业是日本国民经济的支柱产业之一，日本的建筑市场高度发达。从总体转型升级情况上看，由于市场竞争激烈，日本建筑业承包价格下降严重，工人的劳务费用高，建筑企业的利润低，大型建筑企业的财务状况大都不理想，导致日本建筑企业破产数逐渐增加，企业数量递减，建筑业的技术水平虽有提高，但经济效益出现停滞。从管理体制的转型升级情况上看，日本政府为建设项目制定了新的纵向管理体制。如在国家颁布建设施工、劳动力、不动产、土地等相关政策后，中央政府通过下级建设中心、联合会以及行业协会等，推动并保证相关政策的实施；而各地方（都、道、府、县）政府，在对辖区内设计、施工、监理以及项目管理等营利机构进行管理的同时，通过下级建设业协会，控制辖区内施工许可证的发放以及建筑业执业资格的认证。从市场准入体制的转型升级上看，日本政府并未放松对外资建筑企业的市场准入条件，反而制定了一系列自我保护制度，加强了本国设计、施工、承发包、房地产以及物业企业之间的联系，不利于外资企业的融入，形成了相对严格的外资准入法规体系。

（三）德国建筑业的转型升级现状

德国的经济发展水平在欧洲国家中处于领先地位，但是由于其国内大规模建设的任务已经完成，导致其建筑业市场趋于饱和。从总体转型升级情况上看，德国建筑业经历了十几年的衰退期，在建筑业的投资规模、就业形势、住房供需情况长期处于消极状态的背景下，德国建筑业转型升级的效果并不明显。一方面其国内工程承包市场的开拓难度很大，另一方面国际市场竞争过于激烈。因此，德国建筑业转型升级并未使其获得应有的社会经济效益。从管理体制的转型升级情况上看，德国承包商拥有的专利技术较多，项目融资途径灵活、项目管理经验丰富，因此，德国政府试行激励机制，强化本国承包商在项目管理上的优势，增强了德国建筑业管理体制的核心竞争力。从市场准入体制的转型升级上看，德国政府规定外国建筑企业在当地进行工程建设的前提条件是需要在当地注册公司或者和当地公司组成联盟。

三、我国建筑业转型升级存在的问题

通过对国内外建筑业转型升级进行比较，我国建筑业转型升级存在的问题主要表现在以下五方面。

（一）技术水平相对较低，缺乏技术特色

美国、日本、德国建筑业依靠专利技术优势，增强自身竞争力，而我国建筑企业的技术水平并无明显差距且大部分缺乏技术特色。在我国的市场竞争中，大量的建筑企业选择通过降低劳动力成本和材料成本这一途径提升自身的竞争实力，但此途径的发展空间并不乐观。为实现我国建筑业可持续发展，需侧重于形成以创新为核心的有效市场竞争力，运用高新技术，逐步提升自身技术能力，形成独具特色的市场竞争优势。

（二）管理体系及机制不完善

国外建筑业在工程项目管理上，形成了符合本国国情的管理机制，完善了管理体系的法律规定，管理经验相对丰富，管理体系比较成熟。我国建筑业在管理上还存在着较大的人为随意性，在成本控制、绿色施工等方面存在着不同程度的问题。管理水平的落后阻碍了我国建筑产品质量和工程建设效率的提高，不利于我国建筑业整体建设水平的提升。

（三）国际建筑市场份额明显不足

国外政府为保护本土建筑企业，减小其竞争压力，对外资的市场准入设

置了较高的条件。但是在对外输出上，国外建筑业通过自身的技术特色，持续性地拓展海外建筑业市场，占据了一定的市场份额。而我国建筑业由于技术优势不够明显，建筑产品缺乏自身特色，政策支持力度较小，国际建设经验不足，导致我国建筑业国际建筑市场份额不足。

（四）产值增长方式单一

由于国外建筑业技术基础好，在进行生产投入时可以借助技术手段控制生产要素的投入量，依靠技术进步实现产值增长，所以国外建筑业产值增长的方式较为多元化。而我国建筑业在粗放式发展模式下，提升产值的方式只是依靠大量的生产要素投入或规模扩张。由于当前经济发展面临资源短缺等问题，建筑业粗放式发展激化了内部资源分配的矛盾，加重了资源环境的负担，阻碍了我国建筑业持续性发展。

（五）发展的协调性和可持续性差

国外建筑业在提高经济收益的同时会综合考虑建筑业发展的内外部环境是否有利于维持其可持续发展。而我国建筑业在发展过程中，技术、劳动力、管理以及资源等内部因素与社会、生态以及人的发展之间存在不协调的现象，影响了我国建筑业可持续发展目标的实现。

第三节　我国建筑业转型升级与绿色发展模式的理解及联系

一、我国建筑业转型升级的内涵及特征

（一）我国建筑业转型升级的内涵

1. 建筑业

在社会经济发展的过程中，各个行业逐渐被细分并不断发展壮大。在我国，建筑业是物质生产与供应的重要部门，通过建筑产品的生产以及后期经营取得应有的收益。根据建筑业所涵盖内容的不同，对建筑业的定义也有所

不同。“狭义的建筑业”主要是指建筑产品的加工生产过程，即某一工程项目的施工、安装工程以及装饰工程；“广义的建筑业”则是对与建筑相关的各种经济活动的概括，即在规划、勘察、设计、施工、运营、维护及管理的全寿命周期中，涉及对建筑产品及配套进行建造与服务的各种活动。

2. 建筑业转型升级

在建筑业的研究领域中，如何实现转型升级一直都是学者关注的重点。目前，通过借鉴其他领域转型升级的经验，建筑业的转型升级逐渐形成了较为丰富的研究成果，但是与其内涵界定有关的研究数量依然较少。

曹家玮（2018）在对现有的建筑业转型升级的研究成果进行总结之后，发现一个国家或地区建筑业的转型升级与该区域的经济增长情况存在密切关联。根据此特点，他将建筑业转型升级的内涵定义为通过转变必要的发展动力，实现建筑业发展模式优化、产业结构调整以及产品价值增值。[25]

朱远（2011）认为建筑业的绿色转型就是要抓住当前我国生态建设过程中新兴的发展机会，通过将绿色发展理念与建筑业的发展特点相结合，调整当前建筑业发展模式中不符合生态规律的部分，在建筑业中推行绿色管理，以达到人、自然、经济社会和谐发展的目的。[26]

根据学者对经济增长、转型升级等理论以及目前已有的对建筑业转型升级内涵阐述的相关研究，并结合我国建筑业转型升级的演进过程及现状问题分析，本书将我国建筑业的转型升级定义为，由于建筑业内部生产结构、要素配置以及发展规模等与外部经济环境无法适应，促使建筑业改变传统发展目标、发展动力，不断探寻新的发展模式，以最少的生产投入量获取更大的价值，并将其对环境的影响降到最低的过程。转型升级内涵如图 2.4 所示。

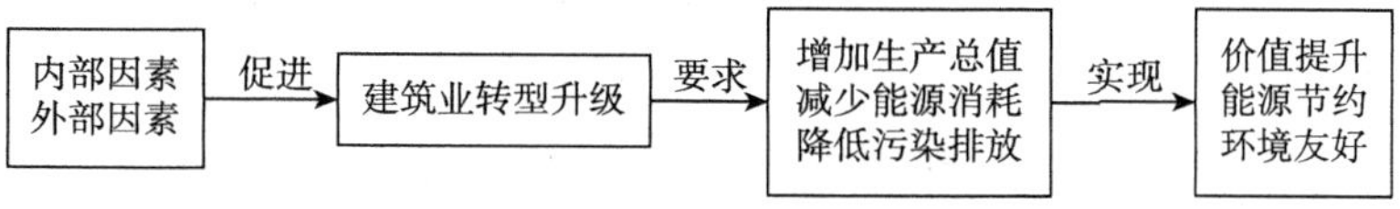

图 2.4　我国建筑业转型升级的内涵

（二）我国建筑业转型升级的特征

分析我国建筑业转型升级的特征对探索建筑业未来发展新模式，实现建筑业可持续发展具有重要意义：第一，建筑业转型升级要以深化改革为主线，对建筑业的市场模式、招投标制度、质量监督方式等进行改革；第二，建筑业转型升级要以绿色发展为主线，在当前国家推动生态文明建设的过程中，建筑业也应该积极响应，推动绿色施工以及装配式建筑等，不断顺应国家发展的总体趋势；第三，建筑业转型升级要以技术应用为主线。由于当前数字技术对建筑业的影响广泛而深远，在建筑业的相关实践活动中，充分发挥数字技术在项目管理和企业管理中的作用，是建筑业转型升级的标志。[27]

建筑业转型升级的特征表现在以下几方面。

（1）生产方式：以现场施工、现场浇筑为主向预制化以及装配化转变。

（2）盈利模式：从单一看重经济价值、追求发展速度的粗放模式向生态与经济协调发展、强调发展质量的精益模式转变。

（3）市场开拓：从以区域内施工为主向外部施工和国际市场承包转变。

（4）劳动力来源：由项目现场一线人员主要通过劳务外包为主向职业化的工厂培训转变。

（5）施工技术：由传统的粗糙型施工方式向精细化的绿色施工方式转变。

（6）承发包模式：从对建设项目的施工承包向设计、采购、施工以及运维的交钥模式转变。

（7）行业组织结构：从行业垄断、专业分割向管理集约化转变。

（8）行业管理：由传统管理向与数字技术融合的项目管理、企业管理转变。

（9）行业性质：从依靠大量具备初级知识的劳动力进行建筑产品的生产向依靠掌握高级技术的人才进行项目管理方向转变。

（10）行业形象：从传统型、粗放型行业向精细化、现代化的行业转变。

二、我国建筑业绿色发展模式的内涵、特征及价值

（一）我国建筑业绿色发展模式的内涵

基于已有生态和经济的理论体系，学者对绿色发展模式展开了研究，旨在为各个行业经济活动的参与主体提供一种符合经济发展整体趋势的模式借鉴。

皮尔斯（1989）对“绿色经济”进行了详细的论述。其将“绿色经济”概括为在经济发展过程中人类为了协调自然环境与生产效益的一种模式，这种模式能够在人类自身可以承受的前提下，有效规避盲目追求生产效益带来的社会矛盾和生态危机，同时解决了经济发展中资源利用与分配的难题。从生态视角看，可持续发展的绿色模式就是一种生态自然“可承受的经济”。[28]刘思华（2001）是较早对环境与经济问题展开研究的学者之一。其从环境的视角出发，概括出实现产业经济可持续发展绿色模式的形态。在当代生态环境日益遭到破坏的情况下，通过绿色发展模式，能够有效解决当代与后代经济发展与资源环境之间的矛盾，促进经济系统与生态系统的协调持续发展。[29]季铸等（2012）指出，绿色发展模式注重将经济发展过程中的效率指标、协调指标以及持续指标进行统一，建立生态化的农业经济、可循环的工业经济以及可持续的服务业经济。在绿色发展模式中，“绿色经济、绿色新政、绿色社会”三位一体的新发展体系突出强调了一种平衡经济与生态的新的增长方式，对保护资源环境、减少过多的污染和破坏、推动人类社会的可持续发展具有重要的意义。[30]李兰兰（2018）从两方面解释了绿色发展模式的内涵。在资源方面，绿色发展模式对生产建设环节的资源合理配置提出了要求。建筑材料及机械的使用计划、先进的施工工艺等是影响资源合理配置的重要因素，通过适当的方式对其进行控制，以达到生产建设环节减少资源用量的目的。在能源方面，绿色发展模式以循环利用为原则，通过节能措施的推广、能源消费观的转变，提高建设过程中能源的利用效率，促进绿色能源消耗方式的形成。[31]

学者在对经济与生态的关系、经济发展的指标以及能源与资源的理解中，

概括出绿色发展模式的内涵。由于当前我国建筑业处于向绿色发展转型初期，本书在结合我国建筑业转型升级内涵及特征后，基于可持续发展理论及生态经济理论将我国建筑业绿色发展模式的内涵定义为，通过实行平衡经济与生态综合目标的盈利模式，引进绿色节能施工技术，提高劳动者的素质以及采用装配式节能化的生产方式等途径，达到在提升建筑业整体价值的同时，能够减少生产中各种资源过多投入以及降低能源消耗带来的对环境的负面影响的要求，实现建筑业的价值提升、能源节约及环境友好转型。其发展模式内涵如图 2. 5 所示。

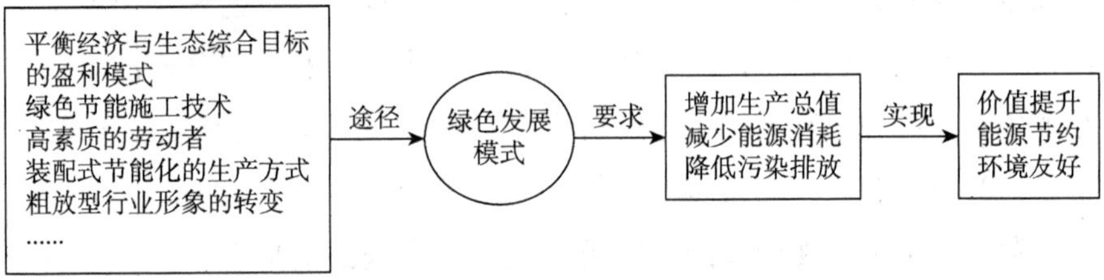

图 2. 5　我国建筑业绿色发展模式内涵

（二）我国建筑业绿色发展模式的特点

建筑业的绿色发展模式是一个复合式的理念，不仅强调了建筑业在促进人、自然以及社会的相互协调中所扮演的角色，更进一步突出了建筑业的发展所带来的经济社会效益的可持续增长。绿色模式作为建筑业发展的高级形态，与传统发展模式不同。

（1）建筑业的绿色发展模式体现人的本性。传统建筑业的发展模式更多是注重经济单方面的发展模式，更多是采用经济学的理论来分析建筑业如何推动经济发展和实现 GDP 的增长，其突出的是“以物为本”，唯“经济至上”的发展思想，具体表现为“只见物不见人”，导致建筑业在发展过程中出现了破坏环境、浪费资源等问题，损害了人民群众的利益，制约经济的可持续发展。而绿色发展模式能够将人的需求反映在建筑业发展的过程中。一方面，对没有参与建设生产的人来说，绿色发展模式从设计阶段起就注入了生态环保的理念，通过使用更环保的建筑材料以及更节能的生态设计，使建筑本身在提高质量的同时更能保证人的生命健康安全；在施工阶段，通过循环利用的体系以及控制污染措施的制定，减少对建设项目周边环境的破坏，为人的发展创造了良好的生态文明条件。另一方面，对建设生产的参与者来说，绿色发展模式注重“知识”对建筑业产生的作用，吸引更多掌握高级知识的人参与项目建设，制定人才培养计划，充分发挥人的潜能，在不断提升从业人员综合素质的过程中实现建筑业行业形象的升级。

（2）建筑业的绿色发展模式体现全面性。具体通过其发展目标的多重性和发展内容的综合性进行体现。在发展目标的多重性上，传统发展模式由于片面追求建设生产活动的经济产值导致社会发展目标的缺失。许多建筑企业为了减少生产成本，追求更高的经济收益，忽视了其本应承担的社会责任和生态责任。而在绿色发展模式下，建筑企业会将自身目标多元化，使其在获得应有生产收益的情况下，更多地考虑对自然生态的保护，追求建筑业发展与生态的平衡。在发展内容的综合性上，为确保建筑业的健康可持续发展，绿色发展模式追求建筑业整体的稳定和成熟，从而在提高建筑产品的多样性、拓展建筑业的产业链、促进建筑业的技术创新等方面提出了相关要求。

（3）建筑业的绿色发展模式体现协调性。在传统的发展模式中，建筑业将发展目标单一地设置为经济效益的获取，从而割裂了其与人的发展、自然的发展以及社会发展之间的联系，造成建筑业出现资源分配不均、劳动力供应不足等内部不协调问题以及建筑业造成的生态破坏进而影响到其他行业的外部不协调问题。而绿色发展模式将单一的经济目标转换为协调建筑业内外部矛盾的综合发展目标，统筹了建筑业的经济效益、生态效益、社会效益，更加关注人的全面发展，其本质就是一种协调发展模式。

（4）建筑业的绿色发展模式体现可持续性。建筑业在传统发展模式下，为了实现利益最大化，盲目地增加生产投入，以实现其产值的提高，这不可避免地导致了资源加速消耗、资源严重短缺和环境极大污染等问题的出现。而绿色发展模式在投入、产出的目标控制上，增加了对能源投入及污染排放的要求，构建了一种经济发展与自然生态相互平衡的模式，有利于推动建筑业在满足其收益最大化的情况下，减少污染浪费，实现可持续发展。

（三）我国建筑业绿色发展模式的价值

（1）从建筑业内部角度，首先，绿色发展模式能够兼顾经济效益与生态效益，有利于提升建筑业综合效益。其次，绿色发展模式通过将先进的绿色施工技术与生产实践相结合以及吸引大量高级技术从业者，提升建筑业精益管理的能力。在先进技术得到应用并不断推广的过程中，建筑业的生产方式将实现由现场浇筑到工厂式生产的发展，进而减少环境因素对建造环节的影响，不断提高生产效率。最后，在建筑业不断发展的过程中，原有的产业结构会遵循优胜劣汰的规则进行更新。绿色发展模式正是利用了产业结构可持续更新机制，对建筑业中存在问题的管理结构、组织结构、企业结构进行调整，从而减小建筑业结构上带来的阻力。

（2）从建筑业外部角度，首先，由于绿色发展模式具有协调性，在解决建筑业内部矛盾的同时，保证了建筑业与外部经济、社会以及自然条件之间的相互协调。绿色发展模式以遵循自然生态规律为前提，在可持续发展理念的影响下，通过政府主导，在经济市场中制定和实施一系列满足生态系统规律的经济政策，不断引导经济、社会和环境的一体化发展，实现经济、社会和环境的整体协调。其次，绿色发展模式更多考虑人与建筑业之间的相互作用。通过设计、建造以及消费环节，建筑业能够为人提供更安全的居住环境，营造更干净的生存环境，提升建设参与者的综合能力，以及推动建筑产品主要消费者的绿色消费观的形成。最后，绿色发展模式可以体现出自然环境在建筑业中的价值。绿色发展模式在建筑业设计、生产以及运维的各个阶段贯彻“绿色先行”理念，在建筑业经济系统的运行中考虑资源环境的保护及利用的合理方式，最大限度地降低对自然环境的破坏，减少不可再生资源的浪费。

三、我国建筑业转型升级与绿色发展模式的联系

（一）我国建筑业转型升级与绿色发展模式的外部联系

一方面，绿色发展模式是实现我国建筑业转型升级的最佳途径。当前国

家针对经济总体发展提出了供给侧结构性改革、高质量发展的要求，以逐步推动经济发展实现“生态节约”“协调全面”“高质多量”。为顺应经济发展的大环境，实现可持续发展，建筑业逐步开始了向绿色发展转型升级。而绿色发展模式具有人本性、全面性、协调性以及可持续性的特征，能够优化建筑业的产业结构，淘汰其中对环境破坏大、资源消耗量高的建设环节，满足当前建筑业发展的“适用、经济、绿色、美观”要求，推动经济、社会和环境的一体化发展。因此，绿色发展模式是现阶段建筑业实现绿色发展转型升级的最佳途径。

另一方面，我国建筑业转型升级是推动绿色发展模式深化应用的动力。我国建筑业长期以来存在劳动力密集、技术创新不足、行业发展粗放、能耗较高、建筑垃圾资源化不充分等问题。随着经济绿色转型升级的深入推进，建筑业将行业内部存在的不满足当前经济绿色转型升级要求的问题破除。在制定协调经济、社会以及生态环境的发展的新目标，引进先进节能技术及高级知识人才进行创新驱动经济增长，完善建设管理制度，提高产品质量等的过程中，推动了绿色发展模式在建筑业中的深化应用。

我国建筑业转型升级与绿色发展模式的外部联系如图 2.6 所示。

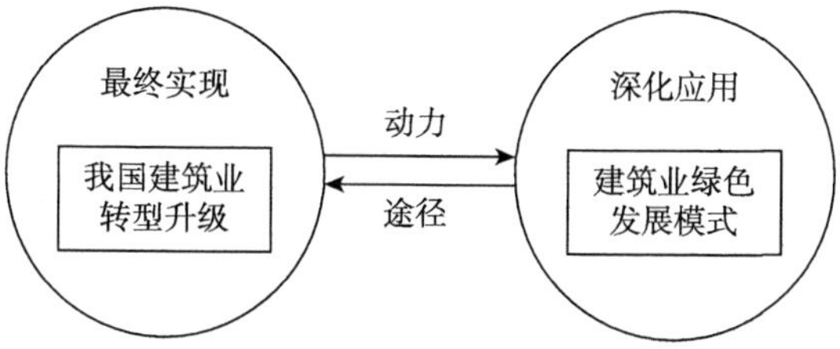

图 2.6　我国建筑业转型升级与绿色发展模式的外部联系

（二）我国建筑业转型升级与绿色发展模式的内部联系

第一，我国建筑业转型升级与绿色发展模式在发展要求上具有一致性。为解决我国建筑业内部存在生产要素投入只重量不重质、产值增长方式单一化、组织管理结构落后等问题，及应对外部面临资源环境短缺、国际国内市场竞争激烈、经济大环境不断变革等情况，建筑业提出通过吸引高素质劳动力，引进先进施工技术及节能技术，优化建设管理体系等方式，达到增加建筑业总产值、减少能源消耗以及降低污染排放的发展要求。而绿色发展模式通过实行平衡经济与生态综合目标的盈利模式、引进绿色节能施工技术、提高劳动者素质以及采用装配式节能化的生产方式等途径，能够满足增加生产总值、减少能源消耗、降低污染物排放的要求。因此，两者在发展要求上相互联系。

第二，我国建筑业转型升级与绿色发展模式在最终目标上具有一致性。我国建筑业在转型升级的过程中，将增加建筑业生产总值、减少能源消耗以及降低污染物排放作为发展的总体要求，以推动建筑业向价值提升、资源节约以及环境友好方向转型升级。而绿色发展模式通过不同的途径，如提高技术水平及劳动者素质，减少无效劳动力投入；采用装配式节能化的生产方式；使用更环保的建材；融入绿色设计理念等，实现价值提升、能源节约、环境友好的目标。

因此，两者在最终发展目标上相互联系。其内部联系如图 2.7 所示。

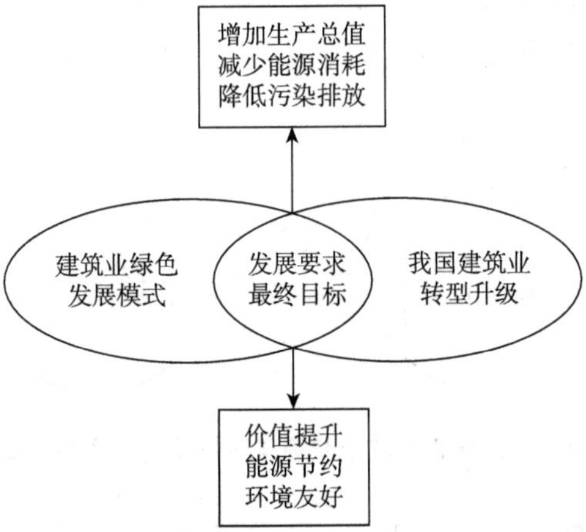

图 2.7　我国建筑业转型升级与绿色发展模式的内部联系

参考文献

[1] 威廉·配第. 赋税论［M］. 邱霞，原磊，译. 北京：华夏出版

社，2006.

[2] 亚当·斯密. 国富论 [M]. 上海：上海三联书店，2009.

[3] 李嘉图. 李嘉图著作和通信集 [M]. 寿进文，译. 北京：商务印书馆，1987.

[4] 牛晓耕. 能源与环境约束下的中国经济增长：理论探讨与经验研究 [D]. 沈阳：辽宁大学，2016.

[5] 苏丹丹. 经济增长决定因素的理论综述与中国的选择 [J]. 市场论坛，2009 (7)：10-11.

[6] FRANKEL MARVIN. The production function in allocation and growth：A syn-thesis [J]. The American economic review，1962，52 (5)：996-1022.

[7] ROMER PAUL M. Endogenous technological change [J]. The journal of political economy，1990，98 (5)：S71-102.

[8] LUCAS ROBERT. On the mechanics of economic development [J]. Journal of monetary economics，1988，22 (1)：3-42.

[9] BROWN K. The political ecology of biodiversity，conservation and development in Nepal's Terai：Confused meanings，means and ends [J]. Ecological economics，1998，24 (1)：73-87.

[10] 吴优，曹克瑜. 对自然资源与环境核算问题的思考 [J]. 统计研究，1998 (2)：59-63.

[11] 沈满洪. 生态经济学 [M]. 北京：中国环境科学出版社，2007.

[12] PEARCE D. W.，PUROSHOTHAMAN S. Protecting biological diversity：The economic value of pharmaceutical plants [M]. Norwich：Centre for Social and Economic Research on the Global Environment，1992.

[13] 陈伟平. 基于博弈视角的中国绿色经济发展研究 [D]. 武汉：武汉大学，2015.

[14] DALY H. E. Beyond growth：The economics of sustainable development [M]. Boston：Beacon Press，1996.

[15] BARBIER E. B. The concept of sustainable economic development [J]. Environmental conservation，1987，14 (2)：101-110.

[16] COSTANZA R., MAXWELL T. Spatial ecosystem modeling using parallel processors [J]. Ecological modeling, 1997, 58 (1): 159 - 183.

[17] CONWAY G. R. The properties of agro ecosystems [J]. Agricultural systems, 1987, 24 (2): 95 - 117.

[18] BRUNDLAND. Our common future [R]. Tokyo: The world commission on environment and development, 1987.

[19] DAVID PEARCE. Blueprint for a green economy: A Report [M]. London: Earthscan, 1989.

[20] 王雪. 绿色发展模式下建筑业的经济转型研究 [D]. 青岛: 青岛理工大学, 2013.

[21] 陈平. 中国经济转型升级的路径与对策研究 [D]. 南昌: 南昌大学, 2015.

[22] 刘东. "新常态"下中部三省产业转型升级发展研究 [D]. 武汉: 湖北省社会科学院, 2016.

[23] 赵文玲. 基于物联网的物流产业转型升级研究 [D]. 南宁: 广西大学, 2017.

[24] 周大鹏. 制造业服务化对产业转型升级的影响 [J]. 世界经济研究, 2013 (9): 17 - 22.

[25] 曹家玮. 新常态下安徽省建筑业转型升级研究 [D]. 合肥: 安徽建筑大学, 2018.

[26] 朱远. 城市发展的绿色转型: 关键要素识别与推进策略选择 [J]. 东南学术, 2011 (5): 40 - 50.

[27] 王铁宏. 充分认识建筑业改革发展转型升级的大趋势 [J]. 建筑设计管理, 2018, 35 (3): 8 - 9.

[28] 大卫·皮尔斯. 绿色经济的蓝图 (4) [M]. 徐少辉, 冉圣宏, 等, 译. 北京: 北京师范大学出版社, 1997.

[29] 刘思华. 绿色经济论: 经济发展理论变革与中国经济再造 [M]. 北京: 中国财政经济出版社, 2001: 3.

[30] 季铸, 白洁, 孙瑾, 等. 中国 300 个省市绿色经济与绿色 GDP 指

数（CCGEI2011）　绿色发展是中国未来的唯一选择［J］. 中国对外贸易，2012（2）：24－33.

［31］李兰兰. 中国建筑业绿色转型发展的路径研究［D］. 武汉：武汉理工大学，2018.

第三章　基于绿色全要素生产率的建筑业转型升级方法选择及理论模型

第一节　绿色全要素生产率测算方法的发展及分类比较

一、绿色全要素生产率测算方法的发展

在绿色发展理念的影响下，资源和环境的可持续发展问题不断引起人们重视。如何在原有的经济测算中考虑资源环境要素成为越来越多的学者研究的重点。绿色全要素生产率测算就是在全要素生产率的投入产出要素中加入能源消耗或污染排放指标，使经济测算涵盖资源环境的约束，从而更加符合现阶段国家实际的社会经济与自然生态条件。绿色全要素生产率测算的方法经历了多个发展阶段并处于持续完善当中。

在最初绿色全要素生产率测算的研究中，通过绿色 GDP 测算绿色全要素生产率是一种常见的方法。绿色 GDP 又叫可持续 GDP，它以原有的 GDP 为基础扣除了资源消耗以及环境污染损失的价值。采用这种方法进行测算时，一方面由于某些关键性的市场数据难以从公开的统计资料中获得，比如资源消耗和污染排放不属于市场活动，但其对绿色 GDP 测算却很关键；另一方面由于将环境污染作为经济损失并进行价值评估的方法存在争议，为不同污染排放物分配影子价格存在困难，理论上把资源消耗和环境污染视作负产出的估算方法存在不合理的地方。因此，在各国绿色 GDP 测算方法的条件不够成熟的情况下，通过绿色 GDP 测算绿色全要素生产率的方法一直都发展得较为缓慢。

在此之后，国内外很多学者都采用相对较为简单的参数法进行测算。在假设条件上，参数法一方面要满足规模报酬不变，另一方面要保证生产在技术前沿面上的充分有效；在数据获取上，参数法需要准确把握投入变量和产出变量的相关价格信息；在生产函数上，主要采用 C－D 函数法、代数指数法和超越对数生产函数法，这三种方法都要求明确生产函数的具体形式。

陈诗一等（2017）从经济核算的角度出发，采用参数法对中国 2005—2013 年的面板数据进行测算，将资本、劳动、能耗、土地纳入投入产出的评价指标，分析中国经济增长的影响因素。[1]李胜文等（2010）在进行随机前沿面测算之前，将环境投入分为普通投入和有害投入，认为企业环境效率提高的程度取决于环保投入能够获取的产出。在此基础上，通过参数法估算了中国 1986—2007 年各省的环境效率。[2]虽然采用参数法测算绿色全要素生产率的情况较多，但由于污染物价格数据获取困难和价值评估方法不统一，导致绿色全要素生产率的测算结果误差大，影响了经济评价的准确性。

随着数据包络分析法的发展，为了解决投入产出某些变量的价格信息获取的难题，消除价值评估方法不统一产生的误差以及参数法的假设前提较难实现的问题，Shephard 在分别考虑投入或产出变化的情况下，构建了投入距离函数与产出距离函数，这种方法将环境污染和能源消耗纳入核算体系之中且无须考虑具体的生产函数形式和相关价格信息。[3]但 Shephard 距离函数法也存在一些缺陷。由于其只能进行径向移动，当经济系统中出现需要期望产出增加的而非期望产出减少的情况时，Shephard 距离函数就无法满足此条件。因此，使用非径向的距离函数进行测算更符合实际情况的需要。

在 Shephard 距离函数（DF 函数）的基础上，Chung 等分别从投入和产出角度考虑了 Shephard 距离函数的方向性问题，提出了方向距离函数（DDF 函数）。这种方向距离函数模型将污染排放作为非期望产出加入效率分析的框架中，使测算模型满足了期望产出增加的同时非期望产出减少的条件。此处理方式解决了更具一般化情况下各决策单元生产率的测算问题，也更加符合实际情况。

方向距离函数的优势在于它对多投入、多产出的情况进行了模拟，同时考虑了期望产出增加和非期望产出减少的情况。但是这种方法要对方向向量进行选择，不同方向的设定会有不同的测算结果，因此，使用这种方法测算还是无法避免误差的产生。[4]另外，方向距离函数要求期望产出和非期望产出保持同样增加或减少的比例，为解决这一问题，Tone 提出了 SBM 模型。该模型将方向向量内生化且距离函数具有相加性。[5]这种非径向、非角度的序列 DEA 法拟合了当期以及前期所有观测值，克服了当期 DEA 测算时的短期观测值波动的弊端，解决了投入产出不足即非零松弛问题。目前，国内外对于绿色全要素生产率的研究主要是基于方向距离函数的框架，将非期望产出作为产出变量并通过数据包络分析法对决策单元的效率值进行测算。

二、绿色全要素生产率测算方法的分类

由于绿色全要素生产率测算方法是对全要素生产率的丰富和发展，因此，本书在将绿色全要素生产率的主要测算方法进行分类时，以全要素生产率测算方法的分类为基础并结合绿色全要素生产率测算的发展过程进行总结。国内外测算绿色全要素生产率的方法主要可以分为参数法与非参数法两类，参数法主要包括索洛余值法（SR 法）和随机前沿面测算法（SFA 法）两大部分，而非参数法则包括数据包络分析法（DEA 法）。

（一）参数型测算方法

1. 索洛余值法（SR 法）

SR 法，又称作索洛残差法或索洛剩余法。这种方法主要利用产出增长减去各要素增长的方式来获取测算结果，适用于需要对多个区域的经济增长进行横向比较的情况。为了保证 SR 法测算结果的准确性，设定完全竞争、规模收益不变等假设条件。由于 SR 法在全要素生产率测算中出现的时间较早，且影响力较大，因此，在绿色全要素生产率测算的研究中，这种方法被视作标准测算方法，得到了较早的应用。

采用 SR 法进行绿色全要素生产率测算反映非要素增长原因导致的产出增长，以 C－D 生产函数为例，SR 法的原理如下[6]：

$$Y_{it} = A_{it}{L_{it}}^{\alpha}{K_{it}}^{\beta}{E_{it}}^{\varepsilon} \tag{3.1}$$

其中，Y_{it} 表示产出，L_{it} 表示劳动投入，K_{it} 表示资本投入，E_{it} 表示能源投入，A_{it} 表示绿色全要素生产率，α 表示劳动产出弹性，β 表示资本产出弹性，ε 表示能源产出弹性。将式（3.1）进行变形，可以得到如式（3.2）所示的生产率的求解方法：

$$A_{it} = \frac{Y_{it}}{{L_{it}}^{\alpha}{K_{it}}^{\beta}{E_{it}}^{\varepsilon}} \tag{3.2}$$

在式（3.2）的基础上，对两边进行自然对数的求解可得：

$$\mathrm{Ln}(A) = \mathrm{Ln}(Y) - \alpha\mathrm{Ln}(K) - \beta\mathrm{Ln}(L) - \varepsilon\mathrm{Ln}(E) \tag{3.3}$$

将式（3.3）两边求时间导数获得绿色全要素生产率：

$$\frac{\Delta A}{A} = \frac{\Delta Y}{Y} - \frac{\Delta L}{L} - \frac{\Delta K}{K} - \frac{\Delta E}{E} \tag{3.4}$$

在实际的经济增长测算过程中，将收集到的劳动力投入量、资本投入量以及能源投入量数据代入式（3.4）进行计算，结合估计的劳动及资本的弹性系数，就能够快速测算出全要素生产率的值。

2. 随机前沿面测算法（SAF）

SAF 法也被称作随机前沿面测算法。这种方法充分考虑了在实际的经济系统中由于经济、政治、环境、地理和气候的突变带来的对经济体产生预期外的随机冲击影响和生产中使用的技术未完全达到预定效率造成的随机变化影响。SAF 法的优势是采用了更具一般性的生产函数并且考虑了随机因素和技术不能充分使用的情况。SAF 法生产函数的形式如式（3.5）所示[7]：

$$Y = F(L,K,E,\beta)e^{v-u} \tag{3.5}$$

其中，Y 表示产出向量，L 表示劳动力投入向量，K 表示资本投入向量，E 表示能源投入向量，β 表示参数，v 和 u 都是误差项。

式（3.5）中 v 是一个双边误差项，表示灾害、天气等随机突发因素在效率测算中造成的影响，$v \sim (0,\sigma^2)$。而 u 是一个单边误差项，表示技术无效在效率测算中造成的影响，$u \geqslant 0$。因此，式（3.5）是生产函数受随机冲击和技术无效影响下的形式。

在通过极大似然法对式（3.5）中的参数和技术效率值进行估计后，可以求得绿色全要素生产率。随机前沿面测算法又可以分为非时变法和时变法。[7]

（1）非时变法。非时变不考虑技术随时间推移而变化的情况。假设把 $I(i=1, 2, \cdots, I)$ 个生产决策单元分成 $T(t=1,2,\cdots,T)$ 个时区进行观察研究。非时变的 C－D 随机前沿生产模型可以表示为：

$$\mathrm{Ln}(Y_{it}) = \beta_{0t} + \sum_n \beta_n(\mathrm{Ln}l_{nit} + \mathrm{Ln}k_{nit} + \mathrm{Ln}e_{nit}) + v_{it} - u_{it} \tag{3.6}$$

其中，v_{it} 表示随机统计噪声，$u_{it} \geqslant 0$，u_{it} 代表技术无效性。不考虑技术随时间的推移而变化包括两种情况，第一，技术随时间不变；第二，技术效率随时间不变。而产出、投入和统计噪声项是有时间下标的。

（2）时变法。时变是考虑技术随时间推移而变化的情况。在激烈的市场竞争中，企业可持续发展的动力来源于技术进步和技术效率的提升。因此，非时变是一种理想的经济假设，而允许时变才更符合现实情况。时变法可以表示为：

$$\begin{aligned}\mathrm{Ln}(Y_{it}) &= \beta_{0t} + \sum_n \beta_n(\mathrm{Ln}l_{nit} + \mathrm{Ln}k_{nit} + \mathrm{Ln}e_{nit}) + v_{it} - u_{it} \\ &= \beta_{it} + \sum_n \beta_n(\mathrm{Ln}l_{nit} + \mathrm{Ln}k_{nit} + \mathrm{Ln}e_{nit}) + v_{it}\end{aligned} \tag{3.7}$$

（二）非参数型测算方法：数据包络分析法（DEA 法）

DEA 法是基于确定性无参数前沿测算理论发展起来的一种分析方法。这种方法以凸分析和线性规划为工具并引入相对效率理论对绿色全要素生产率进行测算。

在使用 DEA 法测算时，首先，需要明确 DEA 法的测算内容，根据内容选择出适合的生产决策单元（DUM），每个决策单元都是一个经济体。其次，在决策单元中构建起投入产出各要素的评价体系，收集整理各个决策单元的投入产出数据。最后，利用数学线性规划的方法，将各个决策单元投入产出形成的组合向量包络成一个刻画最优投入产出关系的前沿面。通过对比各个决策单元到这个生产前沿距离的远近，获得生产率的测算结果，以便于对各个决策单元展开经济评价。DEA 操作流程如图 3.1 所示。

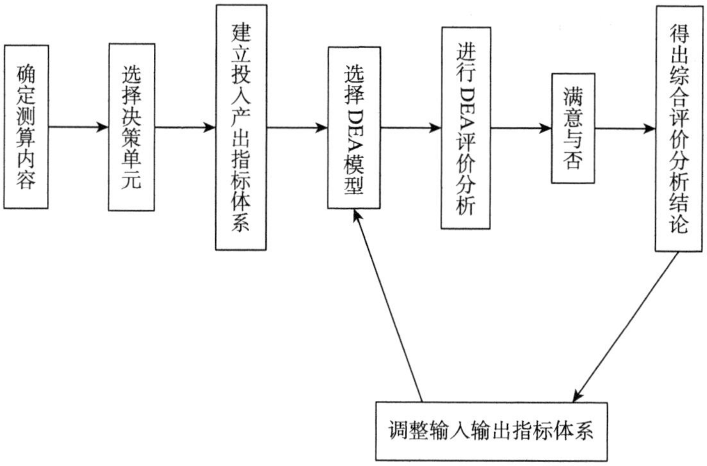

图 3.1　DEA 操作流程

DEA 法根据其使用模型的不同可以分为三类：

1. CCR（CRS）模型

CCR 模型是第一个基于 Farrell 效率分析，用于测算生产决策单元效率的模型，具有显著的典型性。由于 CCR 模型继承了新古典经济学分析框架中常用的 CRS 规模报酬不变的假定，所以 CCR 模型有时又被称为 CRS 模型。

如果存在 $N(1,2,\cdots,n)$ 个经济体，在生产投入为 $X(x_1,x_2,\cdots,x_i)$，产出为 $Y(y_1,y_2,\cdots,y_j)$ 的情况下，通过产出投入比能够得到效率值，在考虑投入产出之间的权重问题后，可以得出最初始的分式规划形式的 CCR 模型[8]：

$$\max_{u,v}\left(\frac{u'y_j}{v'x_i}\right) \tag{3.8}$$

$$\text{s.t. } \frac{u'y_j}{v'x_i} \leqslant 1$$

$$u',v' \geqslant 0$$

$$v'x_i = 1$$

其中，u' 表示产出权重向量的转置，v' 表示投入权重向量的转置。在以上三个约束条件中，前面两项是为了保证求出的效率在 0 ~ 1，最后一个约束条件可以有效避免无穷解的出现。再根据线性规划的对偶性，可以得到包络形式的表达式。以下分别为其投入和产出角度的表达式：

投入角度：

$$\min_{\theta,\lambda}\theta \tag{3.9}$$

$$\text{s.t.}\ -y_j+Y\lambda\geqslant 0$$

$$\theta x_i-X\lambda\geqslant 0$$

$$\lambda\geqslant 0$$

产出角度：

$$\max_{\varphi,\lambda}\varphi \tag{3.10}$$

$$\text{s.t.}\ -\varphi y_j+Y\lambda\geqslant 0$$

$$x_i-X\lambda\geqslant 0$$

$$\lambda\geqslant 0$$

其中，λ 表示投入产出的权重向量，θ 和 φ 分别表示投入和产出的效率值。

2. BCC（VRS）模型

BBC 模型是最基本的规模报酬可变模型，其实现方式是在 CCR 模型的约束条件中增加 $I1'\lambda=1$。通过改变 CCR 模型的约束条件，BBC 模型可以更好地适应实际的经济运行，解决经济系统中由于出现不平等竞争、财政约束等情况造成的模型不适应现象。以下分别从其投入和产出角度列出其表达式[8]：

投入角度：

$$\min_{\theta,\lambda}\theta \tag{3.11}$$

$$\text{s.t.}\ -y_j+Y\lambda\geqslant 0$$

$$\theta x_i-X\lambda\geqslant 0$$

$$I1'\lambda=1$$

$$\lambda\geqslant 0$$

产出角度：

$$\max_{\varphi,\lambda}\varphi \tag{3.12}$$

$$\text{s.t.}\ -\varphi y_j+Y\lambda\geqslant 0$$

$$x_i-X\lambda\geqslant 0$$

$$I1'\lambda=1$$

$$\lambda \geqslant 0$$

其中，λ 表示投入产出的权重向量，θ 和 φ 分别表示投入和产出的效率值。

3. DEA 测算法中 Malmquist 指数的应用

Malmquist 指数是由瑞典经济统计学家 Sten Malmquist 提出的一种 DEA 法测算模型。这种模型结合了线性规划与函数，广泛应用于金融、工业、医疗等部门生产效率的测算。

根据 Malmquist 指数的定义，假设其投入向量为 $X = (x_1, x_2, \cdots, x_t)$，期望产出 $Y = (y_1, y_2, \cdots, y_t)$，非期望产出 $B = (b_1, b_2, \cdots, b_t)$，则从产出角度看，某个决策单元的 Malmquist 指数可以表示为[9]：

$$M(x^{t+1}, y^{t+1}, b^{t+1}; x^t, y^t, b^t) = \left[\frac{d^t(x^{t+1}, y^{t+1}, b^{t+1})}{d^t(x^t, y^t, b^t)} \times \frac{d^{t+1}(x^{t+1}, y^{t+1}, b^{t+1})}{d^{t+1}(x^t, y^t, b^t)}\right]^{\frac{1}{2}} \quad (3.13)$$

其中，$d^t(x^{t+1}, y^{t+1}, b^{t+1})$ 表示参照第 t 年技术下的 $t+1$ 年的产出距离函数；$d^t(x^t, y^t, b^t)$ 表示参照第 t 年技术下当年的产出距离函数；$d^{t+1}(x^{t+1}, y^{t+1}, b^{t+1})$ 表示参照第 $t+1$ 年技术下 $t+1$ 年的产出距离函数；$d^{t+1}(x^t, y^t, b^t)$ 表示参照第 $t+1$ 年技术下的当年的产出距离函数。根据测算结果，若 $M>1$，则绿色全要素生产率在 t 年到 $t+1$ 年期间是上升的；若 $M<1$，则绿色全要素生产率是下降的；当 $M=1$ 时，表示两个年份间绿色全要素生产率不变。

对 Malmquist 指数（TFPCH）进行分解，可以得到由技术效率变化指数（EFFCH）和技术进步变化指数（TECHCH）两个分指数相乘的形式，其中技术效率变化指数还可以分解为纯技术效率变化指数（PECH）和规模效率变化指数（SECH），具体分解形式如下[9]：

$$M(x^{t+1}, y^{t+1}, b^{t+1}; x^t, y^t, b^t) = \left[\frac{d^t(x^{t+1}, y^{t+1}, b^{t+1})}{d^t(x^t, y^t, b^t)} \times \frac{d^{t+1}(x^{t+1}, y^{t+1}, b^{t+1})}{d^{t+1}(x^t, y^t, b^t)}\right]^{\frac{1}{2}} = \frac{d^{t+1}(x^{t+1}, y^{t+1}, b^{t+1})}{d^t(x^t, y^t, b^t)}\left[\frac{d^t(x^{t+1}, y^{t+1}, b^{t+1})}{d^t(x^t, y^t, b^t)} \times \frac{d^t(x^t, y^t, b^t)}{d^{t+1}(x^t, y^t, b^t)}\right]^{\frac{1}{2}} \quad (3.14)$$

即：TFPCH = EFFCH × TECHCH = PECH × SECH × TECHCH（3.15）

在式（3.15）中，TECHCH 表示技术进步变化指数，用来描述相邻年份间生产前沿面的变化，反映生产过程中技术进步的情况；TECHCH > 1 时，则存在技术进步或创新。EFFCH 表示技术效率变化指数，用来描述相邻年份相对技术效率的变化，反映当年的生产活动与生产前沿面之间距离远近的情况；EFFCH > 1 时，则相对前一年技术效率是提高的。

三、绿色全要素生产率测算方法的比较

为了选择更适合进行建筑业转型升级研究的绿色全要素生产率测算方法，本书将绿色全要素生产率测算的参数法与非参数法进行对比分析，综合评价两种方法的优劣势。

根据前文对绿色全要素生产率测算方法的分类可知，参数法主要包括 SR 法和 SAF 法。SR 法的优势是模型比较简单且与经济学的理论环境更具有一致性，当现实经济测算条件与假设条件高度符合时，其测算精度也相对较高。但是，SR 法也存在许多不足，第一，由于假设条件设置过于严格导致其满足实际生产条件会比较困难。第二，由于劳动力、资本和能源弹性系数是通过估计获取，导致系数值受主观影响较大，容易引起最终测算结果的误差。第三，对生产函数的准确选择具有较高要求。SAF 法与 SR 法相比进行了一定程度的改进：一方面，增加了对绿色全要素生产率测算可能导致误差出现的随机因素控制的要求，提升了测算精度；另一方面，对假设条件进行一定放松，使测算条件与实际的经济情况更加符合。但是依然存在需要进一步改进研究的地方：一方面，SAF 法适用于数据样本量大的测算，而在数据样本量少的测算中，最终结果的误差较大；另一方面，SAF 法面临着生产函数设定的问题，对样本容量有一定要求，不适用于多投入多产出的情况。

而非参数法常采用 DEA 法进行经济评价，通过将 CCR、BBC 以及 Malmquist 指数模型与方向距离函数相结合，进而获取满足不同需求的测算数据。CCR、BBC 以及 Malmquist 指数模型在进行绿色全要素生产率测算前对生产函数的准确设置没有要求，从而简化了测算流程；在数据的适用性上具有多样化的特点，适用于进行截面和面板数据的分析；在误差控制上，由于将误差内化入模型，避免了人为设置产生的不精确；在投入产出上，能够对各

个经济单元的多个投入产出数据进行处理。CCR 模型在假设条件的设置中要求规模报酬不变，相较于 BBC 模型的规模报酬可变来说满足其成立的实际条件过于严格。Malmquist 指数模型能够进行动态和静态生产率的分析，在研究生产率的动态变化过程方面具有一定的优势。绿色全要素生产率测算方法比较如表 3.1 所示。

表 3.1 绿色全要素生产率测算方法优劣势对比

方法			优势	劣势
参数法	SR 法		模型简单，与经济学的理论环境更具有一致性	假设条件过于严格，弹性系数受主观影响较大，生产函数有明确的要求
	SAF 法		增加了随机因素控制，放松了假设条件	对样本容量有要求，不适用于多投入多产出
非参数法	DEA 法	CCR 模型	没有生产函数的要求，数据的适用性上具有多样化的特点，测算误差内化入模型，能够处理多个投入产出数据	假设条件相对严格
		BBC 模型		无法进行动态 DEA 测算
		Malmquist 指数模型		对目标函数的改进可操作性较小

综上，参数法在绿色全要素生产率测算中虽然构建了确定的生产函数，产生的经济意义更大；能够对劳动力、资本以及环境要素展开更深入的替代弹性测算；在数据敏感度上较弱，因此稳定性较高。但是，非参数法相较之下更适用于本书的研究对象。第一，非参数法能够将涉及污物染排放与能源资源的变量引入投入或产出指标中，实现了在多投入和多产出经济情况下进行绿色全要素生产率测算；第二，能够直接将资源消耗和污染排放的数据应用于模型中，解决了不同投入产出要素之间衡量标准不统一导致测算无法进行的困难；第三，能够将实际生产中带来一定效益的产出与造成污染破坏的产出进行区分，便于管理者对生产的调节以及展开更深入的计算。而在非参数法的三种模型中，BBC 模型由于假设条件相对宽松，能够对经济体及时间的截面和面板数据进行分析，且在对目标函数及约束条件进行改进后使其更符合测算要求上具有可操作性，因此，从方法上非参数法的 BBC 模型更加适

合本书的研究。

第二节　绿色全要素生产率测算方法的选择及理解

一、绿色全要素生产率测算方法的选择

结合上一节对绿色全要素生产率的各种方法进行分析的结果，本书选择以 BBC 模型为基础并结合方向距离函数的测算方法，展开建筑业转型升级潜力研究。下面对此方法进行具体阐述：

假设目前已确定共有 $N(N=1,2,\cdots,n)$ 个决策单元，在生产过程中的投入为 X，投入种类为 i 种，投入测算指标构建为 $X(x_1,x_2,\cdots,x_i)$；投入后可获得期望产出为 Y，期望产出种类为 j 种，期望产出指标构建为 $Y(y_1,y_2,\cdots,y_j)$；非期望产出为 b，非期望产出种类为 k 种；则各个决策单元所形成的全部生产可能集将表示为：$P(x)$。

结合实际的生产情况，各个决策单元全部生产可能集 $P(x)$ 需要满足以下的条件：

(1) 由 $P(x)$ 所确定的投入只能获得一定量的产出，即 $P(x)$ 为有界闭集；

(2) 产出无法单独获得，必须依靠生产投入，因此可以将其表示为 $P(0)=(0,0,0)$；

(3) 由于期望产出与非期望产出之间存在零结合性，因此在期望产出生产的过程中，如果不想获得非期望产出则只能停产，即如果 $(x,y,b)\in P(x)$，当 $b=0$，则 $y=0$；

(4) 生产投入与期望产出可以自由处置，具有强可处置力，而非期望产出具有弱可处置力；

(5) 各个投入要素同比例增加或减少可能造成期望产出和非期望产出不同比例的变化，即满足规模报酬可变。

根据前面的假设条件，可以将生产可能的集 $P(x)$ 用以下线性规划表示：

$$\sum_{n=1}^{n}\lambda_n x_{ni}\leqslant x_i$$

$$\sum_{n=1}^{n} \lambda_n y_{ni} \geq y_j$$

$$\sum_{n=1}^{n} \lambda_n b_{nk} = b_k$$

$$\sum_{n=1}^{n} \lambda_n = 1, \lambda_n \geq 0$$

其中，λ_n 表示各个决策单元的权重；$\sum_{n=1}^{n} \lambda_n = 1$ 表示规模报酬可变。

在以上线性规划的基础上，通过引入方向向量，使得建筑业各要素可以按照一定的方向投入生产前沿。对比各个决策单元到生产前沿的距离可以知道其生产效率的具体情况。满足求解各个决策单元效率值产出角度的方向距离函数，具体定义如下：

$$D = (x, y, b; g_y, g_b) = \max\{\beta \mid (y + \beta g_y, b - \beta g_b\} \tag{3.16}$$

其线性规划可以表示为：

$$\max \beta \tag{3.17}$$

$$\text{s. t.} \quad \sum_{n=1}^{n} \lambda_n x_{ni} \leq x_i$$

$$\sum_{n=1}^{n} \lambda_n y_{ni} \geq y_j + \beta g_y$$

$$\sum_{n=1}^{n} \lambda_n b_{nk} = b_k - \beta g_b$$

$$\sum_{n=1}^{n} \lambda_n = 1, \lambda_n \geq 0$$

$$0 \leq \beta \leq 1$$

其中，β 表示方向距离函数值，也就是无效率值；$g = (g_y, g_b)$ 表示方向向量，一般取（y，$-b$）。β 反映各个决策单元通过增加期望产出和减少非期望产出的方式，需要向着生产前沿面变化的比例。根据假设条件，只要存在期望产出，非期望产出就不可能为0，因此，在模型中变量减少比例不超过1，即将 β 的范围规定为［0,1］，同时可以推断出效率值 $1-\beta$ 的范围也是［0,1］。

二、绿色全要素生产率测算与我国建筑业转型升级的关联

（一）绿色全要素生产率测算与我国建筑业转型升级在产生背景上具有相关性

在全球能源环境日益恶劣的背景下，绿色全要素生产率测算方法被提出，人类为了评价经济活动对自然生态产生的影响，将全要素生产率测算进行改进。而我国建筑业转型升级一方面是国家经济在发展初期时，由于只重速度不重质量，粗放的发展模式使当前经济发展面临能源及环境的制约，为了顺应经济绿色发展的外部环境，建筑业开始了转型升级；另一方面是由于建筑业内部产值增长方式单一，导致对能源的需求量大，而能源利用方式却不合理，导致污染情况严重。因此，在产生的背景上两者都是由能源环境问题引发的，具有一定的相关性。

（二）绿色全要素生产率测算与我国建筑业转型升级在目标实现上具有相关性

进行绿色全要素生产率测算就是为了量化经济活动对生态环境造成的影响，以便决策者制定出适当的经济发展调整计划，控制经济活动的污染排放和能源消耗数量及速度，使经济活动产生更大经济效益的同时更有利于能源节约和环境友好；在绿色发展模式下，建筑业转型升级的发展要求是提高总产值、减少能源消耗以及降低污染排放，最终实现建筑业价值提升、能源节约以及环境友好的目标。因此，在目标实现上，两者都是希望更好地解决经济与环境的问题，达到价值提升、能源节约以及环境友好的目标。

（三）绿色全要素生产率测算与我国建筑业转型升级在领域划分上具有相关性

绿色全要素生产率测算是生产率测算中的一部分，其理论基础包括经济增长理论、生态经济理论以及转型升级理论等的部分内容。在领域划分上，由于其既运用了经济学的知识又涵盖了生态学的观点，因此，绿色全要素生产率测算属于生态学与经济学的交叉领域。我国建筑业转型升级本身就是一个复杂的过程，涉及经济以及生态等多方面的内容。因此，研究我国建筑业

转型升级也属于生态学与经济学的交叉领域。

（四）绿色全要素生产率测算与我国建筑业转型升级在投入产出要素上具有相关性

绿色全要素生产率测算涉及多投入与多产出要素，包括对资本投入、劳动力投入、能源投入以及期望产出和非期望产出的衡量。而建筑业为了实现其价值提升、能源节约、环境友好的转型升级目标，需要进行资本、劳动力、能源、产值以及污染排放等投入产出要素的控制。因此，在投入产出要素上，两者都涉及相同的投入产出要素，具有一定的相关性。

三、绿色全要素生产率测算与我国建筑业转型升级的方向性

根据第二章中对绿色发展模式与建筑业转型升级联系展开的分析，发现我国建筑业转型升级的最终目标是实现行业价值提升、能源节约以及环境友好。而绿色发展模式为建筑业转型升级找到了提高价值、减少能源消耗和降低污染排放三个突破口，从而成为建筑业转型升级的实现途径。在通过基于BBC模型的方向距离函数进行绿色全要素生产率测算中，提升价值就是要增加期望产出，减少能源消耗则是减少生产投入，而降低污染排放则是降低非期望产出。由此可见，采用绿色全要素生产率测算建筑业在提升价值、减少能源消耗和降低污染排放三个方向转型升级潜力的方法具有较强的方向性，具体如图3.2所示。

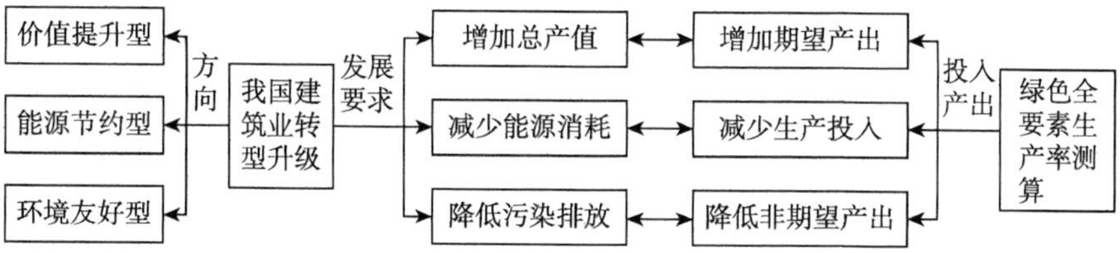

图3.2 绿色全要素生产率测算与建筑业转型升级的方向性

第三节　基于绿色全要素生产率的建筑业转型升级潜力测算理论模型

一、绿色全要素生产率测算的基础模型构建

将我国建筑业的资本、劳动力、能源、期望产出以及非期望产出与上一节选择的绿色全要素生产率测算的方法式（3.17）进行结合，构建出绿色全要素生产率测算的基础模型如下：

假设建筑业共有 $N(N=1,2,\cdots,n)$ 个决策单元，将资本 k，劳动力 l，能源 e 投入到决策单元中就可能会获得 j 种期望产出 $Y(y_1,y_2,\cdots,y_j)$ 和 m 种非期望产出 $b(b_1,b_2,\cdots,b_m)$，则决策单元的生产技术集可以表示为 $P(x)$。

该生产技术集 $P(x)$ 应该满足如下假设条件：

(1) $P(x)$ 为有界闭集。

(2) 期望产出与非期望产出之间存在零结合性。

(3) 生产投入和期望产出具有强可处置力，非期望产出具有弱可处置力。

(4) 规模报酬具备可变性。

根据现有模型存在的问题进行改进，加入 3 个假设条件：

(1) 设各个决策单元的方向向量为单位向量 $g=(g_k,g_l,g_e,g_y,g_b)$，使其内生化，不同的决策单元的方向向量有所不同，需通过计算机进行求解。

(2) 在测算时，为了保证各个决策单元的每个要素存在不同距离的变化，将目标函数中各个决策单元不同要素的实际距离 β 与不同要素的实际值相除，得到相对值。

(3) 根据不同要素在测算中不同的重要程度，在目标函数中增加权重指标 $\alpha_1,\alpha_2,\alpha_3,\alpha_4,\alpha_5$ 的设定，且 $\sum_{h=1}^{5}\alpha_n=1$。

基于以上假设，构建出绿色全要素生产率测算模型如下：

$$\max \alpha_1\frac{\beta g_k}{k_0}+\alpha_2\frac{\beta g_l}{l_0}+\alpha_3\frac{\beta g_e}{e_0}+\alpha_4\frac{\beta g_y}{y_0}+\alpha_5\frac{\beta g_b}{b_0} \tag{3.18}$$

$$\sum_{n=1}^{n} \lambda_n k_n \leqslant k_0 - \beta g_k$$

$$\sum_{n=1}^{n} \lambda_n l_n \leqslant l_0 - \beta g_l$$

$$\sum_{n=1}^{n} \lambda_n e_n \leqslant e_0 - \beta g_e$$

$$\sum_{n=1}^{n} \lambda_n y_n \geqslant y_0 + \beta g_y$$

$$\sum_{n=1}^{n} \lambda_n b_n = b_0 - \beta g_b$$

$$\sum_{n=1}^{n} \lambda_n = 1, \lambda_n \geqslant 0$$

$$0 \leqslant \frac{\beta}{k_0} \leqslant 1, 0 \leqslant \frac{\beta}{l_0} \leqslant 1, 0 \leqslant \frac{\beta}{e_0} \leqslant 1, 0 \leqslant \frac{\beta}{y_0} \leqslant 1, 0 \leqslant \frac{\beta}{b_0} \leqslant 1$$

式（3.18）代表的意义为，在生产技术有限的条件下，将生产所投入的资本、劳动力以及能源最大程度减少后，达到增加期望产出、减少污染排放等非期望产出的效果。因为β和$g = (g_k, g_l, g_e, g_y, g_b)$均为模型需要求解的向量，而两者又是乘积形式，所以式（3.18）不属于线性规划。因此，将式（3.18）转化为线性规划形式：

令$s_k = \beta g_k, s_l = \beta g_l, s_e = \beta g_e, s_y = \beta g_y, s_b = \beta g_b$

$$\max \alpha_1 \frac{s_k}{k_0} + \alpha_2 \frac{s_l}{l_0} + \alpha_3 \frac{s_e}{e_0} + \alpha_4 \frac{s_y}{y_0} + \alpha_5 \frac{s_b}{b_0} \tag{3.19}$$

$$\sum_{n=1}^{n} \lambda_n k_n \leqslant k_0 - s_k$$

$$\sum_{n=1}^{n} \lambda_n l_n \leqslant l_0 - s_l$$

$$\sum_{n=1}^{n} \lambda_n e_n \leqslant e_0 - s_e$$

$$\sum_{n=1}^{n} \lambda_n y_n \geqslant y_0 + s_y$$

$$\sum_{n=1}^{n} \lambda_n b_n = b_0 - s_b$$

$$\sum_{n=1}^{n} \lambda_n = 1, \lambda_n \geqslant 0$$

$$0 \leqslant s_k \leqslant k_0, 0 \leqslant s_l \leqslant l_0, 0 \leqslant s_e \leqslant e_0, 0 \leqslant s_y \leqslant y_0, 0 \leqslant s_b \leqslant b_0$$

根据模型所代表的意义可知，方向向量已经有确定的正负方向，因此，这里规定方向向量为非负，并且为了保证模型有解需要增加方向向量的条件，即 $g_k + g_l + g_e + g_y + g_b = 1$。将上式进行求解，可以得到 S_k，S_l，S_e，S_y，S_b 的值。令 $S_k + S_l + S_e + S_y + S_b = \omega$，因为 $g_k + g_l + g_e + g_y + g_b = 1$，且 $S_k = Bg_k$，$S_l = Bg_l$，$S_e = Bg_e$，$S_y = Bg_y$，$S_b = Bg_b$，所以 $\omega = \beta(g_k + g_l + g_e + g_y + g_b) = \beta$，$g_k{'} = \frac{s_k}{\omega}, g_l{'} = \frac{s_l}{\omega}, g_e{'} = \frac{s_e}{\omega}, g_y{'} = \frac{s_y}{\omega}, g_b{'} = \frac{s_b}{\omega}$。

通过此模型求解出的值为生产决策单元的实际距离，即无效率值。要求解其效率值只需用 $1 - \beta$ 即可。因此，当某决策单元位于生产前沿面上，其无效率值为0，效率值为1。

综上，通过绿色全要素生产率测算模型可以求解出我国各省份建筑业生产的无效率值，在将其与最优生产前沿进行对比后，可以分析出各省份建筑业提升的空间，进而可以对建筑业转型升级的潜力展开测算。

二、基于绿色全要素生产率的建筑业转型升级潜力测算模型构建

对建筑业升级潜力进行测算，一方面需要明确建筑业转型升级的方向性问题。结合前文中关于绿色全要素生产率测算与建筑业转型升级的方向性，确定出潜力测算的主要方向，即建筑业在价值提升、能源节约、环境友好三个方向上可以提升的空间。另一方面绿色全要素生产率测算模型综合考虑了资本、劳动力、能源以及期望产出与非期望产出五个要素，因此在潜力测算过程中需要对资本和劳动力投入进行控制，通过测算能源投入、期望产出以及非期望产出三个维度的指标衡量建筑业在价值提升、能源节约、环境友好三个方向转型升级的潜力。

根据建筑业转型升级潜力测算需要评价的三个方向，绘制出包含能源投入、期望产出以及非期望产出的三维原理图，如图3.3所示。以生产前沿面上效率最优的省份为参照，依次考察各个省份建筑业在价值提升、能源节约、

环境友好三个方向转型升级的潜力。

如图3.3所示，b轴表示非期望产出，y轴表示期望产出，e轴表示能源投入。A点是生产技术集$P(x)$中的一点且并不在生产前沿面上。要想对A点的效率进行优化，使其尽可能地接近生产前沿面，最基本的三种途径是：

（1）将A点向C点方向移动，即不改变A点的期望产出以及能源投入大小，只降低A点的非期望产出。这种方式对应建筑业的转型升级类型就是环境友好型，降低污染排放。

（2）将A点向D点方向移动，即不改变A点的期望产出和非期望产出，只减少A点的能源投入。这种方式对应建筑业的转型升级类型就是能源节约型。

（3）将A点向B点方向移动，即不改变A点的能源投入和非期望产出，只增加A点的期望产出。这种方式对应建筑业的转型升级类型就是价值提升型。

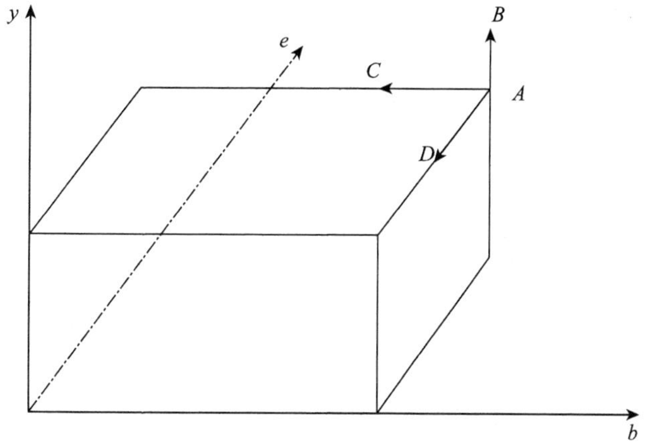

图3.3　能源投入、期望产出以及非期望产出的三维原理图

以上三种方式是标准的建筑业转型升级的方法，然而在实际的生产活动中，转型升级的情况更具一般性，其更有可能向介于AB、AC、AD之间的方向转型，也就是在三个方向同时进行。

基于此，将测算建筑业绿色全要素生产率的模型扩展为测算建筑业转型升级潜力的模型，即重点考察能源投入、期望产出和非期望产出的形式：

$$\max \alpha_1 \frac{s_e}{e_0} + \alpha_2 \frac{s_y}{y_0} + \alpha_3 \frac{s_b}{b_0} \tag{3.20}$$

$$\sum_{n=1}^{n} \lambda_n k_n \leqslant k$$

$$\sum_{n=1}^{n} \lambda_n l_n \leqslant l$$

$$\sum_{n=1}^{n} \lambda_n e_n \leqslant e_0 - s_e$$

$$\sum_{n=1}^{n} \lambda_n y_n \geqslant y_0 + s_y$$

$$\sum_{n=1}^{n} \lambda_n b_n = b_0 - s_b$$

$$\sum_{n=1}^{n} \lambda_n = 1, \lambda_n \geqslant 0$$

$$0 \leqslant s_e \leqslant e, 0 \leqslant s_y \leqslant y, 0 \leqslant s_b \leqslant b$$

根据上述模型，可以求解出在三个方向转型升级潜力的大小 s_e 、s_y 、s_b 及其潜力变化的比例 $\frac{S_e}{e}$、$\frac{S_y}{y}$、$\frac{S_b}{b}$ 。据此可以推出该区域建筑业转型升级最佳的方向向量：

$$g_e = \frac{s_e}{s_e + s_y + s_b}, g_y = \frac{s_y}{s_e + s_y + s_b}, g_b = \frac{s_b}{s_e + s_y + s_b} \tag{3.21}$$

三、基于绿色全要素生产率的建筑业转型升级潜力测算指标选择

由于在本书构建的建筑业转型升级潜力测算模型（3.20）中，涉及对投入产出变量的指标选择，而合理的指标数据能够减小测算误差，提高测算结果的准确性，因此，此部分内容将对模型中各投入产出变量的指标进行分析。

（一）指标构建的原则

1. 系统性

建筑业转型升级潜力测算是较复杂的工作，测算指标体系的建立不是单个指标之间简单的组合，而是需要根据系统性原则进行选择，满足建筑业转

型升级的资本、劳动力、能源以及环境条件。

2. 可量化性

建立建筑业转型升级潜力测算的指标体系时需注意指标的可量化问题，选择与建筑业转型升级潜力测算相关度高且能够被量化、易被测量和可比较的指标。更多通过定量的方式而不是定性的方式来获取相关指标数据，测算建筑业转型升级的潜力。

3. 综合性

建筑业转型升级潜力测算的指标体系是为了全面反映建筑业发展现状，综合测算建筑业转型升级潜力而选择的。因此，指标的设置要避免局限于某一方面或局部状态，要全面、综合地体现建筑业转型升级的实际状态。

4. 独立性

建筑业转型升级潜力测算的指标体系构建应满足独立性原则，各指标需要保证定义明确，避免出现指标间的交叉、重复现象，即两个不同的指标属于同一范畴或者同一个指标分别属于不同的投入产出体系。

（二）投入产出指标的选择

建筑业的生产过程是资源配置过程和资源消耗过程，作为劳动密集型产业，建筑产品的生产不仅需要机械设备、先进技术和原材料的支撑，而且还需要大量劳动力的保障。同时，工程建设的扩大离不开投资的推动，工程项目的顺利运作必须拥有充足的建设资金。此外，建筑材料的种类较差，从全国材料消耗量看，建筑业的钢材占全国消耗量的 20% ~ 30%，木材约占 40%，水泥约占 80%。在建筑材料生产和项目建造施工过程中，都伴随着大量能源的消耗。[10]在产出上，其产品也多种多样，包括各种房屋建筑、构筑物、线路、管道、设备等。除此之外，建筑业在生产时可能带来噪声污染、水土破坏以及有害气体的排放。结合现有文献中投入产出指标的选择以及建筑业的实际情况，本书将资本、劳动力、能源消耗确定为投入要素而将建筑业的总产值确定为期望产出，二氧化碳排放量确定为非期望产出，具体情况如下：

1. 我国建筑业转型升级潜力测算的投入变量

（1）资本投入。建筑业的资本可以分为固定资产、流动资产、无形资产及递延资产。在现有的研究中，谭丹等（2015）通过对固定资产及流动资产求和计算出建筑业各年资产总额，把其作为衡量建筑业资本投入的指标。[11]向鹏成等（2019）为了减小计算资本的误差，直接将建筑业企业的资产总额作为资本投入指标进行全要素生产率的测算。[12]霍晓宁（2012）指出对资本存量进行估计长期以来都是经济学中的难点，主要原因包括基年资本存量和固定资产投资价格指数难以确定并且折旧率缺乏相关标准。因此，采用资产合计的方式，即通过对建筑业中流动资产、固定资产、长期投资和递延资产求和来计算资本投入。[13]参照相关文献对资本的处理方法，本书选择以建筑业企业的资产总额作为资本投入指标。

（2）劳动力投入。对劳动力投入进行计算不仅要考虑劳动力数量还要考虑劳动力的质量。理论上，劳动力投入通常采用标准劳动强度下的劳动时间来衡量。而在现实中，劳动力投入通常采用劳动报酬进行衡量。在我国，由于劳动报酬受到分配体制、工资水平差异等因素影响，无法准确反映劳动力投入，因此，本书将建筑业企业从业人员数量作为劳动力投入变量的指标。

（3）能源投入。建筑业的生产过程所消耗的能源种类较多且各区域建筑业的能源消耗数量有所不同，因此，本书将建筑业主要消耗的原煤、洗精煤、焦炭、汽油、柴油、煤油、燃料油、液化石油气、天然气、热力和电力等能源依据不同区域分别折算成“万吨标准煤”衡量能源的消耗。

2. 我国建筑业转型升级潜力测算的产出变量

（1）期望产出。建筑业总产值反映了建筑业生产过程中创造的产品价值总额，因此，本书选取各区域建筑业生产总值数据来全面反映建筑业总体产出水平。

（2）非期望产出。建筑业在我国物质生产中占有重要地位，由于其处于国民经济产业链的中游位置，所以有 20 多个产业都与建筑业存在紧密联系，包括生产消耗量大、排放量高的水泥生产、钢铁冶炼、玻璃、金属、化工等产业，因此，在建筑产品的生产过程中必然排放了大量的二氧化碳。本书将各区域建筑业的二氧化碳排放量作为非期望产出的指标。

参考文献

［1］陈诗一，徐颜玉．从要素市场化看供给侧改革的中长期实践路径：基于随机前沿模型增长核算的分析［J］．经济理论与经济管理，2017（11）：21－22.

［2］李胜文，李新春，杨学儒．中国的环境效率与环境管制：基于1986—2007年省级水平的估算［J］．财经研究，2010，36（2）：59－68.

［3］SHEPHARD R. W. Theory of cost and production functions［M］. Princeton：Princeton University Press，1970.

［4］CHUNG Y. H.，FARE R.，GROSSKOPF S. Productivity and undesirable outputs：A directional distance function ap－proach［J］. Journal of environmental management，1997（51）：229－240.

［5］TONE K. A slacks－based measure of efficiency in data envelopment analysis［J］. European journal of operational research，2001，130（3）：498－509.

［6］胡青江．全要素生产率测算方法评析［J］．特区经济，2013（9）：225－226.

［7］苏洪．中国全要素生产率测算比较及增长源泉研究［D］．重庆：重庆大学，2015.

［8］王荧，郭碧銮．全要素生产率测算方法解析［J］．上海商学院学报，2010，11（5）：85－91.

［9］李清秀．我国建筑业全要素生产率及影响因素研究［D］．大连：东北财经大学，2017.

［10］冯博．建筑业二氧化碳排放及能源环境效率测算分析研究［D］．天津：天津大学，2015.

［11］谭丹，王广斌，曹冬平．建筑业全要素生产率的增长特征及其影响因素［J］．同济大学学报（自然科学版），2015，43（12）：1901－1907.

［12］向鹏成，谢怡欣，李宗煜．低碳视角下建筑业绿色全要素生产率及

影响因素研究［J］. 工业技术经济，2019，38（8）：57－63.

［13］霍晓宁. 中国内地建筑业的生产率进步评价［D］. 广州：华南理工大学，2012.

第四章　基于动态多目标优化的建筑业转型升级路径优化方法

第一节　建筑业转型升级动态多目标优化模型构建

一、建筑业转型升级动态多目标优化模型的基础

当前，我国建筑业发展所面临的内外部环境要求其不断探寻新的发展模式以实现自身的转型升级。而在绿色发展模式中，建筑业转型升级的价值提升、能源节约、环境友好三个目标存在较强的关联性与冲突性，比如在增加产值的同时会投入更多的能源，造成更大的污染。因此，通过某种方式合理调整建筑业的能源投入、期望产出与非期望产出，使建筑业在实现转型升级的过程中，保证价值提升、能源节约、环境友好三个目标处于最优化状态，是解决我国建筑业转型升级问题的关键。

在早期的研究中，对多目标问题的处理大都通过设置一定的限制条件，将多目标线性规划问题分离成单目标线性规划问题，再根据实际情况，对单目标问题进行计算。这种方法虽然降低了相关问题的复杂程度且便于理解，但是也存在着较多的弊端。一方面，在求解的过程中，无法通过目标函数准确表达每个目标效益之间相互作用、相互影响的关系；另一方面，在确定每个单目标权重的过程中，受主观因素及某些不确定因素影响，容易导致优化结果出现较大误差。随着相关研究的不断深入，能够同时求解多个目标约束下最优解的多目标优化方法被提出，为建筑业转型升级多目标优化研究提供了一种新的方式。

多目标优化问题的处理机制是同时求解多个目标函数，由于各个目标解具有不同的求解要求，导致多个目标解之间存在矛盾，例如，某个目标的最优解在其他目标条件下可能成为差等解[1]。因此，在多目标问题的求解过程中，需要综合考虑目标解能否同时满足多个目标条件的要求。其原理如图 4.1 所示，横坐标 $f_2(x)$ 与纵坐标 $f_1(x)$ 均表示求解最小值的目标函数，a、b、c、d 表示多目标优化模型的可行解，通过对比可以发现，d 的最小值高于 a、b、c，所以 d 为差等解，而 a、b、c 三个解在同时满足 $f_1(x)$ 和 $f_2(x)$ 的条件下难以区分优劣，因此，在多目标优化方法中引入支配解与非支配解的概念，即当一个多目标优化模型存在两个解 x_1 与 x_2，在 x_1 与 x_2 的所有目标值中，如果 x_1 的目标值的结果均优于 x_2 的目标值的结果，就说明 x_1 支配 x_2，如果 x_1 的解均比 x_2 的解差，则称 x_1 的解为非支配解，也叫 Pareto 解。在图 4.1 中，a、b、c 支配 d，但是 a、b、c 又不被其他的解所支配，a、b、c 就被称作 Pareto 解。图中的曲线表示所有 Pareto 解组成的集合即为帕累托前沿面（Pareto Front）。[1]

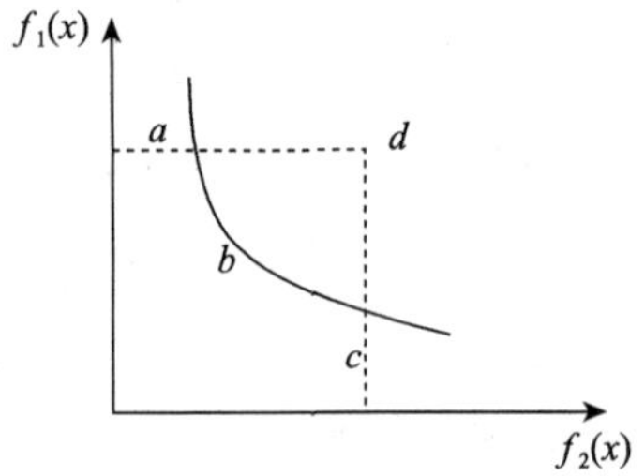

图 4.1　多目标优化中各个目标解的图示

在现有的研究中，多目标优化法被不断改进，经历了从静态到动态的发展过程。因此，其应用范围被不断拓展，对问题的模拟也更加符合实际情况。

（一）静态多目标优化法

静态多目标优化法是动态多目标优化法的基础，其特点是目标函数不受时间因素的影响，且目标的最优解不会随时间推移而发生变化，如式（4.1）所示。

$$\min y = f(x) = (f1(x), f2(x), \cdots, fM(x))$$

$$\text{s.t.}\ g(x) \leqslant 0, h(x) = 0 \tag{4.1}$$

其中，$x = (x_1, x_2, \cdots, x_n) \in D$ 表示 n 维决策自变量，x 的取值均包括在决策空间 D 中，$f = (f_1, f_2 \cdots, f_m) \in Y$ 表示 m 维目标矢量，f 的求解结果均包括在目标空间 Y 中，目标函数 $f(x)$ 反映出 m 个由决策空间向目标空间映射的函数关系，$g(x) \leqslant 0$ 表示不等式约束，$h(x) = 0$ 表示等式约束。[2]

（二）动态多目标优化法

与静态多目标优化法不同，动态多目标优化法由于充分考虑了时间对目标产生的影响，因此，其目标函数和约束条件会随时间的推移发生改变。动态多目标优化法的基本形式如式（4.2）所示。

$$\min x \in Xf = (f_1(x,t), f_2(x,t), \cdots, fM(x,t))$$

$$\text{s.t.}\ g(x,t) \leqslant 0, h(x,t) = 0 \tag{4.2}$$

其中，$f(x,t) \in D$ 表示 n 维决策自变量，(x,t) 的取值均包括在决策空间 D 中，$f = (f_1, f_2 \cdots, f_m) \in Y$ 表示 m 维目标矢量，f 的求解结果均包括在目标空间 Y 中，目标函数 $f(x,t)$ 反映出 m 个由决策空间向目标空间的映射的函数关系，$g(x,t) \leqslant 0$ 为不等式约束，$h(x,t) = 0$ 为等式约束。[2]

动态多目标优化法由于其目标函数和约束条件会受时间因素的影响，因此为了保证优化结果的准确性，减小时间因素造成的误差，本书将以每五年为规划期，研究2009—2020年关于优化及预测的数据。

二、建筑业转型升级动态多目标优化模型目标函数设定

根据第二章论述的相关内容，我国建筑业的转型升级是在兼顾能源消耗、环境污染等情况下寻找价值提升的途径。因此，针对本书中建筑业转型升级的目标，分别构建了价值提升型、能源节约型、环境友好型目标函数。

（一）价值提升目标函数

在建筑业转型升级的绿色发展模式中，虽然强调了建筑业未来的发展应减少能源消耗与污染排放，但从根本上来说，实现其价值提升的目标从未改变。价值提升就是建筑业总产值的提升，价值提升目标函数如式（4.3）

所示。

$$f_1(x) = \max \sum_{t=1}^{T} \sum_{i=1}^{I} y_{it} \tag{4.3}$$

其中，$f_1(x)$ 表示价值提升目标函数，反映出五年中建筑业总产值的最大值；y_{it} 表示我国 i 区域的建筑业在第 t 年的总产值。为了方便后期的模型优化，将式（4.3）转化为求最小值的形式，如式（4.4）所示。

$$f_1(x) = \min - \sum_{t=1}^{T} \sum_{i=1}^{I} y_{it} \tag{4.4}$$

（二）能源节约目标函数

建筑业的转型升级要求通过节能设计的应用、绿色施工技术的推广以及管理理念的优化等方式，在保证最大程度提升建筑业价值的前提下，实现建设项目建造及使用中能源投入的最小化，能源节约目标函数如式（4.5）所示。

$$f_2(x) = \min \sum_{t=1}^{T} \sum_{i=1}^{I} e^T y_{it} \tag{4.5}$$

其中，$f_2(x)$ 表示能源节约目标函数，反映出建筑业五年能源消耗总和的最小值；e^T 表示建筑业能源消耗的系数矩阵。[3]

（三）环境友好目标函数

建筑业在建设生产过程中，除了获得自身发展必要的经济效益之外还产生了大量的污染排放，对生态环境造成了不良的影响。因此，建筑业的转型升级要求将生产过程中的污染排放最小化，以减小对生态环境的破坏，实现行业自身的可持续发展。环境友好目标函数如式（4.6）所示。[3]

$$f_3(x) = \min \sum_{t=1}^{T} \sum_{i=1}^{I} b^T y_{it} \tag{4.6}$$

其中，$f_3(x)$ 表示环境友好目标函数，反映出建筑业五年内污染排放总和的最小值；b^T 表示建筑业污染排放的系数矩阵。

三、建筑业转型升级动态多目标优化模型约束条件设定

我国建筑业涉及的各种变量都不是独立存在的，不同变量之间会相互影

响。进行建筑业转型升级潜力测算所涉及变量主要分为投入变量与产出变量两类，而本书中约束条件的设定主要围绕着这两类变量进行，也与绿色全要素生产率测算的各个变量指标相对应，主要包括建筑业的资本投入约束、劳动力投入约束、能源投入约束、建筑业总产值约束、污染排放约束。

（一）资本投入约束

增加建筑业的资本投入，一方面有利于激发建筑业各主体的活力，促进建筑市场的发展，提升建筑业的总产值；另一方面为引进节能的施工技术及机械设备，推动绿色管理方式更新提供了资金支持，减少了施工过程中的能源消耗。因为资金的筹集渠道具有多样化的特点，所以在优化过程中应保证建筑业在规划期内的资本投入大于当年的实际值。资本投入约束条件函数如式（4.7）所示。

$$\sum_{i=1}^{I} k_t^T y_{it} \geqslant \bar{K}t,(t = 1,2,\cdots,5) \tag{4.7}$$

其中，k_t^T 表示规划期内第 t 期单位建筑业总产值所需的资本投入系数矩阵，$\bar{K}t$ 表示规划期内第 t 期建筑业实际投资总和。

在上述各个约束条件中，所有变量均为正向变化，即 $y_{it} \geqslant 0$，$t = 1, 2, \cdots, 5$，并通过调整公式中的系数来处理其中占比不大的变量。

（二）劳动力投入约束

由于我国建筑业是劳动力密集的行业，能够为经济社会的发展提供大量的就业岗位，解决了许多人的就业问题，有利于社会的稳定。而建筑业的转型升级将改变其原有依靠大量劳动力进行生产的方式，导致行业内外部出现大量的人员流动。所以，在优化的过程中应保证建筑业在规划期内的劳动力投入大于当年的实际值。但是，在实际情况中建筑业的劳动力投入量不能无限增加，因此在建筑业劳动力人数优化值上还要设置一个增长上限。劳动力投入约束条件函数如式（4.8）所示。

$$\bar{L}t \leqslant \sum_{i=1}^{I} l_t^T y_{it} \leqslant (1 + r)\bar{L}t,(t = 1,2,\cdots,5) \tag{4.8}$$

其中，l_t^T 表示规划期内第 t 期单位建筑业总产值所需劳动力的系数向量，$\bar{L}t$ 表

示规划期内第 t 期建筑业从业人数，r 表示增加的建筑业劳动力比例。

(三) 能源投入约束

适当的能源投入有利于保证建筑业进行正常生产，提高经济效益；过多的能源投入不仅会造成能源及资金的浪费，而且不利于生态环境的可持续发展。因此，在优化过程中要保证建筑业在规划期内的能源投入小于当年的实际值，从而实现对能源投入量的合理控制。能源投入约束条件函数如式(4.9)所示。

$$\sum_{i=1}^{I} e_t^T y_{it} \leqslant \bar{E}t, (t = 1, 2, \cdots, 5) \tag{4.9}$$

其中，$\bar{E}t$ 表示第 t 年建筑业能源消耗总量的实际值。[3]

(四) 建筑业总产值约束

实现建筑业的转型升级需要合理控制建筑业产值的增长速度，避免在发展的过程中出现盲目追求速度而忽视质量的现象。因此，在建筑业总产值的约束条件中，需要将本年建筑业的总产值与上一年建筑业的总产值的比率控制在合理的范围内，并增加一个增长速度的上限 s_2 。总产值约束条件函数如式(4.10)所示。

$$(1 + s_1) \sum_{i=1}^{I} y_{it} - 1 \leqslant \sum_{i=1}^{I} y_{it} \leqslant (1 + s_2) \sum_{i=1}^{I} y_{it} - 1, (t = 1, 2, \cdots, 5) \tag{4.10}$$

在这一个规划期第一年的建筑业总产值也要与上一年的总产值维持在一个相对稳定的增长速度中。

(五) 污染排放约束

建筑业的生产需要消耗大量建筑材料以及石油、天然气、煤炭等不可再生资源，且在过程中排放的大量有害物质会对生态环境造成不良影响。所以，在优化过程中应将建筑业的污染排放限制在一定范围内，保证每一年优化后的排放量小于当年的实际排放量。污染排放约束条件函数如式(4.11)所示。

$$\sum_{i=1}^{I} b_t^T y_{it} \leqslant \bar{B}t, (t = 1, 2, \cdots, 5) \tag{4.11}$$

其中，$\bar{B}t$ 为第 t 年建筑业污染排放量产出的实际值。

第二节　建筑业转型升级路径优化的求解方法

一、路径优化求解方法的分类

建筑业转型升级路径优化的过程就是根据本书中已设置的约束条件对构建的目标函数进行求解的过程。目前路径优化的求解方法可以分为以下几类。

（一）捕食搜索算法

捕食搜索算法是由 Alexandre 于 1998 年提出的一种路径优化方法，该方法通过模拟动物的捕食行为进行最优解的计算。利用捕食搜索算法寻优时，首先对整个空间进行全局搜索，在获得一个较优解后，对较优解附近的区域进行集中搜索。当多次局域搜索无法找出最优解时，放弃局域搜索重新在整个空间进行全局搜索。经过多次循环，找出最优解（或近似最优解）后，该算法停止。在捕食搜索算法中，使用限制（restriction）来表征较优解的邻域大小。通过限制的调节，实现搜索空间的增大和减小，从而达到探索能力和开发能力的平衡。

（二）禁忌算法

20 世纪 70 年代末，F. Glover 提出典型的亚启发式随机搜索算法——禁忌算法。禁忌算法是一种基于局部邻域搜索的全局逐步寻优算法，它通过引入存储结构和禁忌准则模拟人类智力思考的过程，避免迂回重复搜索，从而增加了有效搜索的次数，能实现搜索范围内的全局优化。禁忌算法的求解先从某一个可行解出发，对可能的求解方向进行尝试，尝试过后的方向被存入用于记录前面优化过程的禁忌表中，防止下一次求解陷入循环，然后再从另一个不同方向求解，直至找到最优解。该算法更加注重对全局最优解的寻找，有效克服了其他算法只对某一区间进行搜索的缺点，更能够准确地找出全局最优解。

（三）遗传算法

受生物进化学和遗传学理论的启发，1975 年美国密歇根大学 J. Holland 教授和他的学生提出遗传算法。通过模拟生物进化过程中的选择、遗传特性，来求解最优化问题。遗传算法从最优解可能潜在解集的一个种群（population）开始求解，一个种群则由经过基因（gene）编码的一定数目的个体（individual）组成。每个个体实际上是染色体（chromosome）带有特征的实体。初代种群产生之后，按照适者生存和优胜劣汰的规则，根据问题域中个体的适应度（fitness）大小进行选择并借助于遗传算子（genetic operators）进行组合交叉（crossover）和变异（mutation），产生出新的解集的种群。这个过程将导致种群像自然进化一样，其后生代种群比前代更加适应于环境，末代种群中的最优个体经过解码（decoding），可以作为问题近似最优解。

（四）蚁群算法

蚁群算法是由 Marco Dorigo 于 1992 年提出的，这种算法通过模拟蚂蚁的求食行为进行求解。采取蚁群算法首先要初始化，将若干只蚂蚁随机放置，然后每只蚂蚁都根据转移概率随机选择要移动的方向，蚂蚁的初始位置以及移动记录都添加到禁忌表中以防止出现重复的路径。在经过一次移动后计算每条线路上的信息素增量，直至满足终止条件，信息素最多的一条路径就是最优解。蚂蚁系统在解决小规模问题时能较快发现最优解，但是随着问题复杂程度的上升，系统性能下降比较严重，容易出现停滞现象。

（五）粒子群算法

粒子群算法是一种模拟社会行为、基于群体智能的进化技术。由于在搜索机理、收敛性能、计算机理等方面存在优势，粒子群算法在工程优化领域得到了广泛的应用。采用粒子群算法首先应设定初始化粒子位置，对其中的个体进行编码。其次再计算粒子的适应度，按照规定的标准初始化历史最优 pbest 并找出全局最优 gbest，根据位置和速度公式进行位置和速度的更新，更新完毕后重新计算适应度。最后结合适应度更新历史最优 pbest 和全局最优 gbest，收敛或者达到最大迭代次数则退出算法。

二、路径优化求解方法的比较与选择

在上述五种算法中，捕食搜索算法具有思路简捷、易于编程、在局部空间内搜索速度快的优点。但是在全局优化空间的搜索上容易忽略最优解，导致局部解的产生。并且捕食搜索算法可能会重复回到已经搜索过的区域，从而延长了搜索的时间，不符合本书在规划期内寻优的要求。

禁忌算法不仅注重对全局最优解的寻找，而且有效避免了重复搜索导致的时间延长问题。但是禁忌算法对于初始解有较强的依赖性，即当初始解与目标函数的适应性较好时，后续解的质量会相应提高；当初始解与目标函数的适应性较差时，后续解的质量及求解的速度都会受到影响。因此，这种算法本书同样不采用。

遗传算法属于随机类算法，不仅能够对多个个体同时进行比较而且容易与其他算法搭配运行，体现出并行性及扩展性的优势。但是遗传算法由于在迭代的过程中采用了随机性的概率机制，导致其存在运算次数多、求解时间长的问题。并且遗传算法对新空间的探索能力有限，在参数优化方面也存在较大的不确定性。因此，遗传算法无法为建筑业转型升级路径优化提供准确的优化结果。

蚁群算法与其他算法相比一方面具有较强的鲁棒性，即蚁群算法对初始解的依赖性较弱；另一方面蚁群算法能够在基础模型上进行修改，以满足求解不同问题的需要。但是由于蚁群算法的参数设定通常由实验方法确定，导致其优化性能与人的经验密切相关，不利于提高可行解的准确性，因此，为了保证求解结果具有较高的准确性，蚁群算法本书也不采用。

粒子群算法是基于多个智能体的仿生优化算法，具有编码简单、全局寻优准确性高等特点。粒子群算法没有交叉和变异运算，依靠粒子速度完成搜索，并且在迭代进化中只有最优的粒子把信息传递给其他粒子，搜索速度快。在求解的过程中，首先能够根据设定的约束条件以及不断更新的有效历史信息确定粒子，粒子群算法还具有记忆性，粒子群体的历史最好位置可以记忆并传递给其他粒子，从而求解出多目标优化问题的 Pareto 解集。其次能够统筹全局进行优化求解，不需要单独考虑目标之间的相互影响，也不用设定目标之间的优先级别。最后能够有效解决由于多目标优化的复杂性导致求解结果单一且无法满足实际要求的问题，更好地保持解的多样性与实用性，所以本书选用粒子群算法对建筑业转型升级路径优化问题进行求解。具体路径优化求解方法优劣势对比如表 4.1 所示。

表 4.1　路径优化求解方法优劣势对比

方法	优势	劣势
捕食搜索算法	思路简捷、易于编程	易重复搜索、形成局部最优解
禁忌算法	避免重复搜索、缩短搜索时间、有利于全局最优解的寻找	对初始解的依赖性较强，不利于得到最优解、编程难度大
遗传算法	能够根据自身适应度调整搜索方向、具有较好的扩展性	易收敛到局部最优解、求解时间长、对新空间的探索能力有限
蚁群算法	具有很好的鲁棒性、有利于全局最优解的寻找	受人为经验影响较大、容易出现求解停滞
粒子群算法	编程简单、全局寻优准确性高、搜索速度快、保持解的实用性和多样性	缺乏速度的动态调节、不同问题中参数选择困难

三、路径优化求解方法的设计要点

在采用粒子群算法对建筑业转型升级的路径进行优化的过程中，涉及优化软件选择、粒子编码、粒子群数量确定以及约束条件四方面问题：

在优化软件选择方面，采用 MATLAB 软件进行路径优化的求解。

在粒子编码方面，主要选择的是目前主流的、计算较为准确的、有利于算法进行的实数编码方式，这种编码方式由问题的解所决定，问题解的变量数直接作为粒子的维数，更加符合实际问题的求解要求。

在粒子群数量确定方面，合理的种群数量设计是采用粒子群算法进行路径优化的基础。过多的种群数量会延长算法的运行时间；过少的种群数量则会阻碍目标函数最优解的获取。因此，根据目前已有研究中对粒子群数量的设置并结合我国建筑业的实际情况，将种群数量设置为 100。

在约束条件方面，采用搜索空间限定法来进行区域约束的处理。该方法有利于限制搜索的范围，保证搜索空间内的个体经过交叉、变异后，在相应的解空间内能够找到与之映射的解，从而避免了无效解的产生。

四、路径优化方案选择

根据建筑业转型升级动态多目标优化模型中构建的价值提升、能源节约、环境友好三个目标函数，制定出三种基本型和一种均衡型建筑业转型升级的路径优化方案。在四种方案中，首先，令 $Z1$ 、$Z2$ 、$Z3$ 分别为价值提升、能源节约、环境友好三个目标函数的值。其次，将三个目标值分别赋予权重 ϖ_1 、ϖ_2 、ϖ_3 ，且 $\varpi_1 + \varpi_2 + \varpi_3 = 1$。最后，将价值提升目标函数转化为求最小值的形式，使其与能源节约、环境友好目标函数保持一致的求解形式，即求解函数 $Z = \varpi_1 Z1 + \varpi_2 Z2 + \varpi_3 Z3$ 的最小值。对于不同的目标函数，不同的权重设置采用粒子群算法运行后，能够得到多个符合要求的 Pareto 最优解。不同的解代表了不同的方案，本书选择了四种比较典型的方案进行比较分析：

（1）方案一：价值提升型转型升级为唯一目标，令 $\varpi_1 = 1, \varpi_2 = 0, \varpi_3 = 0$，以价值提升为唯一的目标，既不考虑建筑业在能源投入上的浪费，也不考虑建筑业污染排放等相关问题，仅以行业的价值提升作为考察对象。

（2）方案二：能源节约型转型升级为唯一目标，令 $\varpi_1 = 0, \varpi_2 = 1, \varpi_3 = 0$，以能源节约为唯一的目标，既不考虑建筑业污染排放对环境的影响，也不考虑建筑业的价值是否提升，仅把行业的能源节约作为考察的对象。

（3）方案三：环境友好型转型升级为唯一目标，令 $\varpi_1 = 0, \varpi_2 = 0, \varpi_3 = 1$，以环境友好为唯一的目标，既不考虑建筑业产生的价值，也不考虑建筑业在能源上的消耗情况，仅把建筑业污染排放对环境的影响作为考察对象。

方案一、方案二、方案三均为建筑业转型升级在单一目标下的方案。但是在实际情况下，满足单一目标下建筑业转型升级的情况较少，因此，建筑业转型升级要均衡考虑各种情况，稳中求进。

（4）方案四：价值提升、能源节约、环境友好同等重要，令 $\varpi_1 = 1/3$，$\varpi_2 = 1/3$，$\varpi_3 = 1/3$，在此方案下，通过将价值提升、能源节约、环境友好三个目标的权重值设置为相等的方式，实现对建筑业转型升级均衡型方案的控制。价值提升、能源节约、环境友好三个目标之间存在相互影响的关系，提升建筑业的价值，可能导致更多的能源投入，造成更严重的环境污染；而只重视节能减排，可能达不到价值提升的目标要求。所以必须协调各目标之间的关系，合理设置权重，以求解出同时满足各目标的最优解。

第三节　建筑业转型升级路径的预测方法

一、思路设计与预测方法的选择

（一）思路设计

首先以已有的建筑业总产值、能源消耗量及污染排放量数据为基础对2010—2014年我国建筑业转型升级路径进行优化，然后再以2009—2017年建筑业的总产值、能源消耗量及污染排放量数据为基础预测2018年的数据并且优化2014—2018年我国建筑业转型升级路径，以2009—2018年我国建筑业的总产值、能源消耗量及污染排放量数据为基础，预测2019年、2020年的数据并且优化2016—2020年我国建筑业转型升级路径。在建筑业中，四个目标的实现受社会环境的影响较大，各种施工技术的迭代更新也影响数据，在进行参数计算的过程中要充分考虑实际情况的影响以及发展的趋势。建筑业的能源消耗与污染排放等数据只更新至2017年，相应参数计算到2017年。

对2014—2018年我国建筑业转型升级路径进行优化，其中2014—2017年的相关数据已经得到，2018年的相关数据通过以往2009—2017年的参数进行预测即可。获得2014—2018年的完整数据后，将数据代入动态多目标优化模型中，可求得2014—2018年建筑业转型升级路径优化结果。得出结果后需要验证模型的稳定性，如果模型稳定，可以继续采用这种方法对后面的建筑业转型升级路径进行优化。对于还未取得的2019年、2020年数据，以2009—2018年的数据为基础进行预测，然后再通过模型对2016—2020年的数据进行优化。

建筑业转型升级的动态多目标优化模型中的主要参数包括资本投入系数

矩阵、劳动力投入系数矩阵、能源消耗系数矩阵、污染排放系数矩阵以及在约束条件中设定的上下限值。参数的预测要选择合适的方法，否则会给计算结果带来较大的误差。因模型得到的相关样本数据的年限较短，但又必须保留一部分数据对预测的结果进行对比检验，分析后决定在2009—2013年的相关数据基础上进行运算，对2014—2017年的数据选择恰当的方法预测，将预测的数据结果跟实际值比较看其是否在误差允许的范围内。如果预测方法的准确性得到了肯定，则继续将已经获得的2009—2017年的相关数据作为预测的基础数据，对模型中2018—2020年的未知数据进行预测。得到了转型升级路径优化的所需数据后就能运用模型得到2014—2018年和2016—2020年的优化结果，从而完成对我国建筑业转型升级路径优化的分析。

（二）预测方法的选择

预测方法的选择上，需要进行多方面比较，以保证预测结果的准确性。现有的关于参数预测的方法主要包括BP神经网络法、时间序列分析法和灰色预测法。

神经网络的研究领域存在较多的分支，其中BP神经网络法是比较普遍的一类。该方法模拟脑中神经元的工作方式，属于一种多层前馈网络，通过误差的反向传播来调整神经网络的权值和阈值并运用梯度下降法，控制神经网络运算输出的误差。但BP神经网络法在运算时长和样本数量上存在某些劣势：一方面，由于BP神经网络法需要进行学习和训练，导致在预测的过程中，当误差值未控制在可接受范围内，但学习次数已经达到上限时，出现终止运算或被动延长运算时间的现象；另一方面，由于BP神经网络法通过输入—输出的模式进行学习，导致其对数据样本容量的大小具有较强的依赖性。[4]而本书中的预测过程要求的运算时间短且样本数据量相对较小，因此，本书不宜采用BP神经网络法进行相关参数的预测。

时间序列分析法通过参数估计与曲线拟合的方式，构建相关预测模型。相对稳定的时间序列，有自回归模型AR（p）以及移动平均模型MA（q）或者两者相结合的ARMA（p，q）模型。其中参数（p，q）根据自相关（ACF）与偏自相关（PACF）确定。由于时间序列分析法每一期的预测值需要以前一期的预测为基础进行运算，因此，通过时间序列分析法获得的预测结果的准确性取决于预测时间的长短。本书中建筑业转型升级的基础数据的时间跨度为2009—2017年，时间跨度较大，采用时间序列分析法进行预测会产生较大的误差，降低预测结果的准确性，因此，时间序列分析法也不适合所要研究的问题。

灰色预测法在处理复杂性及不确定性较高的数据上具有优势，且相较于上述两种方法预测所需的样本量少，预测速度快。本书中基础数据年限仅有9年，样本量少，满足灰色预测法在时间范围及样本数据方面的要求，因此，本书采用灰色预测法预测2018—2020年建筑业转型升级的相关数据以提高预测数据的准确性。

二、基于灰色预测法预测模型参数

灰色预测法本质上是通过一阶微分方程构建的一种预测模型GM（1，1），其基本预测原理如下：

假设已收集的原始数据为 $x^{(0)} = \{x^{(0)}(1), x^{(0)}(2), \cdots, x^{(0)}(s)\}$，首先对原始的数据 $x^{(0)}$ 进行累加得到新的序列 $x^{(1)} = \{x^{(1)}(1), x^{(1)}(2), \cdots, x^{(1)}(s)\}$

其中，$x^{(1)}(s) = \sum_{s=1}^{S} x^{(0)}(s)$，对 $x^{(1)}$ 进行一阶微分得到公式（4.12）：

$$\frac{\mathrm{d}x^{(1)}}{\mathrm{d}t} + cx^{(1)} = u \tag{4.12}$$

公式（4.12）即为GM（1，1）模型的一般形式。[5]上式微分方程的解为公式（4.13）：

$$x^{(1)}(s) = (x^{(0)}(1) - \frac{u}{c})e^{-c(s-1)} + \frac{u}{c} \tag{4.13}$$

用最小二乘法求解灰色参数 c：

$$c = \begin{bmatrix} c \\ u \end{bmatrix} = (B^T B)^{-1} B^T S\mathrm{s} \tag{4.14}$$

构造累加矩阵与常数向量：

$$B = \begin{bmatrix} -\frac{1}{2}(x^{(1)}(1) + x^{(1)}(2)) & 1 \\ -\frac{1}{2}(x^{(1)}(2) + x^{(1)}(3)) & 1 \\ \vdots & \\ -\frac{1}{2}(x^{(1)}(s-1) + x^{(1)}(s)) & 1 \end{bmatrix} \tag{4.15}$$

$$Ss = (x^{(0)}(2), x^{(0)}(3), \cdots, x^{(0)}(s))^T \tag{4.16}$$

由于GM模型得到的是累加值在各时刻的预测值，需要将所得数据$x^{(1)}(s-1)$经过逆生成（累减）还原为$x^{(0)}(s)$[5]：

$$x^{(0)}(s) = x^{(1)}(s) - x^{(1)}(s-1) \tag{4.17}$$

由于灰色预测模型每次只能对一个时间序列的数据进行分析和预测，所以本书将依次对30个省份的污染物排放系数、能源消耗系数、资本投入系数、劳动力投入系数进行预测。以北京市建筑业的污染排放为例，首先，收集2009—2014年北京市建筑业的污染排放量原始数据作为一个时间序列$x^{(0)}$；其次，通过灰色预测模型测算出2015—2017年污染排放量并将预测结果与实际值进行比较，判断误差的具体情况；最后，当误差在允许范围内时，将2009—2017年北京市建筑业的污染排放量作为一个时间序列，预测2018—2020年的污染排放量。建筑业的能源消耗系数、资本投入系数、劳动力投入系数以及约束条件中的上下限值的预测流程与上述相似。

三、参数预测值的检验方法

在通过灰色预测GM（1，1）测算出建筑业转型升级动态多目标优化模型中的相关参数后，需要对数据的准确性进行检验，误差越大，表明预测数据与实际数据差距越大，预测不可靠；误差越小，表明预测数据与实际数据差距越小，预测更加可靠。目前的研究中，灰色预测数据检验方法有相对误差检验、关联合格检验、均方差比合格检验三种，其中相对误差检验法相较于其他两种有速度快、精度高等优点，所以在本书中采用相对误差检验法进行参数预测数据的检验。相对误差检验法的原理是将实际值与预测值相减，如式（4.18）所示。[6]

$$\varepsilon^{(0)}(k) = x^{(0)}(k) - \hat{x}^{(0)}(k) \tag{4.18}$$

用残差值除以实际值得到相对误差值 Δ_k 。

$$\Delta_k = \left| \frac{\varepsilon^{(0)}(k)}{x^{(0)}(k)} \right| \tag{4.19}$$

模型整体的平均预测相对误差为：

$$\bar{\Delta} = \frac{1}{n} \sum_{k=1}^{n} \Delta_k \tag{4.20}$$

参考文献

[1] 邢小红，罗军刚，等. 基于改进多目标粒子群算法的水库防洪调度[J]. 计算机工程与应用，2012，48（30）：33－39.

[2] CHATTERJEE A.，SIARRY P. Nonlinear inertia weight variation for dynamic adaptation in particle swarm optimization [J]. Computers and operations research，2006，33（3）：859－871.

[3] 王昀. 中国工业转型升级的潜力测算与路径优化研究 [D]. 大连：大连理工大学，2016.

[4] 吕琼帅. BP 神经网络的优化与研究 [D]. 郑州：郑州大学，2011.

[5] 陈涛捷. 灰色预测模型的一种拓广 [J]. 系统工程，1990，8（7）：52－54.

[6] 何斌，蒙清. 灰色预测模型拓广方法研究 [J]. 系统工程理论与实践，2002，12（9）：138－141.

第五章　我国建筑业转型升级的潜力测算研究

第一节　投入产出指标处理与数据来源

一、投入产出指标处理

本部分将根据数据的可获得性以及模型的适用性，对第三章选择出的各个投入产出变量的衡量指标进行处理，如表 5.1 所示。

表 5.1　建筑业投入产出指标的处理

	变量名称	处理方法
投入	建筑业资本投入	建筑业企业资产总额
	建筑业劳动力投入	建筑业企业从业人员数量
	建筑业能源投入	建筑业各能源实物消费量×各能源折算标准系数
产出	期望产出	建筑业的总产值
	非期望产出	按能源类型分别计算

（一）我国建筑业转型升级潜力测算的投入变量

1. 资本投入

将资本投入指标确定为建筑业企业的资产总额，其数据能够直接获取，故不再进行特殊计算处理。

2. 劳动力投入

将劳动力投入指标确定为建筑业企业从业人员数量，其数据能够直接获取，故不再进行特殊计算处理。

3. 能源投入

将能源投入指标确定为建筑业主要消耗的原煤、洗精煤、焦炭、汽油、柴油、煤油、燃料油、液化石油气、天然气、热力和电力等能源并且依据不同省份分别折算成万吨标准煤来衡量能源的消耗。因此，首先需要获得各种能源的实物终端消费量；然后根据《综合能耗计算通则（GB/T 2589—2008)》中给出的计算方法以及各种能源的折算标准煤系数对实物终端消费量进行折算，计算公式如下：

$$E = \sum_{i=i}^{n} e_i \times p_i \tag{5.1}$$

其中，E 代表综合能耗，n 代表能源种类，e_i 代表生产和服务活动中消耗的第 i 种能源的实物量，p_i 代表第 i 种能源的折算系数，按能量的当量值或能源等价值折算。

最后，经过折算之后所得到的数据就是各省份建筑业的能源消耗量。

（二）我国建筑业转型升级潜力测算的产出变量

1. 期望产出

将期望产出指标确定为各省份建筑业生产总值，其数据能够直接获取，故不再进行特殊计算处理。

2. 非期望产出

将非期望产出指标确定为各省份建筑业的二氧化碳排放量，建筑业二氧化碳排放量的测算应该涵盖整个产业链，既包括直接消耗能源后排放的二氧化碳，又包括间接消耗中间投入品排放的二氧化碳。因此，本书将各省份原煤、焦炭、汽油、煤油、柴油、燃料油、液化石油气、天然气、热力以及电力的实物终端消费量作为直接排放的基础数据。计军平等在其研究中提到，建筑业 97.1% 的二氧化碳来源于其他行业所产生的间接排放。[1] 这是因为其生产过程会消耗大量的水泥、钢材、玻璃等建筑材料，会导致非金属矿物制品业、黑色金属冶炼及压延加工业、电力业以及煤炭开采和洗选业等产业产生大量的二氧化碳。因此，将建筑业中使用的各材料产生的二氧化碳排放量作为间接排放的基础数据。

在确定直接排放和间接排放的基础数据后，本书将根据各种能源消耗的特点分别进行计算。

（1）化石燃料类二氧化碳排放量的计算。

化石燃料的二氧化碳排放量，采用 IPCC 提供的参考法原理进行计算，其中具体的化石燃料种类由建筑业实际终端能源消费需求所确定，计算公式如式（5.2）所示：

$$c_f = \sum_{i=1}^{n} e_i \times \alpha_i \times m_i \tag{5.2}$$

其中，i 表示化石燃料种类（$i = 1,2,\cdots,n$），e_i 表示第 i 种化石燃料的终端消费量，α_i 表示第 i 种能源的平均低位发热量，m_i 表示第 i 种能源燃烧的缺省二氧化碳排放因子。

（2）区域电力二氧化碳排放量的计算。

电力二氧化碳排放系数取决于发电过程中所使用的不同能源结构比例（包括：火力、水力、风力以及核能等发电方式），由于各省份的发电能源结构比例不同，因此二氧化碳排放量的地区差异会比较明显。本书根据我国各地区输配电实际情况，按照不同省市所属电网进行计算，计算公式参考孙文[2]在相关研究中采用的：

$$c_e = \sum_{j=1}^{30} e_j \times \gamma_k \tag{5.3}$$

其中，j 表示不同省份（$j = 1,2,\cdots,30$），k 表示不同区域电网（$k = 1,2,\cdots,6$），e_j 表示 j 省份的电力终端消费量，γ_k 表示各省份所属区域电网单位供电平均碳排放系数，系数来源于《省级温室气体清单编制指南》，如表 5.2 所示。

表 5.2 中国区域电网单位供电平均碳排放系数

区域电网划分	覆盖省份	tco_2/MWh
华北区域电网	北京市、天津市、河北省、山西省、山东省、内蒙古自治区	0.8843
东北区域电网	辽宁省、吉林省、黑龙江省	0.7796
华东区域电网	上海市、江苏省、浙江省、安徽省、福建省	0.7035

续表

区域电网划分	覆盖省份	tco_2/MWh
华中区域电网	河南省、湖北省、湖南省、江西省、四川省、重庆市	0.5257
西北区域电网	陕西省、甘肃省、青海省、宁夏回族自治区、新疆维吾尔自治区	0.6671
南方区域电网	广东省、广西壮族自治区、云南省、贵州省、海南省	0.5271

（3）建筑材料二氧化碳排放量的计算。

建筑业生产过程中消耗的五种主要材料是水泥、钢材、木材、铝材、玻璃。在计算这些材料消耗的二氧化碳排放量时，应充分考虑其可再生性。对于钢材、木材、铝材、玻璃等可再生材料，虽然在消费过程中产生了二氧化碳，但因其具有可回收利用的特点，这部分二氧化碳又算入新的建筑生命周期中，并未对环境产生实际影响。因此，参考孙文在其相关研究中提到的建筑材料的二氧化碳排放量计算公式[2]：

$$c_m = \sum_{w=1}^{5} e_w \times \beta_w \times (1 - \varepsilon_w) \tag{5.4}$$

其中，w 表示不同建筑材料（$w = 1, 2, \cdots, 5$），e_w 表示不同建筑材料的消耗量，β_w 表示不同建筑材料的碳排放系数，ε_w 表示不同建筑材料的可回收系数，如表 5.3 所示。

表 5.3　主要建筑材料的碳排放、回收系数

建筑材料	水泥	玻璃	钢材	铝材	木材
碳排放系数	$0.815kg/m^3$	$0.9655kg/m^3$	$1.789kg/m^3$	$2.6kg/m^3$	$-842.8kg/m^3$
回收系数	—	0.7	0.8	0.85	0.2

二、投入产出数据来源

本书的数据样本为我国 30 个省份建筑业 2009—2017 年的相关数据。考虑到数据的可获得性，西藏和港、澳、台地区未包含在内。另外，由于《中国能源统计年鉴》最新数据只更新到 2017 年，因此仅选取 2009—2017 年的时间段进行测算。根据各个投入产出指标的处理方法，数据从2009—2017年的《中国统计年鉴》《中国能源统计年鉴》《中国建筑业统计年鉴》中获取。在对基础数据进行计算之后，能够得到我国30个省份2009—2017年的资本投入、劳动力投入、能源消耗、总产值以及二氧化碳排放量，指标描述性统计如表5.4所示。

表5.4　投入产出指标的描述性统计

变量名称	符号	指标选择	样本数	平均值	标准差	最小值	最大值
资本投入（亿元）	k	各省建筑业企业资产总额	270	4338.64	4012.08	84.03	23158.96
劳动力投入（万人）	l	各省建筑业企业从业人员数量	270	150.98	166.47	5.48	792.89
能源投入（万吨标准煤）	e	各省建筑业能源消耗	270	128.38	86.81	5.17	810.33
期望产出（亿元）	b	各省建筑业总产值	270	5003.43	5031.92	143.94	27956.71
非期望产出（万吨）	y	各省建筑业二氧化碳排放量	270	6875.76	10452.35	186.05	95450.12

第二节　我国建筑业绿色全要素生产率及相关测算研究

一、我国建筑业绿色全要素生产率测算

在测算各省份建筑业的绿色全要素生产率时，涉及对式（3.19）中权重向量（$\alpha_1, \alpha_2, \alpha_3, \alpha_4, \alpha_5$）的估计。根据建立模型的约束条件，在模型中考虑各个生产决策单元的投入变量与产出变量，并且将产出变量中的期望产出和非期望产出视为同等重要，即令投入变量: 期望产出: 非期望产出 $=\frac{1}{3}:\frac{1}{3}:\frac{1}{3}$，而投入变量又包括资本、劳动力和能源投入，即资本: 劳动力: 能源 $=\frac{1}{9}:\frac{1}{9}:\frac{1}{9}$。

由此，可以将权重向量设置为 $(\alpha_1,\alpha_2,\alpha_3,\alpha_4,\alpha_5)=(\frac{1}{9},\frac{1}{9},\frac{1}{9},\frac{1}{3},\frac{1}{3})$。

结合前文所得到的投入产出数据，通过 *Lingo* 求解，可以测算得到 2009—2017 年我国各省份建筑业的绿色全要素生产率，如表 5.5 所示。

表 5.5　2009—2017 年我国各省份建筑业绿色全要素生产率

省份	2009 年	2010 年	2011 年	2012 年	2013 年	2014 年	2015 年	2016 年	2017 年	mean
北京	1.00	1.00	1.00	1.00	1.00	1.00	1.00	1.00	1.00	1.00
天津	1.00	1.00	1.00	1.00	1.00	0.77	0.81	1.00	1.00	0.95
河北	0.81	0.80	0.73	0.67	0.49	0.55	0.77	0.81	0.76	0.71
山西	0.75	0.69	0.66	0.80	0.73	0.70	0.66	0.71	0.72	0.71
内蒙古	0.65	0.61	0.69	0.75	0.69	0.65	0.61	0.61	0.55	0.65
辽宁	1.00	1.00	1.00	1.00	0.92	0.63	0.66	0.67	0.68	0.84
吉林	1.00	1.00	1.00	1.00	0.57	0.52	0.30	0.74	0.89	0.81
黑龙江	1.00	1.00	1.00	1.00	1.00	1.00	0.75	0.94	0.81	0.94
上海	1.00	1.00	1.00	1.00	0.95	1.00	0.59	1.00	1.00	0.95
江苏	1.00	0.45	1.00	1.00	1.00	1.00	1.00	1.00	1.00	0.94
浙江	1.00	1.00	1.00	1.00	1.00	1.00	1.00	1.00	1.00	1.00
安徽	0.83	0.78	0.80	0.88	0.77	0.74	0.71	0.79	0.79	0.79
福建	0.77	0.77	0.81	0.91	0.81	0.71	0.73	0.70	0.72	0.77
江西	1.00	1.00	1.00	0.71	1.00	0.94	1.00	0.92	1.00	0.95
山东	0.80	0.78	0.81	0.92	0.64	0.74	0.62	0.76	0.85	0.77
河南	0.93	0.84	0.84	1.00	0.76	0.76	0.63	0.84	0.82	0.82
湖北	0.86	0.86	1.00	1.00	0.70	0.68	0.78	1.00	1.00	0.87
湖南	0.80	0.76	1.00	1.00	1.00	0.55	0.72	0.86	0.81	0.83
广东	0.80	0.85	0.89	0.85	1.00	0.78	0.77	0.83	0.94	0.86
广西	0.87	0.81	1.00	1.00	1.00	1.00	1.00	1.00	1.00	0.96
海南	1.00	1.00	1.00	1.00	1.00	0.59	0.72	1.00	0.89	0.91
重庆	0.78	0.76	0.76	0.86	0.78	0.77	0.77	0.88	0.86	0.80
四川	0.86	0.77	0.69	0.12	0.65	0.55	0.65	0.75	0.80	0.65
贵州	0.74	0.58	0.77	0.84	0.69	0.55	0.62	0.62	0.59	0.67
云南	0.73	0.68	0.70	1.00	0.78	0.54	0.62	0.75	0.78	0.73

续表

省份	2009 年	2010 年	2011 年	2012 年	2013 年	2014 年	2015 年	2016 年	2017 年	mean
陕西	0.79	1.00	0.81	0.80	0.74	0.75	0.77	0.98	0.90	0.84
甘肃	0.66	0.69	0.76	0.71	0.79	0.71	0.68	0.76	0.70	0.72
青海	1.00	1.00	0.74	1.00	0.74	0.75	0.68	0.68	0.65	0.81
宁夏	1.00	1.00	0.82	0.89	0.74	0.66	0.64	0.69	0.74	0.80
新疆	1.00	1.00	0.81	0.73	1.00	0.89	1.00	1.00	1.00	0.94
mean	0.88	0.85	0.87	0.88	0.83	0.75	0.75	0.84	0.84	0.83

根据表 5.5 的结果，从空间上看，我国建筑业绿色全要素生产率在不同省份中差异明显。其中，最大值为 1.00，最小值为 0.65，平均值为 0.83。北京市和浙江省的建筑业绿色全要素生产率最高，2009—2017 年都保持在 1.00，说明在全国范围内，其生产效率一直处于前沿，是生产最有效的省份。内蒙古自治区和四川省的生产率最低，为 0.65，说明建筑业的绿色发展还相对滞后。除此之外，天津市、黑龙江省、上海市、江苏省、江西省、广西壮族自治区以及新疆维吾尔自治区的绿色全要素生产率值较高，在 0.94 以上；河北省、山西省、贵州省、云南省以及甘肃省的绿色全要素生产率值相对较低，在 0.73 以下。

从时间上看，2009—2017 年的绿色全要素生产率呈波动下降的趋势，从 2009 年的 0.88 下降到 2017 年的 0.84，下降幅度较小。其中，辽宁省、吉林省、黑龙江省、贵州省、青海省以及宁夏回族自治区的生产率下降较为明显，截至 2017 年最低下降到 0.59；山东省、湖北省、广东省、广西壮族自治区以及陕西省的生产率呈小幅提升，截至 2017 年最高升至 1.00。

二、我国建筑业能源环境生产率测算

由于能源环境生产率测算更侧重于对能源投入以及所带来的环境影响进行评估，因此，在资本、劳动力、能源、期望产出以及非期望产出这五个投入产出变量中应该重点关注能源、期望产出以及非期望产出变量。在式（3.19）中，不改变其约束条件，把能源、期望产出以及非期望产出视为同样重要，可将外生权重设置为（$\alpha_1,\alpha_2,\alpha_3,\alpha_4,\alpha_5$）=（$0,0,\frac{1}{3},\frac{1}{3},\frac{1}{3}$）。

采用与前文同样的方式，在 Lingo 中进行计算，可以测算得到 2009—2017 年我国各省份建筑业的能源环境生产率，如表 5.6 所示。

表 5.6　2009—2017 年我国各省份建筑业能源环境生产率

省份	2009 年	2010 年	2011 年	2012 年	2013 年	2014 年	2015 年	2016 年	2017 年	mean
北京	1.00	1.00	1.00	1.00	1.00	1.00	1.00	1.00	1.00	1.00
天津	1.00	1.00	1.00	1.00	1.00	0.64	0.72	1.00	1.00	0.93
河北	0.68	0.62	0.63	0.59	0.40	0.50	0.71	0.68	0.60	0.60
山西	0.61	0.53	0.52	0.69	0.59	0.62	0.50	0.55	0.58	0.58
内蒙古	0.47	0.40	0.50	0.57	0.50	0.52	0.41	0.42	0.36	0.46
辽宁	1.00	1.00	1.00	1.00	0.91	0.63	0.55	0.59	0.57	0.80
吉林	1.00	1.00	1.00	1.00	0.40	0.42	0.41	0.59	0.73	0.73
黑龙江	1.00	1.00	1.00	1.00	1.00	1.00	0.68	0.88	0.68	0.91
上海	1.00	1.00	1.00	1.00	0.85	1.00	0.47	1.00	1.00	0.92
江苏	1.00	0.44	1.00	1.00	1.00	1.00	1.00	1.00	1.00	0.94
浙江	1.00	1.00	1.00	1.00	1.00	1.00	1.00	1.00	1.00	1.00
安徽	0.71	0.65	0.69	0.80	0.69	0.68	0.59	0.64	0.62	0.67
福建	0.63	0.63	0.69	0.84	0.73	0.62	0.67	0.58	0.61	0.67
江西	1.00	1.00	1.00	0.71	1.00	0.93	1.00	0.82	1.00	0.94
山东	0.73	0.67	0.68	0.86	0.62	0.71	0.13	0.67	0.75	0.65
河南	0.89	0.74	0.75	1.00	0.74	0.72	0.49	0.71	0.66	0.74
湖北	0.74	0.71	1.00	1.00	0.55	0.60	0.73	1.00	1.00	0.81
湖南	0.66	0.55	1.00	1.00	1.00	0.40	0.56	0.69	0.64	0.72
广东	0.80	0.77	0.77	0.77	1.00	0.72	0.68	0.74	0.85	0.79
广西	0.78	0.74	1.00	1.00	1.00	1.00	1.00	1.00	1.00	0.95
海南	1.00	1.00	1.00	1.00	1.00	0.47	0.53	1.00	0.73	0.86
重庆	0.65	0.63	0.65	0.78	0.72	0.73	0.71	0.74	0.73	0.70
四川	0.73	0.66	0.56	0.10	0.61	0.54	0.54	0.61	0.67	0.56
贵州	0.57	0.40	0.68	0.72	0.55	0.45	0.46	0.44	0.41	0.52
云南	0.54	0.52	0.55	0.66	0.65	0.45	0.46	0.60	0.58	0.56

续表

省份	2009 年	2010 年	2011 年	2012 年	2013 年	2014 年	2015 年	2016 年	2017 年	mean
陕西	0.69	1.00	0.68	1.00	0.63	0.68	0.68	0.94	0.85	0.79
甘肃	0.52	0.54	0.67	0.58	0.68	0.63	0.55	0.59	0.54	0.59
青海	1.00	1.00	0.72	1.00	0.60	0.63	0.51	0.51	0.50	0.72
宁夏	1.00	1.00	0.74	0.80	0.57	0.50	0.45	0.52	0.73	0.70
新疆	1.00	1.00	0.65	0.55	1.00	0.73	1.00	1.00	1.00	0.88
mean	0.81	0.77	0.80	0.83	0.77	0.69	0.64	0.75	0.75	0.76

根据表5.6的结果，从空间上看，我国建筑业能源环境生产率在不同省份中差异明显。其中，最大值为1.00，最小值为0.46，平均值为0.76。由于模型的约束条件没有改变，只改变了投入产出变量的外生权重设置，因此，在绿色全要素生产率测算中位于生产前沿面上的决策单元在能源环境生产率测算中并不会发生改变，即2009—2017年，北京市和浙江省的建筑业能源环境生产率是最高的，为1.00。内蒙古自治区的能源环境生产率最低，为0.46，表明该地区建筑业的能源投入可能较高，获得的产值低，建筑业对当地环境的破坏可能比较严重。在表5.6中，能源环境生产率较高的省份为天津市、黑龙江省、上海市、江苏省、江西省、广西壮族自治区，在0.91以上；四川省、贵州省以及云南省的能源环境生产率较低，最低在0.52。

从时间上看，2009—2017年的能源环境生产率总体上依然是下降的，从2009年的0.81下降到2017年的0.75。辽宁省、吉林省、黑龙江省、海南省、青海省、宁夏回族自治区的生产率下降较为明显，截至2017年最低下降到了0.57；湖北省、广西壮族自治区的生产率有较大的提升，截至2017年升至1.00。

三、两种生产率测算结果的对比研究

通过对各省份建筑业绿色全要素生产率和能源环境生产率进行测算分析后，可以发现我国建筑业的绿色全要素生产率和能源环境生产率的省份间差异比较明显，由于模型的约束条件并未改变，因此，两种生产率测算的最优结果是一致的，即北京市和浙江省处于两种测算的生产前沿面上，是最有效的生产决策单元，两种生产率值都是 1.00。绿色全要素生产率最低的决策单元是内蒙古自治区和四川省，能源环境生产率最低的省份是内蒙古自治区。

为了更直观地比较绿色全要素生产率和能源环境生产率的发展趋势，将两者 2009—2017 年的均值画出，并求取两均值的平均值，如图 5.1 所示。

由图 5.1 可以看出，2009—2017 年能源环境生产率各年的均值低于绿色全要素生产率各年的平均值，两者均呈现出波动下降的趋势。在平均值折线中，2009—2010 年有小幅下降，降至 0.81，2012 年回升至 0.86，2012—2015 年下降幅度较大，降至 0.70，2015—2017 年小幅回升至 0.79。

虽然各省份建筑业的绿色全要素生产率和能源环境生产率在变化趋势上大致相同，但各省份间生产率不管在数值上还是变化趋势上都有明显的差异。考虑到各省份由于所处地区的不同，可能导致其区域经济、政策、人口、交通、资源等有较大差异，进而影响建筑业的发展，因此，在进一步分析这种差异时，将各省份建筑业按区域划分再进行比较研究。

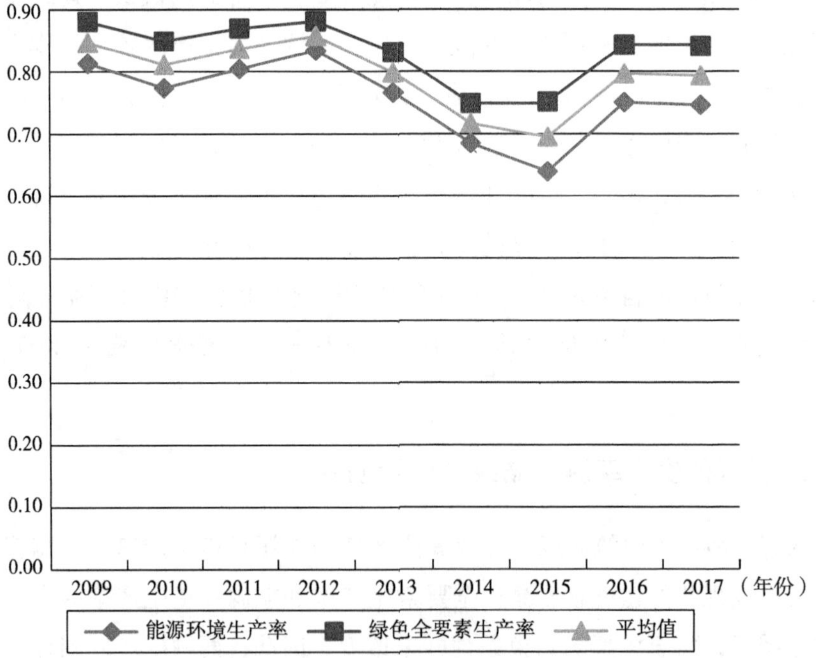

图 5.1　2009—2017 年绿色全要素生产率和能源环境生产率的对比分析

综合我国各省份的地理位置和经济发展水平，将30个省份划分为东部、中部、西部三个区域。东部地区改革开放起步早，经济发展水平高，不仅吸引了大量的外资和技术，还聚集了大部分轻工业、对外贸易和服务业。该区域包括九个沿海省份——山东、江苏、浙江、广东、广西、海南、辽宁、河北、福建以及三个直辖市——北京、天津、上海。中部地区的经济发展水平低于东部地区，该区域的外资较少，技术落后，主要产业是集约化的重工业，包括九个内陆省份山西、内蒙古、吉林、黑龙江、安徽、江西、河南、湖北、湖南。西部地区是经济欠发达地区，与其他两个地区相比，该区域地广人稀，是中国最不发达的地区，包括8个省份——四川、贵州、云南、陕西、甘肃、青海、宁夏、新疆和一个直辖市——重庆。具体的划分情况如表5.7所示。

表5.7　各省份的分区情况

区域	决策单元（DMU）
东部	北京、天津、河北、辽宁、上海、江苏、浙江、福建、山东、广东、广西、海南
中部	山西、内蒙古、吉林、黑龙江、安徽、江西、河南、湖北、湖南
西部	重庆、四川、贵州、云南、陕西、甘肃、青海、宁夏、新疆

本次侧重于研究建筑业的绿色发展，因此，在进一步的研究中将选择各省份的绿色全要素生产率进行比较分析。把我国30个省份按照以上的分区方法分组求解出2009—2017年的均值，并将其在同一幅统计图中绘出，如图5.2所示。

总体来看，东部地区、中部地区以及西部地区绿色全要素生产率均呈下降趋势，东部地区的绿色全要素生产率最高，中部地区次之，西部地区最低，这表明了东部地区建筑业的绿色发展水平较中西部地区更高，但仍有转型发展的空间。东部地区、中部地区的发展趋势大致相同，2009—2012年波动上升，2012年两者达到最高，分别为0.95、0.90。2012—2015年有明显的下降，2015年两者降至最低，分别为0.81、0.72。

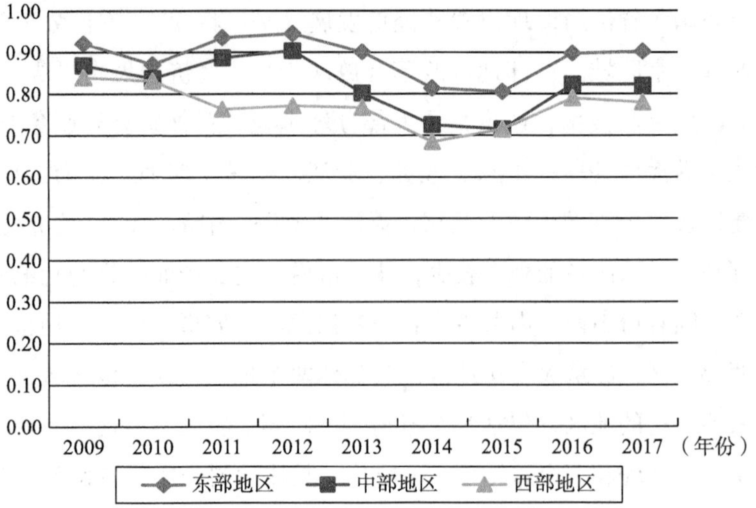

图 5. 2　2009—2017 年分区域绿色全要素生产率比较

东部地区由于改革开放起步早，经济发展速度快，建筑业对环境的破坏主要出现在 2009 年以前的早期阶段，因此，2009—2012 年建筑业的绿色全要素生产率出现上升趋势，但是由于产业规模大，其消耗的能源多，从 2012 年开始又出现下降。中部地区建筑业的绿色全要素生产率在三个区域中处于中间水平，但是，其波动幅度最大，绿色全要素生产率最高和最低相差 0. 18，这是由于中部地区的经济发展处于由粗放式向集约化转型的关键阶段，建筑业绿色发展的资金、人才、技术等条件还不够成熟，因此其绿色发展趋势不够稳定。中部地区的能源储备较为丰富，建筑业的绿色全要素发展可以考虑通过采用一些新兴的能源，走能源节约的道路。西部地区不管是在经济发展，还是在能源、资金、技术等方面都较为欠缺，建筑业的绿色发展还处于起步阶段，因此，建筑业的绿色生产率最低，其转型升级的空间也相对较大，可以通过环境保护的方法来推动建筑业的绿色转型。

综上，通过绿色全要素生产率与能源环境生产率、不同区域之间的绿色全要素生产率比较，可以看出我国各省份建筑业的绿色发展存在一定的问题。绿色发展水平参差不齐，建筑业转型升级所具备的条件地区间差异较大，导致建筑业转型升级的方向和潜力也有所不同。因此，建筑业的转型升级是必行之路。

第三节　我国建筑业转型升级方向与潜力测算

采用第三章构建的我国建筑业转型升级潜力测算模型（3.20），能够求解出各个省份建筑业在能源、期望产出以及非期望产出的松弛量 S。通过对松弛量 S 进行进一步的计算，可以得到我国各省份建筑业转型升级的方向及潜力大小。

一、我国建筑业转型升级方向测算

在模型（3.20）中，对方向向量的假设是使其内生化，由此得到的各个省份建筑业转型升级的方向也不同。将模型（3.20）测算得出的三个方向的松弛量加总，即 $S_y + S_e + S_b$，再求其各自的占比，就可以解出具体的方向向量 g_e，g_y，g_b。2009—2017 年各省份建筑业的转型升级方向如表 5.8 至表 5.10 所示。

表 5.8　2015—2017 年我国各省份建筑业的升级方向

省份	2017 年升级方向			2016 年升级方向			2015 年升级方向		
	能源节约	价值提升	环境友好	能源节约	价值提升	环境友好	能源节约	价值提升	环境友好
北京	—	—	—	—	—	—	—	—	—
天津	—	—	—	—	—	—	0.0381	0	0.9619
河北	0.0546	0.1379	0.8076	0.0319	0	0.9681	0.0083	0	0.9917
山西	0.051	0.2577	0.6912	0.0492	0	0.9508	0.032	0.1794	0.7886
内蒙古	0.0782	0.2326	0.6893	0.1077	0.1259	0.7664	0.1011	0.2459	0.653
辽宁	0.0156	0.4596	0.5249	0.0072	0.3104	0.6824	0.004	0.0821	0.9138
吉林	0.6183	0	0.3817	0.0739	0	0.9261	0.0161	0.0405	0.9434
黑龙江	0.088	0	0.912	1	0	0	0.0141	0	0.9859
上海	—	—	—	—	—	—	0.0176	0.1126	0.8698
江苏	—	—	—	—	—	—	—	—	—

续表

省份	2017 年升级方向			2016 年升级方向			2015 年升级方向		
	能源节约	价值提升	环境友好	能源节约	价值提升	环境友好	能源节约	价值提升	环境友好
浙江	—	—	—	—	—	—	—	—	—
安徽	0.0853	0.0214	0.8933	0.0859	0	0.9141	0.026	0.0894	0.8846
福建	0.011	0	0.989	0.0091	0.0126	0.9783	0.007	0	0.993
江西	—	—	—	0.0394	0	—	—	—	—
山东	0.1677	0	0.8323	0.0196	0	0.9804	0.1157	0	0.8843
河南	0.1454	0	0.8546	0.1187	0	0.8813	0.0101	0.0457	0.9442
湖北	—	—	—	—	—	—	0.0062	0	0.9938
湖南	0.1033	0	0.8967	0.2877	0	0.7123	0.0444	0.0374	0.9181
广东	1	0	0	0.0269	0	0.9731	0.0249	0	0.9751
广西	—	—	—	—	—	—	—	—	—
海南	1	0	0	—	—	—	0.1215	0	0.8785
重庆	0.8094	0	0.1906	0.1474	0	0.8526	0.0164	0	0.9836
四川	0.1192	0	0.8808	0.0318	0.0333	0.9349	0.0066	0.0651	0.9283
贵州	0.0177	0.1177	0.8646	0.027	0.1474	0.8256	0.0252	0.1733	0.8015
云南	0.1943	0	0.8057	0.0827	0.3244	0.5929	0.0211	0.114	0.865
陕西	0.0678	0	0.9322	—	—	—	0.021	0	0.979
甘肃	0.0497	0.4107	0.5396	0.0732	0.0472	0.8796	0.0313	0.1456	0.8231
青海	0.1151	0.3775	0.5075	0.1127	0.2308	0.6564	0.0937	0.1981	0.7082
宁夏	0.0717	0.2702	0.6582	0.0869	0	0.9131	0.0519	0.0817	0.8664
新疆	—	—	—	—	—	—	—	—	—

表 5.9 2012—2014 年我国各省份建筑业的升级方向

省份	2014 年升级方向			2013 年升级方向			2012 年升级方向		
	能源节约	价值提升	环境友好	能源节约	价值提升	环境友好	能源节约	价值提升	环境友好
北京	—	—	—	—	—	—	—	—	—
天津	0.1407	0	0.8593	—	—	—	—	—	—
河北	0.0048	0.0878	0.9074	0.001	0.0362	0.9628	0.0012	0	0.9988
山西	0.0688	0	0.9312	0.058	0.3414	0.6078	0.0874	0.2705	0.6421

续表

省份	2014年升级方向			2013年升级方向			2012年升级方向		
	能源节约	价值提升	环境友好	能源节约	价值提升	环境友好	能源节约	价值提升	环境友好
内蒙古	0.1913	0.8087	0	0.1402	0.3596	0.5002	0.1819	0.4192	0.3989
辽宁	0.0053	0.3032	0.6915	0.0051	0	0.9949	—	—	—
吉林	0.0217	0.1886	0.7897	0.001	0.001	0.998	—	—	—
黑龙江	—	—	—	—	—	—	—	—	—
上海	—	—	—	1	0	0	—	—	—
江苏	—	—	—	—	—	—	—	—	—
浙江	—	—	—	—	—	—	—	—	—
安徽	0.1046	0	0.8954	0.0539	0	0.9461	0.058	0	0.942
福建	0.0237	0	0.9763	0.0252	0	0.9748	0.0537	0	0.9463
江西	1	0	0	—	—	—	0	0	1
山东	0.0409	0	0.9591	0.0018	0.2199	0.7783	0.0836	0	0.9164
河南	0.0697	0	0.9303	0.0077	0	0.9923	—	—	—
湖北	0.0435	0.4154	0.5411	0.0192	0.0286	0.9522	—	—	—
湖南	0.0261	0.0374	0.9365	—	—	—	—	—	—
广东	0.1077	0	0.8923	—	—	—	0.0261	0	0.9739
广西	—	—	—	—	—	—	—	—	—
海南	0.0885	0.2544	0.6571	—	—	—	—	—	—
重庆	0.0983	0	0.9017	0.0338	0	0.9662	0.026	0	0.974
四川	0.0045	0.2543	0.7412	0.0072	0.0652	0.9276	0.0085	0.061	0.9305
贵州	0.0507	0.8536	0.0958	0.0592	0.6017	0.3391	0.102	0.898	0
云南	0.0357	0.6053	0.3589	0.1256	0	0.8744	0.026	0	0.974
陕西	0.119	0	0.881	0.1089	0	0.8911	—	—	—
甘肃	0.0807	0	0.9193	0.1113	0	0.8887	0.036	0.3275	0.6364
青海	0.2086	0	0.7914	0.0933	0	0.9067	—	—	—
宁夏	0.0843	0.9157	0	0.1174	0.2658	0.6167	0.1059	0	0.8941
新疆	1	0	0	—	—	—	0.048	0	0.952

表 5.10　2009—2011 年我国各省份建筑业的升级方向

省份	2011 年升级方向			2010 年升级方向			2009 年升级方向		
	能源节约	价值提升	环境友好	能源节约	价值提升	环境友好	能源节约	价值提升	环境友好
北京	—	—	—	—	—	—	1	0	0
天津	—	—	—	—	—	—	—	—	—
河北	0.0067	0	0.9933	0.0531	0	0.9469	0.0313	0	0.9687
山西	0.027	0.1238	0.8492	0.0653	0	0.9347	0.0374	0	0.9626
内蒙古	0.1439	0.2805	0.5756	0.1764	0.1267	0.6969	0.0751	0	0.9249
辽宁	—	—	—	—	—	—	—	—	—
吉林	—	—	—	—	—	—	—	—	—
黑龙江	—	—	—	—	—	—	—	—	—
上海	—	—	—	—	—	—	—	—	—
江苏	—	—	—	0.004	0.4841	0.5119	—	—	—
浙江	—	—	—	—	—	—	—	—	—
安徽	0.0574	0	0.9426	0.0891	0	0.9109	0.1235	0	0.8765
福建	0.032	0	0.968	0.0413	0	0.9587	0.0506	0	0.9494
江西	—	—	—	—	—	—	—	—	—
山东	0.0869	0	0.9131	0.0927	0	0.9073	0.3225	0	0.6775
河南	0.0238	0	0.9762	0.0283	0	0.9717	0.0441	0	0.9559
湖北	—	—	—	0.5049	0	0.4951	0.1769	0	0.8231
湖南	—	—	—	0.2202	0	0.7798	0.1007	0	0.8993
广东	0.2267	0	0.7733	1	0	0	0.2665	0	0.7335
广西	—	—	—	0.0133	0	0.9867	0.0385	0	0.9615
海南	—	—	—	—	—	—	—	—	—
重庆	0.0321	0	0.9679	0.0842	0	0.9158	0.0574	0	0.9426
四川	0.0226	0.2321	0.7452	0.125	0	0.875	0.3241	0	0.6759
贵州	0.0892	0.6386	0.2722	0.0532	0.3316	0.6152	0.0955	0.1584	0.7461
云南	0.089	0.221	0.6901	0.1014	0.2941	0.6045	0.1567	0.2309	0.6124
陕西	0.0557	0	0.9443	—	—	—	0.0362	0	0.9638
甘肃	0.1258	0.0967	0.7774	0.0968	0.2004	0.7029	0.0516	0.0361	0.9123
青海	0.0088	0.2628	0.7284	—	—	—	—	—	—

续表

省份	2011 年升级方向			2010 年升级方向			2009 年升级方向		
	能源节约	价值提升	环境友好	能源节约	价值提升	环境友好	能源节约	价值提升	环境友好
宁夏	0.1009	0.272	0.6271	—	—	—	—	—	—
新疆	0.2335	0	0.7665	—	—	—	—	—	—

以 2017 年我国各省份建筑业转型升级方向的数据为例进行分析。从表 5.8 可以看出，2017 年各省份的建筑业在三个方向上转型升级趋势有明显差异。北京市、天津市、上海市、江苏省、浙江省、江西省、湖北省、广西壮族自治区以及新疆维吾尔自治区无法测算其转型升级方向，因为其绿色全要素生产率值为 1.00，处于生产前沿面上，转型升级的空间较小，因此，转型升级的方向也比较有限。

在能源节约方向上，广东省、吉林省、海南省、重庆市的转型升级趋势较为明显，分别为 1.0000、0.6183 、1.0000 及 0.8094。大多数省份建筑业的转型升级发展趋势在环境保护方向，说明当前各省份建筑业在生产过程中对环境的破坏较大。

在价值提升方向上，除了无法测算转型升级方向的省份，共有 12 个省份转型升级趋势为 0，在剩下的 9 个省份中，辽宁省和甘肃省相对较高，分别为 0.4596 和 0.4107，这说明在 2017 年大多数省份建筑业的产值达到目标，建筑业的转型升级依靠价值提升的可能较小，但是仍有发展的空间。

二、我国建筑业转型升级潜力测算

测算建筑业转型升级潜力与测算建筑业转型升级方向相似，都要通过松弛量 S 得出。但是，因为松弛量是由具有不同单位的绝对量计算得出，所以，它不能直接用于横向比较。在计算时，用能源投入、期望产出以及非期望产出的松弛量除以这三个方向上的实际投入值，求解出其各自的占比，即为升级潜力。2009—2017 年我国各省份建筑业的转型升级潜力如表 5.11 至表 5.13 所示。

表 5.11　2015—2017 年我国各省份建筑业的转型升级潜力　（%）

省份	2017 年升级潜力			2016 年升级潜力			2015 年升级潜力		
	能源节约	价值提升	环境友好	能源节约	价值提升	环境友好	能源节约	价值提升	环境友好
北京	0	0	0	0	0	0	0	0	0
天津	0	0	0	0	0	0	41	0	42
河北	83	6	32	61	0	35	26	0	61
山西	75	13	38	78	0	56	72	18	60
内蒙古	83	40	67	93	16	65	90	29	57
辽宁	64	34	32	39	30	53	54	16	65
吉林	77	0	5	70	0	53	79	12	84
黑龙江	75	0	21	37	0	0	41	0	55
上海	0	0	0	0	0	0	39	6	100
江苏	0	0	0	0	0	0	0	0	0
浙江	0	0	0	0	0	0	0	0	0
安徽	86	1	27	78	0	28	60	6	56
福建	60	0	58	56	1	68	38	0	61
江西	0	0	0	44	0	11	0	0	0
山东	68	0	7	51	0	48	78	0	10
河南	86	0	15	71	0	16	81	9	64
湖北	0	0	0	0	0	0	20	0	60
湖南	79	0	27	84	0	8	73	3	58
广东	45	0	0	44	0	34	49	0	48
广西	0	0	0	0	0	0	0	0	0
海南	81	0	0	0	0	0	84	0	56
重庆	79	0	0	68	0	9	39	0	48
四川	82	0	16	66	2	50	68	11	60
贵州	86	24	69	79	21	68	72	23	66
云南	79	0	18	77	12	30	72	18	72
陕西	36	0	9	0	0	0	45	0	53
甘肃	78	27	33	79	2	43	67	12	57
青海	89	27	35	88	15	45	85	14	50

续表

省份	2017年升级潜力			2016年升级潜力			2015年升级潜力		
	能源节约	价值提升	环境友好	能源节约	价值提升	环境友好	能源节约	价值提升	环境友好
宁夏	70	19	47	83	0	61	85	10	69
新疆	0	0	0	0	0	0	0	0	0

表5.12　2012—2014年我国各省份建筑业的转型升级潜力　（%）

省份	2014年升级潜力			2013年升级潜力			2012年升级潜力		
	能源节约	价值提升	环境友好	能源节约	价值提升	环境友好	能源节约	价值提升	环境友好
北京	0	0	0	0	0	0	0	0	0
天津	82	0	26	0	0	0	0	0	0
河北	62	20	67	43	32	93	44	0	80
山西	76	0	38	68	20	34	70	10	14
内蒙古	91	52	0	88	28	34	86	29	14
辽宁	42	32	38	6	0	21	0	0	0
吉林	84	35	55	78	4	99	0	0	0
黑龙江	0	0	0	0	0	0	0	0	0
上海	0	0	0	45	0	0	0	0	0
江苏	0	0	0	0	0	0	0	0	0
浙江	0	0	0	0	0	0	0	0	0
安徽	77	0	18	60	0	34	48	0	12
福建	55	0	33	51	0	36	40	0	9
江西	20	0	0	0	0	0	0	0	88
山东	61	0	25	16	37	60	35	0	6
河南	67	0	17	28	0	49	0	0	0
湖北	77	23	21	66	3	65	0	0	0
湖南	74	4	100	0	0	0	0	0	0
广东	67	0	16	0	0	0	45	0	25
广西	0	0	0	0	0	0	0	0	0
海南	91	28	40	0	0	0	0	0	0
重庆	67	0	13	49	0	35	44	0	22

续表

省份	2014 年升级潜力			2013 年升级潜力			2012 年升级潜力		
	能源节约	价值提升	环境友好	能源节约	价值提升	环境友好	能源节约	价值提升	环境友好
四川	47	41	49	57	9	50	86	17	84
贵州	79	81	6	71	43	21	56	27	0
云南	80	63	21	75	0	30	65	0	115
陕西	78	0	18	75	0	21	0	0	0
甘肃	78	0	32	70	0	27	68	32	25
青海	86	0	24	69	0	49	0	0	0
宁夏	63	49	0	82	14	33	41	0	17
新疆	82	0	0	0	0	0	80	0	55

表 5.13　2009—2011 年我国各省份建筑业的转型升级潜力　（%）

省份	2011 年升级潜力			2010 年升级潜力			2009 年升级潜力		
	能源节约	价值提升	环境友好	能源节约	价值提升	环境友好	能源节约	价值提升	环境友好
北京	0	0	0	0	0	0	0	0	0
天津	0	0	0	0	0	0	0	0	0
河北	45	0	67	80	0	33	59	0	37
山西	71	16	57	92	0	49	60	0	56
内蒙古	88	25	37	98	22	61	91	0	68
辽宁	0	0	0	0	0	0	0	0	0
吉林	0	0	0	0	0	0	0	0	0
黑龙江	0	0	0	0	0	0	0	0	0
上海	0	0	0	0	0	0	0	0	0
江苏	0	0	0	34	35	33	0	0	0
浙江	0	0	0	0	0	0	0	0	0
安徽	67	0	27	82	0	23	74	0	14
福建	58	0	34	72	0	37	76	0	36
江西	0	0	0	0	0	0	0	0	0
山东	74	0	20	79	0	21	77	0	5
河南	49	0	27	55	0	23	27	0	6

续表

省份	2011 年升级潜力			2010 年升级潜力			2009 年升级潜力		
	能源节约	价值提升	环境友好	能源节约	价值提升	环境友好	能源节约	价值提升	环境友好
湖北	0	0	0	82	0	5	61	0	17
湖南	0	0	0	93	0	40	76	0	25
广东	61	0	7	68	0	0	53	0	6
广西	0	0	0	40	0	37	42	0	24
海南	0	0	0	0	0	0	0	0	0
重庆	65	0	39	85	0	27	75	0	31
四川	68	24	39	84	0	20	76	0	6
贵州	59	27	11	84	48	47	76	13	39
云南	81	15	38	95	17	33	90	15	31
陕西	60	0	36	0	0	0	52	0	42
甘肃	67	4	28	85	14	39	78	5	60
青海	13	28	42	0	0	0	0	0	0
宁夏	45	11	22	0	0	0	0	0	0
新疆	76	0	31	0	0	0	0	0	0

以表 5. 11 中 2017 年的我国各省建筑业转型升级潜力数据为例，与测算升级方向相似，北京市、天津市、上海市、江苏省、浙江省、江西省、湖北省、广西壮族自治区以及新疆维吾尔自治区转型潜力不大，在三个方向上转型升级的潜力都是 0%。

在能源节约的转型升级潜力上，转型升级潜力最大的省份是青海省，达到了 89%。这表明青海省建筑业在发展中，能源的消耗量相对较大，但是大量的能源投入后并未很好地发挥其价值。因此，青海省可以在其他条件不变的情况下，减少能源的投入，提高建筑业的能源利用效率，进而促进建筑业向能源节约方向转型升级。另外，河北省、内蒙古自治区、安徽省、河南省、海南省、四川省以及贵州省在能源节约上的转型升级潜力也较大，都在 80%以上。

在价值提升的转型升级潜力上，除河北省、山西省、内蒙古自治区、辽宁省、安徽省、贵州省、甘肃省、青海省以及宁夏回族自治区 9 个省份外，其他省份的转型升级潜力均为0%。而在这9个省份中，内蒙古自治区和辽宁省的转型升级潜力较大，分别为40%和34%，其他省份的转型升级潜力都比较小。说明了内蒙古自治区和辽宁省建筑业的产值、建筑产品的附加值还有待提升，建筑业的技术水平较低。而其他省份建筑业的产值达到各自的目标要求且在现有内外部环境下以提升价值实现转型升级的可能性较小。

在环境友好的转型升级潜力上，贵州省的升级潜力最高，为69%，说明贵州省的建筑业在生产过程中排放了过多的二氧化碳，可能导致当地出现许多环境问题。因此，贵州省应该减少污染排放，采用更加清洁高效的生产方式。吉林省在环境友好型上的升级潜力较低，为5%，说明吉林省建筑业在生产过程中污染排放控制较好。

三、我国建筑业转型升级潜力测算深化研究

为了进一步对各省份建筑业的升级潜力进行讨论，采用本章第二节的分组方法，对各个省份建筑业的转型升级潜力分区域展开研究。通过各个省份建筑业转型升级潜力值，求解出东部、中部、西部地区的均值，并将东部、中部、西部地区实际的投入产出值与潜力均值列入同一个表格进行分析，如表5.14所示。

表5.14　2009—2017年分区域升级潜力

单位:%，万吨标准煤，亿元

区域升级潜力							
年份	区域	实际投入产出			升级潜力		
		能源消耗量	总产值	CO_2 排放量	能源节约	价值提升	环境友好
2017	东部	140	10194.88	8598.16	30	3	11
	中部	161.57	5929.33	5786.31	62	6	22
	西部	123.68	3810.92	3719.52	65	12	28

续表

区域升级潜力							
年份	区域	实际投入产出			升级潜力		
		能源消耗量	总产值	CO_2 排放量	能源节约	价值提升	环境友好
2016	东部	134.74	9336.07	8792.8	17	3	17
	中部	150.03	5304.49	5093.63	62	2	26
	西部	118.48	3330.8	3201.57	59	6	37
2015	东部	137.31	8924.67	10174.04	30	2	33
	中部	159.31	4835.69	7566.36	57	8	55
	西部	97.8	2972.04	5248.8	62	11	53
2014	东部	137.91	8817.97	10343.46	33	7	19
	中部	159.31	4752.91	5712.27	63	13	28
	西部	97.8	2812.27	4670.3	74	29	19
2013	东部	135.61	8066.83	12696.61	10	0	8
	中部	145.39	4275.19	15513.04	23	4	14
	西部	106.73	2534.9	3882.4	49	9	37
2012	东部	132.96	6935.8	20345.71	10	0	8
	中部	141.14	3661.55	6119.09	23	4	14
	西部	102.09	2121.53	5290.43	49	9	37
2011	东部	136.92	5942.46	7001.81	15	0	10
	中部	135	3094.33	3579.34	31	5	16
	西部	99.42	1731.45	2569.55	59	14	31
2010	东部	135.34	4902.17	5552.72	25	3	13
	中部	197.76	2538.89	3202.52	56	2	22
	西部	90.33	1462.33	1749.29	43	10	17
2009	东部	113.91	3936.35	4917.18	21	0	8
	中部	94.03	2040.52	2687.27	43	0	21
	西部	71.09	1149.6	1516.25	47	4	22

以表5.14中的2017年为例，可以分析得出，西部地区建筑业在能源节约、价值提升以及环境友好方向上的转型升级潜力都高于其他两个地区，其

中在能源节约上的潜力最大，达到了65%，再对比西部地区与其他两个地区建筑业实际投入产出后可以发现，西部地区建筑业虽然能源投入最少，但是产值与其他两个地区相比也最少，能源投入与产出的比例过大。这说明西部地区建筑业由于物资匮乏、生活条件差以及交通不便等，导致西部地区缺乏建筑业高端人才，节能、环保以及绿色施工等技术落后，建筑业在投入大量的资本、劳动力以及能源后，产值较少而污染排放反而较多。中部地区在能源节约上转型升级的潜力也较大，为62%，在实际的投入产出中，中部地区的能源消耗量最高，但是总产值只处于中间水平。东部地区建筑业在三个方向上转型升级潜力都比较小，虽然东部地区建筑业二氧化碳排放量较多，但其产值较高，这说明东部地区建筑业由于劳动力充足、交通便利以及投资较多等，导致建筑业在能源受到限制的情况下依然获得较好的发展，而建筑市场中建筑企业的质量良莠不齐，技术落后企业进行建筑产品的生产时不注重对环境的保护，加大了生产中的污染排放。

参考文献

［1］计军平，刘磊，马晓明．基于EIO－LCA模型的中国部门温室气体排放结构研究［J］．北京大学学报（自然科学版），2011（4）：741－749.

［2］孙文．区域建筑业碳排放强度差异的统计研究［D］．太原：太原理工大学，2016.

第六章　我国建筑业转型升级路径的优化与预测

第一节　建筑业转型升级路径的优化结果

一、建筑业转型升级路径系数矩阵的确定

要想得到建筑业转型升级路径优化的结果，首先应确定本书构建的动态多目标优化函数中的多个系数矩阵。系数矩阵的确定要保证动态多目标优化模型数据的关联性，在前文的绿色全要素生产率与增长潜力中通过熵值法测算得出的能源消耗量与综合污染排放量只是当年的数据比重，与邻近年份的数据无关。所以为了使所需要的数据符合动态多目标优化模型的动态标准，使每一年的数据之间具有可操作性和可比性，将能源消耗量除以当年总产值，得到当年每单位总产值下的建筑业能源消耗系数矩阵，将综合污染排放量除以当年总产值，得到当年每单位总产值下的建筑业污染排放系数矩阵。

系数矩阵具体得出方法如下：用2010—2014年各年建筑业的能源消耗总量除以各年建筑业总产值，可以得到每单位总产值下的建筑业能源消耗系数矩阵，即能耗系数。用2010—2014年各年建筑业的污染排放量除以各年的建筑业总产值，可以得到每单位总产值下的建筑业污染排放系数矩阵，即污染排放系数。污染排放系数与能源消耗系数如表6.1所示。

表 6.1　2010—2014 年能源消耗与污染排放系数　单位：万吨标准煤

各省份建筑业能源消耗系数					
省份	2010 年	2011 年	2012 年	2013 年	2014 年
北京	0.0237	0.0187	0.0158	0.0117	0.0107
天津	0.0993	0.0575	0.0556	0.0501	0.0461
河北	0.0300	0.0282	0.0242	0.0205	0.0183
山西	0.0523	0.0497	0.0453	0.0444	0.0392
内蒙古	0.3094	0.1445	0.1451	0.1230	0.1352
辽宁	0.0311	0.0255	0.0183	0.0163	0.0132
吉林	0.0533	0.0466	0.0400	0.0554	0.0482
黑龙江	0.0029	0.0114	0.0108	0.0117	0.0139
上海	0.0345	0.0333	0.0299	0.0269	0.0239
江苏	0.0084	0.0075	0.0062	0.0062	0.0058
浙江	0.0224	0.0192	0.0166	0.0159	0.0146
安徽	0.0303	0.0286	0.0273	0.0295	0.0283
福建	0.0359	0.0317	0.0228	0.0246	0.0215
江西	0.0140	0.0147	0.0110	0.0122	0.0114
山东	0.0345	0.0320	0.0244	0.0189	0.0182
河南	0.0149	0.0170	0.0155	0.0163	0.0190
湖北	0.0589	0.0513	0.0392	0.0355	0.0307
湖南	0.2563	0.0739	0.0725	0.0427	0.0418
广东	0.0360	0.0310	0.0284	0.0214	0.0240
广西	0.0145	0.0134	0.0117	0.0085	0.0084
海南	0.0636	0.0779	0.0784	0.0885	0.1075
重庆	0.0318	0.0277	0.0249	0.0230	0.0201
四川	0.0400	0.0345	0.0269	0.0174	0.0156
贵州	0.0913	0.0631	0.0551	0.0585	0.0605
云南	0.0625	0.0742	0.0585	0.0476	0.0469
陕西	0.0415	0.0446	0.0395	0.0345	0.0309
甘肃	0.0819	0.0701	0.0519	0.0396	0.0397

续表

各省份建筑业能源消耗系数					
省份	2010 年	2011 年	2012 年	2013 年	2014 年
青海	0. 0714	0. 0738	0. 0765	0. 0645	0. 0648
宁夏	0. 1085	0. 0897	0. 0894	0. 0764	0. 0709
新疆	0. 1650	0. 1260	0. 1079	0. 1119	0. 0567
各省份建筑业污染排放系数					
省份	2010 年	2011 年	2012 年	2013 年	2014 年
北京	0. 6580	0. 6549	1. 0421	0. 4355	0. 4486
天津	0. 8652	0. 7128	1. 1967	0. 7542	0. 8907
河北	1. 2993	2. 8171	11. 5677	9. 1759	3. 1805
山西	1. 4035	1. 9467	1. 6461	1. 0638	1. 0515
内蒙古	1. 9630	1. 3611	1. 9987	1. 1459	1. 1799
辽宁	1. 0439	0. 9999	2. 0476	0. 9453	1. 8776
吉林	1. 1575	0. 9757	1. 2700	3. 1620	2. 6560
黑龙江	0. 6111	0. 6747	1. 3894	0. 6196	0. 7363
上海	0. 5524	0. 5752	0. 9759	0. 4628	0. 4486
江苏	1. 1114	1. 0526	4. 6082	1. 2920	0. 8807
浙江	1. 5264	1. 4084	2. 0884	1. 3612	1. 3681
安徽	1. 0888	1. 1793	1. 7188	0. 9239	1. 0158
福建	1. 6147	1. 6225	1. 8891	1. 3513	1. 4745
江西	1. 0131	0. 9394	1. 5968	0. 9096	0. 9905
山东	1. 2731	1. 2240	1. 6461	2. 1394	1. 0242
河南	1. 2418	1. 2883	1. 5934	1. 2110	1. 0141
湖北	0. 9294	0. 7395	1. 8349	1. 7880	1. 3728
湖南	2. 0962	1. 4535	1. 7579	1. 1823	1. 1171
广东	0. 8809	0. 9126	1. 8752	0. 4104	0. 8351
广西	1. 1578	1. 0955	1. 4317	1. 1362	0. 8107
海南	1. 1070	0. 9435	2. 1018	1. 3707	1. 7970
重庆	1. 0801	1. 3909	1. 8774	0. 9232	0. 9388
四川	1. 1804	1. 9662	3. 0096	2. 5645	2. 4488

续表

各省份建筑业污染排放系数					
省份	2010 年	2011 年	2012 年	2013 年	2014 年
贵州	1.8721	1.0143	1.7523	1.1174	1.6252
云南	1.0676	1.2425	1.2423	0.8398	1.8136
陕西	1.0954	1.2634	2.5533	1.0265	0.9750
甘肃	1.2773	1.0361	2.5116	0.8318	1.1065
青海	1.4737	1.8431	1.3461	0.8822	0.8870
宁夏	1.2139	1.1422	1.8192	1.0149	1.2230
新疆	1.1999	1.0235	3.1025	1.0131	0.7818

由表 6.1 可以看出，能源消耗系数与污染排放系数在经过上述的调动后数值差距不大，可以保证数据之间的关联性。约束条件里的劳动力投入系数与资本投入系数也可根据相同的方法求得，具体如表 6.2 所示。

表 6.2　2010—2014 年劳动力与资本投入系数　单位：万人，亿元

各省份建筑业劳动力投入系数					
省份	2010 年	2011 年	2012 年	2013 年	2014 年
北京	0.0114	0.0081	0.0074	0.0066	0.0061
天津	0.0197	0.0108	0.0099	0.0090	0.0081
河北	0.0398	0.0302	0.0277	0.0226	0.0203
山西	0.0351	0.0269	0.0248	0.0221	0.0199
内蒙古	0.0387	0.0293	0.0254	0.0247	0.0238
辽宁	0.0352	0.0274	0.0264	0.0228	0.0217
吉林	0.0304	0.0209	0.0267	0.0206	0.0183
黑龙江	0.0318	0.0242	0.0207	0.0213	0.0169
上海	0.0223	0.0209	0.0181	0.0157	0.0139
江苏	0.0477	0.0410	0.0401	0.0347	0.0320
浙江	0.0471	0.0363	0.0370	0.0332	0.0319
安徽	0.0551	0.0463	0.0401	0.0345	0.0313
福建	0.0630	0.0457	0.0419	0.0401	0.0374

续表

各省份建筑业劳动力投入系数					
省份	2010 年	2011 年	2012 年	2013 年	2014 年
江西	0.0508	0.0406	0.0385	0.0356	0.0322
山东	0.0572	0.0417	0.0381	0.0339	0.0288
河南	0.0534	0.0433	0.0377	0.0350	0.0303
湖北	0.0358	0.0253	0.0242	0.0211	0.0192
湖南	0.0475	0.0270	0.0269	0.0257	0.0230
广东	0.0399	0.0310	0.0292	0.0256	0.0239
广西	0.0483	0.0383	0.0359	0.0327	0.0298
海南	0.0551	0.0215	0.0208	0.0203	0.0264
重庆	0.0549	0.0403	0.0354	0.0338	0.0301
四川	0.0733	0.0447	0.0351	0.0337	0.0281
贵州	0.0542	0.0401	0.0342	0.0299	0.0272
云南	0.0495	0.0333	0.0314	0.0274	0.0260
陕西	0.0015	0.0017	0.0010	0.0008	0.0006
甘肃	0.1392	0.0783	0.0584	0.0553	0.0493
青海	0.1620	0.1440	0.1722	0.1368	0.1355
宁夏	0.0260	0.0206	0.0251	0.0209	0.0176
新疆	0.0101	0.0076	0.0055	0.0061	0.0048
各省份建筑业资本投入系数					
省份	2010 年	2011 年	2012 年	2013 年	2014 年
北京	1.7125	1.7878	1.7850	1.8783	1.9831
天津	0.9888	1.0310	1.2045	1.2447	1.2785
河北	0.6809	0.6594	0.6667	0.7054	0.7388
山西	0.9456	1.0768	1.1154	1.1156	1.2225
内蒙古	0.8650	0.9477	1.1225	1.0864	1.2804
辽宁	0.6783	0.6417	0.6763	0.6626	0.8065
吉林	0.6474	0.6810	0.8430	0.8513	0.8279
黑龙江	0.6754	0.7193	0.6908	0.6949	0.8349
上海	1.1248	1.3154	1.3530	1.3923	1.4441

续表

各省份建筑业资本投入系数					
省份	2010 年	2011 年	2012 年	2013 年	2014 年
江苏	0.5955	0.6464	0.6272	0.6055	0.6131
浙江	0.5153	0.5065	0.4997	0.4844	0.4813
安徽	0.7383	0.7221	0.7492	0.7488	0.7781
福建	0.5908	0.5638	0.5759	0.5822	0.5698
江西	0.5592	0.5370	0.5546	0.5631	0.5726
山东	0.8753	0.9218	0.9543	0.9488	0.9793
河南	0.6484	0.6741	0.6896	0.7073	0.7284
湖北	0.8645	0.8725	0.8309	0.7921	0.7513
湖南	0.5458	0.5360	0.5712	0.5637	0.5711
广东	1.0818	1.0628	1.1197	1.0923	1.1828
广西	0.6353	0.6297	0.6021	0.5882	0.6016
海南	0.4212	0.5785	0.5958	0.6691	0.7760
重庆	0.7731	0.7939	0.8032	0.8200	0.8224
四川	0.8124	0.8963	0.8398	0.8481	0.8664
贵州	0.9530	0.8868	0.9816	1.0230	1.0984
云南	0.9596	0.9301	0.8796	0.8868	1.0012
陕西	0.5994	0.7233	0.7788	0.8451	0.8804
甘肃	0.7330	0.7220	0.8295	0.7616	0.8207
青海	0.7932	0.9073	1.1149	1.0222	1.1147
宁夏	0.8642	0.8556	0.9441	0.9467	1.0179
新疆	0.8091	0.7963	0.8011	0.7416	0.7739

二、建筑业转型升级路径约束条件的参数确定

在前文中构建的动态多目标优化函数中有建筑业总产值约束、能源投入约束、污染排放约束、劳动力投入约束、资本投入约束五个约束条件。每个约束条件都有上下限值，为了保证模型的约束条件符合实际情况，上限值或者下限值要依据当年的数据按照固定的比例计算。在建筑业总产值约束条件

中，为了使总产值的增加幅度符合国家相应经济政策的规定，每一年的建筑业总产值占上一年建筑业总产值的比例要大于当年国家规定的增长率，同时为了避免建筑业产生虚假繁荣的现象，比例要小于上年总产值的 1.2 倍。在能源投入约束条件中，每年建筑业的能源消耗量要小于其实际消耗量。在污染排放约束条件中，每年建筑业污染排放量之和要小于实际总排放量。在劳动力投入约束条件中，考虑国家的政策以及社会的稳定，创造更多的人口就业，每年的建筑业劳动力投入优化值要大于当年的实际劳动力数量。在资本投入约束条件中，为了保持经济增长的稳定，每年建筑业资本投入优化值之和要大于每年实际的资本投入量，各约束条件所涉及的实际值如表 6.3 所示。

表 6.3　2010—2014 年各约束条件的实际值

变量	单位	2010 年	2011 年	2012 年	2013 年	2014 年
能源消耗	万吨标准煤	4207.09	3745.64	3781.58	3898.45	3926.81
污染排放	万吨	112187.04	141422.13	349007.86	327403.99	218106.59
劳动力投入	万人	4155.95	3847.49	4263.65	4495.94	4534.46
资本投资	亿元	122575.84	151022.26	359061.09	337807.38	228577.87

随后，需要对个别优化值变动的合理范围进行明确。首先在建筑业总产值中，要确定建筑业总产值每年的增长幅度。根据 2009—2017 年的实际统计数据，建筑业总产值每年都处于增长的状态，而且增长幅度较大。但是还应考虑国家一些政策以及社会环境变动的影响，可能会有产值减少的情况发生，所以本书假定建筑业总产值的产值波动幅度为上一年建筑业总产值的 -5% ~ 20%。其次在劳动力投入约束方面，不仅要使建筑业的劳动力投入人数始终大于当年建筑业实际从业人数，在就业方面维持社会稳定，还要考虑当年的劳动力资源是否充足，例如在某些技术性岗位、特殊行业，劳动力资源是远远不够的，每年新增的这类技术性人才也有一定的数量限制，参考以往的建筑业劳动力投入增长数据，每年的建筑业劳动力投入不应超过实际值的 1.05 倍。

三、建筑业转型升级路径 Pareto 解的分析

在 MATLAB 软件上用多目标粒子群算法对 2010—2014 年建筑业动态多目标优化问题进行求解得出的 Pareto 前沿面（Pareto Front），如图 6.1 所示。图中的三个坐标轴分别对应问题的三个目标函数的值，分别是建筑业总产值、建筑业能源消耗量、建筑业污染排放量五年的总和。因为在粒子群算法中将目标函数转换为求最小值有利于计算，本书将建筑业总产值在规划期内最大化的问题转化为求其最小值，所以在图 6.1 中的坐标轴总产值显示为 60000 减去优化后的实际总产值。在 Pareto 前沿面上每一个点都对应一个 Pareto 最优解，通过图 6.1 可以得知解的分布比较均匀，形成的曲线较为平滑，并未集中在局部范围，种群的收敛较好。

将建筑业第一个五年期（2010—2014 年）内北京市的价值提升型、能源节约型、环境友好型目标的实际值，即建筑业总产值 33504.7 亿元，能源消耗 515.65 万吨标准煤，二氧化碳排放量 21177.32 万吨绘入图 6.1 中，可以更加直观地看出建筑业的实际值距离优化后的 Pareto 前沿面较远，也就是说，Pareto 前沿面上的每个点都比 2010—2014 年建筑业三个目标的实际值要好。由于得到的 Pareto 前沿面是一条平滑的曲线，所以在前沿面上的每个最优解之间也存在着较大的差异，侧重点各不一样。

模型运算时的停止条件一个是达到模型的最大迭代次数 100 次，另一个是适应度，本书中粒子群算法的停止迭代为 80，表示若是迭代次数超过 80 次，粒子的适应度变化较小，会停止迭代。在运行过程中目标在迭代 100 次的时候已经找到可行解、停止进化，部分省份在停止迭代时还未达到最大的迭代条件，说明在个体进化超过了设置的停止代数时，个体适应度的变化较小，也表明本书中所构建的模型收敛速度较快，模型优化的结果符合要求。

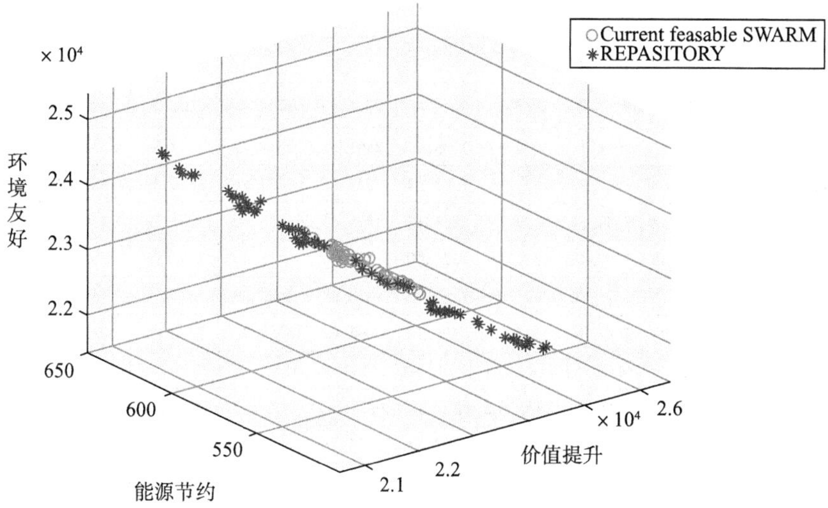

图 6.1 Pareto Front

第二节 具体优化方案的测算结果与比较分析

一、价值提升型的转型升级路径

价值提升型的转型升级路径就是以价值提升作为唯一的目标，对建筑业进行优化。根据动态多目标优化模型以价值提升为单一的目标进行优化，得出 2010—2014 年建筑业总产值的优化值，然后将 2010—2014 年建筑业的实际值与优化值进行比较，得到如表 6.4 所示内容。

表 6.4 2010—2014 年建筑业总产值实际值与优化值（价值提升型）

单位：亿元

省份	实际值					优化值				
	2010 年	2011 年	2012 年	2013 年	2014 年	2010 年	2011 年	2012 年	2013 年	2014 年
北京	5196.02	6046.22	6588.30	7464.36	8209.80	6189.06	7086.58	7868.14	8840.76	9412.44
天津	2424.49	2986.45	3258.57	3694.44	4123.49	2812.20	3557.46	3887.47	4390.59	4872.32
河北	3231.46	3972.66	4865.09	5244.90	5625.75	3836.02	4554.16	5560.00	6166.79	6731.68

续表

省份	实际值					优化值				
	2010 年	2011 年	2012 年	2013 年	2014 年	2010 年	2011 年	2012 年	2013 年	2014 年
山西	2143.46	2324.91	2668.17	3034.37	3103.49	2561.31	2598.79	3129.04	3635.63	3677.67
内蒙古	1125.58	1394.68	1441.00	1571.16	1402.93	1324.52	1627.64	1650.53	1652.24	1653.90
辽宁	4690.31	6217.52	7547.39	8629.19	7851.12	5595.65	7028.49	9023.52	9140.75	9290.40
吉林	1348.78	1626.65	1990.43	2211.44	2521.00	1513.86	1938.55	2370.91	2504.59	3012.76
黑龙江	1769.70	2029.16	2373.96	2471.94	2150.75	2090.04	2400.90	2477.51	2567.71	2570.09
上海	4300.19	4298.28	4843.44	5205.92	5499.94	5001.02	5057.38	5608.00	6011.82	6561.10
江苏	12405.92	15122.85	18423.55	21993.61	24592.93	14504.60	17805.58	20366.88	26122.17	28634.32
浙江	12007.89	14907.42	17332.74	20200.02	22668.19	14353.81	17678.79	18768.60	23692.13	26310.87
安徽	2864.96	3597.26	4230.44	4965.51	5482.93	3415.28	4098.76	4963.42	5771.78	6271.11
福建	2935.94	3692.62	4424.54	5461.75	6689.21	3316.72	4147.21	5286.99	6465.52	7779.87
江西	1690.02	2095.47	2789.57	3469.98	4122.63	2016.68	2506.20	3250.06	4154.39	4721.79
山东	5496.59	6482.90	7281.33	8467.67	9313.46	6152.02	6978.02	8588.19	10139.87	11057.11
河南	4400.61	5279.36	6009.08	7003.20	7911.89	5176.42	6243.81	6843.64	8360.78	9121.09
湖北	4345.20	5586.45	7043.42	8465.27	10059.59	5209.77	6487.49	8059.44	10052.02	12042.63
湖南	3161.73	3915.02	4407.92	5283.84	6020.97	3729.16	4585.21	5223.86	6310.27	7063.57
广东	4715.46	5774.01	6514.43	7863.90	8356.50	5480.01	6745.21	7216.32	9329.47	9980.89
广西	1222.31	1553.07	1867.06	2289.88	2608.91	1430.65	1816.85	2170.83	2706.33	3094.70
海南	199.48	255.47	283.11	286.31	276.33	236.59	275.67	327.00	330.44	331.10
重庆	2534.36	3328.83	3975.67	4731.22	5552.21	2968.21	3812.89	4504.21	5476.42	6659.28
四川	4163.07	5256.65	6240.33	7209.91	8066.66	4867.17	6059.94	7189.12	8488.85	9497.77
贵州	622.96	824.72	1039.22	1379.15	1640.24	740.49	946.95	1210.40	1544.42	1926.84
云南	1510.96	1868.40	2383.66	2906.60	3054.67	1722.88	2197.63	2692.37	3437.68	3607.65
陕西	3063.61	2908.30	3529.39	4000.36	4557.71	1990.35	2489.75	3205.25	3936.73	4863.60
甘肃	751.99	925.84	1364.63	1720.86	1814.52	761.47	1330.70	2205.30	2217.45	2753.78
青海	279.61	319.42	325.76	413.71	432.91	345.54	346.93	417.69	488.84	500.85
宁夏	342.69	427.92	466.95	568.92	625.16	474.69	521.40	521.57	672.36	836.33
新疆	963.72	1320.37	1622.31	2079.66	2306.28	2243.80	2838.07	3182.17	3234.12	3292.81
汇总	95909.07	116338.88	137131.46	160289.05	176642.17	112059.98	135763.01	157768.44	187842.91	208130.34
汇总	686310.63					801564.67				

从表 6.4 中可以看出，在价值提升型路径下建筑业的实际值和优化值存在较大的差异。优化前后建筑业的总产值都逐年增长，但是经过优化后的建筑业总产值年增长速度明显大于实际总产值的增长速度。从汇总的数据来看，

每一年的建筑业总产值都有明显的提升，其中2014年的建筑业总产值增长数量最大，比2014年的建筑业总产值实际值多31488.17亿元。

得出建筑业总产值的优化结果后，将其分别乘以已经求得的能源消耗系数，得到优化后的建筑业能源消耗量，有些年份建筑业的总产值明显高于平均值，相应的能源消耗量也会高于其他的年份，具体的数据如表6.5所示。

表6.5　2010—2014年建筑业能源消耗量实际值与优化值（价值提升型）

单位：万吨标准煤

省份	实际值					优化值				
	2010年	2011年	2012年	2013年	2014年	2010年	2011年	2012年	2013年	2014年
北京	123.37	113.14	104.27	87.26	87.61	146.95	132.61	124.53	103.35	100.44
天津	240.85	171.68	181.30	185.09	190.16	279.36	204.51	216.29	219.96	224.69
河北	97.10	112.10	117.78	107.70	103.04	115.26	128.50	134.61	126.64	123.30
山西	112.04	115.48	120.75	134.58	121.75	133.89	129.09	141.61	161.25	144.28
内蒙古	348.31	201.50	209.04	193.28	189.74	409.87	235.16	239.43	203.26	223.69
辽宁	145.70	158.84	138.43	141.05	103.59	173.82	179.55	165.50	149.41	122.58
吉林	71.89	75.74	79.60	122.44	121.63	80.69	90.26	94.81	138.67	145.35
黑龙江	5.17	23.08	25.58	28.94	29.96	6.11	27.31	26.69	30.06	35.80
上海	148.31	143.26	144.84	140.20	131.27	172.48	168.56	167.70	161.90	156.60
江苏	104.10	113.20	113.82	135.30	143.28	121.71	133.28	125.83	160.70	166.82
浙江	269.45	286.11	287.35	322.15	330.47	322.10	339.30	311.15	377.85	383.57
安徽	86.68	102.76	115.31	146.51	155.00	103.33	117.08	135.29	170.30	177.28
福建	105.37	117.17	100.96	134.61	143.95	119.03	131.59	120.63	159.35	167.42
江西	23.60	30.72	30.60	42.45	46.92	28.16	36.74	35.65	50.83	53.74
山东	189.41	207.71	177.93	160.39	169.23	211.99	223.57	209.87	192.06	200.92
河南	65.69	89.83	93.27	114.36	149.97	77.27	106.24	106.23	136.53	172.89
湖北	256.15	286.44	276.43	300.27	309.25	307.11	332.64	316.30	356.55	370.21
湖南	810.33	289.48	319.69	225.65	251.97	955.75	339.03	378.87	269.48	295.60
广东	169.91	179.05	184.72	168.66	200.79	197.46	209.17	204.63	200.10	239.82
广西	17.78	20.84	21.94	19.55	21.82	20.81	24.38	25.51	23.11	25.88
海南	12.68	19.90	22.20	25.35	29.71	15.04	21.48	25.64	29.25	35.60
重庆	80.57	92.27	99.04	108.80	111.56	94.36	105.69	112.21	125.94	133.80
四川	166.44	181.59	168.10	125.71	125.76	194.59	209.34	193.66	148.01	148.08
贵州	56.85	52.00	57.25	80.66	99.21	67.57	59.71	66.68	90.33	116.55
云南	94.42	138.63	139.38	138.41	143.20	107.66	163.06	157.43	163.70	169.12

续表

省份	实际值					优化值				
	2010 年	2011 年	2012 年	2013 年	2014 年	2010 年	2011 年	2012 年	2013 年	2014 年
陕西	127.18	129.82	139.38	138.07	140.79	82.62	111.13	126.58	135.88	150.24
甘肃	61.56	64.94	70.87	68.10	72.08	62.33	93.34	114.53	87.75	109.40
青海	19.97	23.57	24.92	26.67	28.05	24.68	25.60	31.95	31.51	32.45
宁夏	37.19	38.39	41.73	43.44	44.35	51.52	46.78	46.61	51.34	59.33
新疆	159.03	166.41	175.11	232.77	130.70	370.26	357.70	343.49	361.98	186.61
汇总	4207.08	3745.64	3781.58	3898.45	3926.81	5053.79	4482.39	4499.90	4617.06	4672.06

最后，用建筑业的总产值优化值乘以污染排放系数，可以得到优化后的污染排放量，建筑业的污染排放量随着建筑业总产值的增加而增加，得出的优化值会高于实际的污染排放量优化值，具体数据如表 6.6 所示。

表 6.6　2010—2014 年建筑业污染排放量实际值与优化值（价值提升型）

单位：万吨

省份	实际值					优化值				
	2010 年	2011 年	2012 年	2013 年	2014 年	2010 年	2011 年	2012 年	2013 年	2014 年
北京	3418.84	3959.72	6865.74	3250.44	3682.57	4072.24	4641.06	8199.47	3849.81	4222.03
天津	2097.76	2128.82	3899.65	2786.26	3672.79	2433.22	2535.85	4652.29	3311.29	4339.78
河北	4198.72	11191.25	56278.08	48126.54	17892.53	4984.25	12829.37	64316.65	56585.71	21409.90
山西	3008.34	4525.96	4392.20	3227.93	3263.29	3594.80	5059.14	5150.86	3867.55	3867.04
内蒙古	2209.55	1898.28	2880.15	1800.41	1655.25	2600.07	2215.36	3298.94	1893.32	1951.36
辽宁	4896.38	6216.95	15454.00	8157.52	14741.22	5841.50	7027.85	18476.52	8641.11	17443.61
吉林	1561.17	1587.09	2527.85	95450.12	6695.66	1752.25	1891.41	3011.06	7919.47	8001.77
黑龙江	1081.39	1368.98	3298.48	1531.54	1583.69	1277.14	1619.77	3442.35	1590.88	1892.47
上海	2375.55	2472.41	4726.85	2409.10	2467.44	2762.71	2909.05	5473.00	2782.04	2943.51
江苏	13788.47	15918.52	84898.86	28415.68	21659.63	16121.03	18742.40	93854.05	33749.77	25218.99
浙江	18328.36	20996.05	36197.48	27496.00	31012.50	21909.07	24899.32	39196.12	32249.41	35996.08
安徽	3119.35	4242.24	7271.16	4587.51	5569.52	3718.53	4833.66	8530.99	5332.40	6370.15
福建	4740.56	5991.25	8358.51	7380.52	9863.14	5355.38	6728.82	9987.78	8736.93	11471.30
江西	1712.21	1968.45	4454.42	3156.15	4083.41	2043.16	2354.29	5189.74	3778.66	4676.87
山东	6997.86	7935.27	11985.54	18115.54	9539.29	7832.30	8541.31	14136.72	21693.00	11325.22
河南	5464.49	6801.31	9574.79	8480.88	8023.81	6427.87	8043.78	10904.57	10124.91	9250.12
湖北	4038.62	4131.11	12924.06	15135.71	13809.53	4842.19	4797.43	14788.36	17972.78	16531.79

续表

省份	实际值					优化值				
	2010 年	2011 年	2012 年	2013 年	2014 年	2010 年	2011 年	2012 年	2013 年	2014 年
湖南	6627.53	5690.63	7748.74	6247.13	6726.25	7816.95	6664.78	9183.09	7460.68	7890.98
广东	4154.08	5269.11	12215.82	3227.45	6978.91	4827.61	6155.39	13532.01	3828.93	8335.51
广西	1415.22	1701.32	2672.98	2601.80	2115.00	1656.45	1990.29	3107.88	3074.98	2508.82
海南	220.83	241.04	595.03	392.44	496.56	261.91	260.10	687.28	452.94	594.98
重庆	2737.41	4629.96	7464.01	4368.10	5212.18	3206.02	5303.23	8456.31	5056.10	6251.45
四川	4914.21	10335.81	18781.00	18490.05	19753.67	5745.34	11915.28	21636.49	21769.94	23258.17
贵州	1166.22	836.49	1821.03	1541.02	2665.68	1386.24	960.46	2120.99	1725.69	3131.46
云南	1613.18	2321.46	2961.12	2440.98	5539.88	1839.43	2730.52	3344.61	2886.98	6542.75
陕西	3355.85	3674.39	9011.71	4106.54	4443.75	2180.21	3145.59	8184.07	4041.23	4741.98
甘肃	960.51	959.29	3427.40	1431.40	2007.72	972.62	1378.78	5538.81	1844.46	3046.98
青海	412.05	588.74	438.49	364.96	383.99	509.21	639.44	562.24	431.24	444.26
宁夏	415.98	488.78	849.48	577.39	764.59	576.22	595.55	948.84	682.36	1022.87
新疆	1156.32	1351.44	5033.22	2106.88	1803.15	2692.22	2904.84	9872.69	3276.45	2574.47
汇总	112187.04	141422.13	349007.86	327403.99	218106.59	131238.15	164314.11	399784.79	280611.00	257256.63

综上所述，在建筑业价值提升型转型升级路径下，行业的主要侧重点是价值提升，模型求解后发现建筑业的总产值每一年都出现不同幅度的提升，整体的产值水平大幅度增加。在 2010—2014 年规划期内，建筑业的总产值达到了 801564.67 亿元，是实际总产值的 1.17 倍；建筑业的能源消耗总量达到了 23325.20 万吨标准煤，为实际能源消耗量的 1.19 倍；建筑业的污染排放量达到了 1233204.68 万吨，为建筑业实际污染排放量的 1.07 倍。这些数据表明，在满足现有的约束条件下，以建筑业价值提升为单一的目标，中国建筑业在 2010—2014 年通过优化调整建筑业的产出比例，可以最大程度地提高建筑业总产值，同时也能相应地降低建筑业污染排放量与能源消耗量。

二、能源节约型的转型升级路径

能源节约型转型升级路径以能源节约作为唯一的目标，对建筑业进行优化。根据动态多目标优化模型以能源节约为单一的目标进行优化，得出 2010—2014 年建筑业总产值的优化值，然后将 2010—2014 年建筑业的实际值与优化值进行比较，得到如表 6.7 所示内容。

表 6.7　2010—2014 年建筑业总产值实际值与优化值（能源节约型）

单位：亿元

省份	实际值					优化值				
	2010 年	2011 年	2012 年	2013 年	2014 年	2010 年	2011 年	2012 年	2013 年	2014 年
北京	5196.02	6046.22	6588.30	7464.36	8209.80	5383.12	6063.72	6748.91	7943.06	8611.14
天津	2424.49	2986.45	3258.57	3694.44	4123.49	2492.92	3100.04	3387.34	3801.31	4178.44
河北	3231.46	3972.66	4865.09	5244.90	5625.75	3293.52	3996.84	5069.82	5455.65	5824.70
山西	2143.46	2324.91	2668.17	3034.37	3103.49	2150.50	2360.80	2789.19	3079.27	3323.97
内蒙古	1125.58	1394.68	1441.00	1571.16	1402.93	1127.87	1408.51	1462.61	1642.58	1664.45
辽宁	4690.31	6217.52	7547.39	8629.19	7851.12	4875.59	6258.58	7562.97	8689.37	9077.22
吉林	1348.78	1626.65	1990.43	2211.44	2521.00	1394.10	1642.97	2016.70	2299.88	2571.91
黑龙江	1769.70	2029.16	2373.96	2471.94	2150.75	1786.66	2037.37	2390.37	2496.66	2542.87
上海	4300.19	4298.28	4843.44	5205.92	5499.94	4319.79	4392.51	5096.15	5337.32	6112.48
江苏	12405.92	15122.85	18423.55	21993.61	24592.93	12573.22	15365.31	19321.21	23264.23	25349.98
浙江	12007.89	14907.42	17332.74	20200.02	22668.19	12294.67	15028.02	17830.23	20264.24	23458.70
安徽	2864.96	3597.26	4230.44	4965.51	5482.93	3055.23	3759.62	4274.42	5048.60	5649.12
福建	2935.94	3692.62	4424.54	5461.75	6689.21	2969.61	3759.12	4488.01	5520.51	6824.93
江西	1690.02	2095.47	2789.57	3469.98	4122.63	1716.26	2177.99	2790.93	3585.41	4412.88
山东	5496.59	6482.90	7281.33	8467.67	9313.46	5649.91	6644.11	7558.37	9092.84	9402.48
河南	4400.61	5279.36	6009.08	7003.20	7911.89	4536.91	5430.66	6088.16	7117.56	8272.00
湖北	4345.20	5586.45	7043.42	8465.27	10059.59	4804.43	5774.70	7062.74	8612.41	10460.46
湖南	3161.73	3915.02	4407.92	5283.84	6020.97	3255.46	4168.56	4418.95	5504.80	6135.86
广东	4715.46	5774.01	6514.43	7863.90	8356.50	4858.11	5920.08	6670.23	8224.35	8655.36
广西	1222.31	1553.07	1867.06	2289.88	2608.91	1252.70	1565.21	1881.53	2331.70	2697.67
海南	199.48	255.47	283.11	286.31	276.33	220.88	255.79	284.23	290.36	293.36
重庆	2534.36	3328.83	3975.67	4731.22	5552.21	2686.17	3414.84	4186.38	4748.44	5590.64
四川	4163.07	5256.65	6240.33	7209.91	8066.66	4220.04	5268.49	6336.87	7819.63	9088.32
贵州	622.96	824.72	1039.22	1379.15	1640.24	677.31	869.45	1114.41	1395.97	1674.47
云南	1510.96	1868.40	2383.66	2906.60	3054.67	1610.82	1897.09	2432.17	2999.43	3154.54
陕西	3063.61	2908.30	3529.39	4000.36	4557.71	1884.45	2209.38	2822.22	3587.36	4124.15
甘肃	751.99	925.84	1364.63	1720.86	1814.52	757.85	966.29	1494.97	2101.13	1892.17
青海	279.61	319.42	325.76	413.71	432.91	302.91	322.30	351.17	423.34	472.48
宁夏	342.69	427.92	466.95	568.92	625.16	401.43	485.51	485.63	619.34	631.49
新疆	963.72	1320.37	1622.31	2079.66	2306.28	2248.20	2327.69	2396.22	2403.11	2559.17
汇总	95909.07	116338.88	137131.46	160289.05	176642.17	98800.64	118871.55	140813.13	165699.86	184707.41

在能源节约型转型升级路径下，建筑业以能源节约为首要目标，逐年降低产能、提升自身的技术水平、提高行业的能源利用率。所以在能源节约型路径下建筑业总产值优化值与价值提升型建筑业总产值优化值之间存在较大的差异。从建筑业总产值汇总的情况来看，能源节约型转型路径下的建筑业总产值个别年份存在大幅上升的情况，例如2014年，但是平均数据仍低于价值提升型转型升级路径下的总产值的平均数据。

建筑业能源消耗量的求解与上文一致，将总产值的优化结果乘以相应的能源消耗系数，得到建筑业能源消耗量的优化值，因为总产值处于上升的状态，所以建筑业的能源消耗量也有小幅度增加，但是远小于价值提升型路径下的能源消耗量增长幅度，具体的数据如表6.8所示。

表6.8　2010—2014年建筑业能源消耗量实际值与优化值（能源节约型）

单位：万吨标准煤

省份	实际值					优化值				
	2010年	2011年	2012年	2013年	2014年	2010年	2011年	2012年	2013年	2014年
北京	123.37	113.14	104.27	87.26	87.61	127.81	113.47	106.81	92.86	91.89
天津	240.85	171.68	181.30	185.09	190.16	247.64	178.21	188.46	190.44	192.69
河北	97.10	112.10	117.78	107.70	103.04	98.96	112.78	122.74	112.03	106.69
山西	112.04	115.48	120.75	134.58	121.75	112.41	117.27	126.23	136.57	130.40
内蒙古	348.31	201.50	209.04	193.28	189.74	349.01	203.50	212.17	202.07	225.11
辽宁	145.70	158.84	138.43	141.05	103.59	151.46	159.88	138.71	142.04	119.77
吉林	71.89	75.74	79.60	122.44	121.63	74.31	76.49	80.65	127.34	124.09
黑龙江	5.17	23.08	25.58	28.94	29.96	5.22	23.17	25.75	29.23	35.42
上海	148.31	143.26	144.84	140.20	131.27	148.98	146.40	152.39	143.73	145.89
江苏	104.10	113.20	113.82	135.30	143.28	105.51	115.02	119.37	143.12	147.69
浙江	269.45	286.11	287.35	322.15	330.47	275.89	288.42	295.59	323.18	341.99
安徽	86.68	102.76	115.31	146.51	155.00	92.44	107.39	116.51	148.96	159.69
福建	105.37	117.17	100.96	134.61	143.95	106.58	119.28	102.40	136.06	146.87
江西	23.60	30.72	30.60	42.45	46.92	23.97	31.93	30.61	43.87	50.22
山东	189.41	207.71	177.93	160.39	169.23	194.69	212.87	184.70	172.23	170.85
河南	65.69	89.83	93.27	114.36	149.97	67.72	92.41	94.50	116.23	156.80

续表

省份	实际值					优化值				
	2010 年	2011 年	2012 年	2013 年	2014 年	2010 年	2011 年	2012 年	2013 年	2014 年
湖北	256. 15	286. 44	276. 43	300. 27	309. 25	283. 22	296. 09	277. 19	305. 49	321. 57
湖南	810. 33	289. 48	319. 69	225. 65	251. 97	834. 35	308. 23	320. 49	235. 08	256. 78
广东	169. 91	179. 05	184. 72	168. 66	200. 79	175. 05	183. 58	189. 14	176. 39	207. 97
广西	17. 78	20. 84	21. 94	19. 55	21. 82	18. 22	21. 00	22. 11	19. 91	22. 56
海南	12. 68	19. 90	22. 20	25. 35	29. 71	14. 04	19. 93	22. 29	25. 71	31. 55
重庆	80. 57	92. 27	99. 04	108. 80	111. 56	85. 39	94. 65	104. 29	109. 20	112. 33
四川	166. 44	181. 59	168. 10	125. 71	125. 76	168. 72	182. 00	170. 70	136. 34	141. 69
贵州	56. 85	52. 00	57. 25	80. 66	99. 21	61. 80	54. 82	61. 39	81. 65	101. 28
云南	94. 42	138. 63	139. 38	138. 41	143. 20	100. 66	140. 76	142. 21	142. 83	147. 88
陕西	127. 18	129. 82	139. 38	138. 07	140. 79	78. 23	98. 62	111. 45	123. 82	127. 40
甘肃	61. 56	64. 94	70. 87	68. 10	72. 08	62. 04	67. 78	77. 64	83. 14	75. 17
青海	19. 97	23. 57	24. 92	26. 67	28. 05	21. 64	23. 78	26. 87	27. 29	30. 62
宁夏	37. 19	38. 39	41. 73	43. 44	44. 35	43. 57	43. 56	43. 40	47. 29	44. 79
新疆	159. 03	166. 41	175. 11	232. 77	130. 70	370. 98	293. 37	258. 65	268. 97	145. 04
汇总	4207. 08	3745. 64	3781. 58	3898. 45	3926. 81	4500. 51	3926. 66	3925. 44	4043. 08	4112. 69

根据建筑业总产值的优化结果，乘以相应的污染排放系数，得到建筑业污染排放量的优化值。污染排放量的大小与能源消耗量的多少呈正相关，所以污染排放量与能源消耗量的变动趋势保持一致。能源节约型转型升级路径下的建筑业污染排放量有小幅度的降低。从污染排放量的总和来看，能源节约型路径下建筑业每年的污染排放量低于价值提升型路径下的建筑业每年的污染排放量，具体的数据如表 6. 9 所示。

表 6. 9　2010—2014 年建筑业污染排放量实际值与优化值（能源节约型）

单位：万吨

省份	实际值					优化值				
	2010 年	2011 年	2012 年	2013 年	2014 年	2010 年	2011 年	2012 年	2013 年	2014 年
北京	3418. 84	3959. 72	6865. 74	3250. 44	3682. 57	3541. 95	3971. 18	7033. 11	3458. 90	3862. 60
天津	2097. 76	2128. 82	3899. 65	2786. 26	3672. 79	2156. 97	2209. 80	4053. 76	2866. 86	3721. 74

续表

省份	实际值					优化值				
	2010 年	2011 年	2012 年	2013 年	2014 年	2010 年	2011 年	2012 年	2013 年	2014 年
河北	4198.72	11191.25	56278.08	48126.54	17892.53	4279.37	11259.36	58646.35	50060.31	18525.29
山西	3008.34	4525.96	4392.20	3227.93	3263.29	3018.23	4595.82	4591.42	3275.70	3495.12
内蒙古	2209.55	1898.28	2880.15	1800.41	1655.25	2214.05	1917.10	2923.34	1882.25	1963.80
辽宁	4896.38	6216.95	15454.00	8157.52	14741.22	5089.80	6258.01	15485.90	8214.41	17043.33
吉林	1561.17	1587.09	2527.85	95450.12	6695.66	1613.62	1603.02	2561.21	7272.17	6830.88
黑龙江	1081.39	1368.98	3298.48	1531.54	1583.69	1091.76	1374.52	3321.28	1546.86	1872.43
上海	2375.55	2472.41	4726.85	2409.10	2467.44	2386.38	2526.62	4973.48	2469.91	2742.24
江苏	13788.47	15918.52	84898.86	28415.68	21659.63	13974.41	16173.74	89035.44	30057.32	22326.39
浙江	18328.36	20996.05	36197.48	27496.00	31012.50	18766.09	21165.90	37236.44	27583.42	32094.00
安徽	3119.35	4242.24	7271.16	4587.51	5569.52	3326.52	4433.71	7346.76	4664.27	5738.33
福建	4740.56	5991.25	8358.51	7380.52	9863.14	4794.93	6099.14	8478.41	7459.93	10063.26
江西	1712.21	1968.45	4454.42	3156.15	4083.41	1738.79	2045.97	4456.59	3261.14	4370.90
山东	6997.86	7935.27	11985.54	18115.54	9539.29	7193.05	8132.60	12441.58	19453.01	9630.47
河南	5464.49	6801.31	9574.79	8480.88	8023.81	5633.74	6996.23	9700.80	8619.37	8389.01
湖北	4038.62	4131.11	12924.06	15135.71	13809.53	4465.45	4270.32	12959.51	15398.79	14359.83
湖南	6627.53	5690.63	7748.74	6247.13	6726.25	6824.01	6059.16	7768.12	6508.37	6854.60
广东	4154.08	5269.11	12215.82	3227.45	6978.91	4279.74	5402.40	12507.98	3375.38	7228.49
广西	1415.22	1701.32	2672.98	2601.80	2115.00	1450.41	1714.63	2693.70	2649.32	2186.95
海南	220.83	241.04	595.03	392.44	496.56	244.53	241.34	597.38	397.99	527.17
重庆	2737.41	4629.96	7464.01	4368.10	5212.18	2901.38	4749.59	7859.60	4384.00	5248.26
四川	4914.21	10335.81	18781.00	18490.05	19753.67	4981.46	10359.09	19071.54	20053.71	22255.50
贵州	1166.22	836.49	1821.03	1541.02	2665.68	1267.96	881.85	1952.78	1559.81	2721.30
云南	1613.18	2321.46	2961.12	2440.98	5539.88	1719.79	2357.10	3021.38	2518.94	5721.01
陕西	3355.85	3674.39	9011.71	4106.54	4443.75	2064.21	2791.36	7206.07	3682.59	4021.03
甘肃	960.51	959.29	3427.40	1431.40	2007.72	968.00	1001.21	3754.75	1747.70	2093.63
青海	412.05	588.74	438.49	364.96	383.99	446.39	594.05	472.70	373.45	419.09
宁夏	415.98	488.78	849.48	577.39	764.59	487.28	554.56	883.46	628.56	772.34
新疆	1156.32	1351.44	5033.22	2106.88	1803.15	2697.50	2382.46	7434.27	2434.56	2000.87
汇总	112187.04	141422.13	349007.86	327403.99	218106.59	115617.77	144121.84	360469.13	247858.99	229079.87

综上所述，在建筑业能源节约型转型升级路径下，行业的主要侧重点是能源节约，在经过动态多目标优化模型进行求解后，建筑业在每一年都出现

了能源消耗量增长幅度的下降，整体的能源消耗量增长幅度大量降低。在2010—2014年规划期内，建筑业的总产值达到了708892.59亿元，是实际总产值的1.03倍；建筑业的能源消耗总量达到了20508.38万吨标准煤，为实际能源消耗量的1.05倍；建筑业的污染排放量达到了1097147.60万吨，为建筑业实际污染排放量的0.96倍。说明在满足现有的约束条件，建筑业能源节约型转型升级路径中，中国建筑业在2010—2014年的规划期内，不仅能够完成能源节约的目标，还能够提升整个行业的总产值，降低建筑业的污染排放量。与价值提升型路径相比，价值提升幅度小，但是在能源节约与环境保护上要优于价值提升型。

三、环境友好型的转型升级路径

环境友好型转型升级路径以环境友好作为唯一的目标，对建筑业进行优化。根据动态多目标优化模型以环境友好为单一目标进行优化，得出2010—2014年建筑业总产值的优化值，然后将2010—2014年建筑业的实际值与优化值进行比较，得到如表6.10所示内容。

表6.10　2010—2014年建筑业总产值实际值与优化值（环境友好型）

单位：亿元

省份	实际值					优化值				
	2010年	2011年	2012年	2013年	2014年	2010年	2011年	2012年	2013年	2014年
北京	5196.02	6046.22	6588.30	7464.36	8209.80	5232.95	6333.55	6666.27	8042.09	8947.34
天津	2424.49	2986.45	3258.57	3694.44	4123.49	2458.62	3057.74	3425.92	3715.55	4293.58
河北	3231.46	3972.66	4865.09	5244.90	5625.75	3395.96	4042.36	4986.31	5279.84	5955.41
山西	2143.46	2324.91	2668.17	3034.37	3103.49	2183.59	2494.77	2731.95	3061.16	3192.66
内蒙古	1125.58	1394.68	1441.00	1571.16	1402.93	1153.71	1421.17	1470.52	1577.22	1602.82
辽宁	4690.31	6217.52	7547.39	8629.19	7851.12	4821.83	6223.65	7710.59	9032.12	9125.84
吉林	1348.78	1626.65	1990.43	2211.44	2521.00	1432.01	1705.15	2087.25	2241.92	2585.88
黑龙江	1769.70	2029.16	2373.96	2471.94	2150.75	1953.62	2060.09	2390.32	2485.31	2536.20
上海	4300.19	4298.28	4843.44	5205.92	5499.94	4325.42	4329.17	5181.54	5416.61	5531.12
江苏	12405.92	15122.85	18423.55	21993.61	24592.93	12850.03	15811.88	18937.46	22858.88	24625.01
浙江	12007.89	14907.42	17332.74	20200.02	22668.19	12227.74	15261.07	17605.86	20614.08	23446.57

续表

省份	实际值					优化值				
	2010 年	2011 年	2012 年	2013 年	2014 年	2010 年	2011 年	2012 年	2013 年	2014 年
安徽	2864.96	3597.26	4230.44	4965.51	5482.93	2991.49	3706.27	4411.25	5082.75	5786.75
福建	2935.94	3692.62	4424.54	5461.75	6689.21	3161.03	3723.64	4568.99	5489.65	6828.44
江西	1690.02	2095.47	2789.57	3469.98	4122.63	1859.93	2307.89	2819.81	3502.35	4126.63
山东	5496.59	6482.90	7281.33	8467.67	9313.46	5543.16	6497.83	7894.44	9141.20	9367.59
河南	4400.61	5279.36	6009.08	7003.20	7911.89	4746.82	5285.14	6133.25	7012.87	8556.10
湖北	4345.20	5586.45	7043.42	8465.27	10059.59	4363.00	5611.69	7167.39	8747.66	10136.84
湖南	3161.73	3915.02	4407.92	5283.84	6020.97	3169.51	3923.13	4456.54	5679.95	6234.66
广东	4715.46	5774.01	6514.43	7863.90	8356.50	4722.29	5920.83	7125.31	8124.16	8388.13
广西	1222.31	1553.07	1867.06	2289.88	2608.91	1341.17	1597.30	1929.38	2343.68	2617.39
海南	199.48	255.47	283.11	286.31	276.33	213.46	268.86	284.61	293.54	300.79
重庆	2534.36	3328.83	3975.67	4731.22	5552.21	2827.37	3365.90	4046.19	4851.58	5571.02
四川	4163.07	5256.65	6240.33	7209.91	8066.66	4407.26	5477.41	6351.76	7314.83	8765.19
贵州	622.96	824.72	1039.22	1379.15	1640.24	679.58	855.30	1089.21	1387.23	1651.32
云南	1510.96	1868.40	2383.66	2906.60	3054.67	1548.23	1964.86	2397.81	2966.66	3087.21
陕西	3063.61	2908.30	3529.39	4000.36	4557.71	1820.13	2173.70	2819.81	3577.62	4149.37
甘肃	751.99	925.84	1364.63	1720.86	1814.52	765.11	1062.68	1406.83	1797.61	1929.93
青海	279.61	319.42	325.76	413.71	432.91	293.39	323.32	341.24	423.49	451.79
宁夏	342.69	427.92	466.95	568.92	625.16	378.29	487.04	517.38	621.94	641.26
新疆	963.72	1320.37	1622.31	2079.66	2306.28	2253.84	2274.27	2307.44	2390.67	2523.29
汇总	95909.07	116338.88	137131.46	160289.05	176642.17	99120.57	119567.65	141262.63	165074.24	182956.13

在环境友好型转型升级路径下得出的行业总产值优化值与价值提升型、能源节约型转型升级路径下的优化值相比存在较大的差异。环境友好型转型升级路径主要侧重于环境保护、污染减排。污染物排放的标准受国家政策影响大，2010 年后国家严格限制污染物的排放，所以能看到在 2010—2014 年，建筑业的总产值优化值受影响较大，增长幅度大量降低，从汇总的数据来看，五年规划期内优化过后的总产值汇总仅为实际值的 1.03 倍。

根据表 6.10 中的总产值优化数据乘以相应的能源消耗系数，得到建筑业能源消耗量的优化值。由于在本优化路径下，能源的投入量大于能源节约型路径的能源投入量，所以本路径下能源消耗量的优化值介于能源节约型与价值提升型转型升级路径之间，具体数据如表 6.11 所示。

表 6.11　2010—2014 年建筑业能源消耗量实际值与优化值（环境友好型）

单位：万吨标准煤

省份	实际值					优化值				
	2010 年	2011 年	2012 年	2013 年	2014 年	2010 年	2011 年	2012 年	2013 年	2014 年
北京	123.37	113.14	104.27	87.26	87.61	124.25	118.52	105.50	94.02	95.48
天津	240.85	171.68	181.30	185.09	190.16	244.24	175.78	190.61	186.14	198.00
河北	97.10	112.10	117.78	107.70	103.04	102.04	114.06	120.72	108.42	109.08
山西	112.04	115.48	120.75	134.58	121.75	114.14	123.92	123.64	135.77	125.25
内蒙古	348.31	201.50	209.04	193.28	189.74	357.01	205.33	213.32	194.03	216.78
辽宁	145.70	158.84	138.43	141.05	103.59	149.79	158.99	141.42	147.64	120.41
吉林	71.89	75.74	79.60	122.44	121.63	76.33	79.39	83.47	124.13	124.76
黑龙江	5.17	23.08	25.58	28.94	29.96	5.71	23.43	25.75	29.09	35.33
上海	148.31	143.26	144.84	140.20	131.27	149.18	144.29	154.95	145.87	132.01
江苏	104.10	113.20	113.82	135.30	143.28	107.83	118.36	117.00	140.62	143.46
浙江	269.45	286.11	287.35	322.15	330.47	274.39	292.90	291.87	328.76	341.82
安徽	86.68	102.76	115.31	146.51	155.00	90.51	105.87	120.24	149.97	163.58
福建	105.37	117.17	100.96	134.61	143.95	113.45	118.15	104.25	135.30	146.95
江西	23.60	30.72	30.60	42.45	46.92	25.98	33.84	30.93	42.85	46.96
山东	189.41	207.71	177.93	160.39	169.23	191.01	208.18	192.91	173.14	170.22
河南	65.69	89.83	93.27	114.36	149.97	70.86	89.93	95.20	114.52	162.18
湖北	256.15	286.44	276.43	300.27	309.25	257.20	287.73	281.29	310.29	311.62
湖南	810.33	289.48	319.69	225.65	251.97	812.32	290.08	323.22	242.56	260.91
广东	169.91	179.05	184.72	168.66	200.79	170.16	183.61	202.04	174.25	201.55
广西	17.78	20.84	21.94	19.55	21.82	19.51	21.43	22.67	20.01	21.89
海南	12.68	19.90	22.20	25.35	29.71	13.57	20.95	22.32	25.99	32.34
重庆	80.57	92.27	99.04	108.80	111.56	89.88	93.30	100.80	111.57	111.94
四川	166.44	181.59	168.10	125.71	125.76	176.20	189.22	171.10	127.54	136.66
贵州	56.85	52.00	57.25	80.66	99.21	62.01	53.93	60.00	81.14	99.88
云南	94.42	138.63	139.38	138.41	143.20	96.75	145.79	140.20	141.27	144.73
陕西	127.18	129.82	139.38	138.07	140.79	75.56	97.03	111.35	123.48	128.18
甘肃	61.56	64.94	70.87	68.10	72.08	62.63	74.54	73.07	71.13	76.67
青海	19.97	23.57	24.92	26.67	28.05	20.96	23.85	26.11	27.30	29.28
宁夏	37.19	38.39	41.73	43.44	44.35	41.05	43.69	46.23	47.49	45.49
新疆	159.03	166.41	175.11	232.77	130.70	371.91	286.64	249.07	267.58	143.00

续表

省份	实际值					优化值				
	2010 年	2011 年	2012 年	2013 年	2014 年	2010 年	2011 年	2012 年	2013 年	2014 年
汇总	4207.08	3745.64	3781.58	3898.45	3926.81	4466.40	3922.72	3941.27	4021.88	4076.40

最后，根据表 6.10 中的建筑业总产值优化数据乘以相应的污染排放系数，可得到在环境友好型目标下的污染排放量的优化值。污染排放量优化值随着建筑业总产值的变化而变化，可以明显看出每一年的污染排放量优化值都小于当年的实际污染排放量，还小于价值提升型和能源节约型下的污染排放量优化值，具体数据如表 6.12 所示。

表 6.12　2010—2014 年建筑业污染排放量实际值与优化值（环境友好型）

单位：万吨

省份	实际值					优化值				
	2010 年	2011 年	2012 年	2013 年	2014 年	2010 年	2011 年	2012 年	2013 年	2014 年
北京	3418.84	3959.72	6865.74	3250.44	3682.57	3443.14	4147.90	6946.99	3502.02	4013.40
天津	2097.76	2128.82	3899.65	2786.26	3672.79	2127.30	2179.64	4099.93	2802.18	3824.29
河北	4198.72	11191.25	56278.08	48126.54	17892.53	4412.47	11387.61	57680.28	48447.14	18941.01
山西	3008.34	4525.96	4392.20	3227.93	3263.29	3064.67	4856.63	4497.20	3256.43	3357.05
内蒙古	2209.55	1898.28	2880.15	1800.41	1655.25	2264.77	1934.33	2939.16	1807.35	1891.09
辽宁	4896.38	6216.95	15454.00	8157.52	14741.22	5033.68	6223.08	15788.16	8538.42	17134.62
吉林	1561.17	1587.09	2527.85	95450.12	6695.66	1657.51	1663.69	2650.81	7088.91	6867.97
黑龙江	1081.39	1368.98	3298.48	1531.54	1583.69	1193.78	1389.85	3321.21	1539.83	1867.52
上海	2375.55	2472.41	4726.85	2409.10	2467.44	2389.49	2490.18	5056.81	2506.60	2481.43
江苏	13788.47	15918.52	84898.86	28415.68	21659.63	14282.07	16643.81	87267.04	29533.61	21687.89
浙江	18328.36	20996.05	36197.48	27496.00	31012.50	18663.92	21494.14	36767.85	28059.61	32077.40
安徽	3119.35	4242.24	7271.16	4587.51	5569.52	3257.12	4370.79	7581.93	4695.83	5878.14
福建	4740.56	5991.25	8358.51	7380.52	9863.14	5104.01	6041.57	8631.39	7418.23	10068.43
江西	1712.21	1968.45	4454.42	3156.15	4083.41	1884.35	2167.99	4502.72	3185.59	4087.37
山东	6997.86	7935.27	11985.54	18115.54	9539.29	7057.14	7953.54	12994.77	19556.47	9594.73
河南	5464.49	6801.31	9574.79	8480.88	8023.81	5894.40	6808.75	9772.65	8492.59	8677.13
湖北	4038.62	4131.11	12924.06	15135.71	13809.53	4055.16	4149.78	13151.53	15640.62	13915.57

续表

省份	实际值					优化值				
	2010 年	2011 年	2012 年	2013 年	2014 年	2010 年	2011 年	2012 年	2013 年	2014 年
湖南	6627.53	5690.63	7748.74	6247.13	6726.25	6643.85	5702.42	7834.20	6715.46	6964.97
广东	4154.08	5269.11	12215.82	3227.45	6978.91	4160.10	5403.09	13361.34	3334.26	7005.32
广西	1415.22	1701.32	2672.98	2601.80	2115.00	1552.85	1749.78	2762.21	2662.93	2121.87
海南	220.83	241.04	595.03	392.44	496.56	236.31	253.67	598.18	402.35	540.51
重庆	2737.41	4629.96	7464.01	4368.10	5212.18	3053.90	4681.53	7596.40	4479.22	5229.83
四川	4914.21	10335.81	18781.00	18490.05	19753.67	5202.46	10769.88	19116.38	18759.12	21464.23
贵州	1166.22	836.49	1821.03	1541.02	2665.68	1272.22	867.50	1908.62	1550.05	2683.69
云南	1613.18	2321.46	2961.12	2440.98	5539.88	1652.97	2441.31	2978.70	2491.41	5598.90
陕西	3355.85	3674.39	9011.71	4106.54	4443.75	1993.76	2746.28	7199.92	3672.58	4045.62
甘肃	960.51	959.29	3427.40	1431.40	2007.72	977.27	1101.08	3533.39	1495.24	2135.42
青海	412.05	588.74	438.49	364.96	383.99	432.35	595.92	459.33	373.59	400.74
宁夏	415.98	488.78	849.48	577.39	764.59	459.20	556.31	941.22	631.20	784.29
新疆	1156.32	1351.44	5033.22	2106.88	1803.15	2704.27	2327.78	7158.83	2421.96	1972.82
汇总	112187.04	141422.13	349007.86	327403.99	218106.59	116126.48	145099.82	359099.13	245060.82	227313.26

综上所述，在建筑业环境友好型转型升级路径下，侧重点是保护环境、节能减排，在经过动态多目标优化模型进行求解后，建筑业出现了不同幅度的污染排放量下降，整体的污染排放量水平降低。在 2010—2014 年规划期内，建筑业的总产值达到了 707981.22 亿元，是实际总产值的 1.03 倍；建筑业的能源消耗总量达到了 20428.67 万吨标准煤，为实际能源消耗量的 1.04 倍；建筑业的污染排放量达到了 1092699.51 万吨，为建筑业实际污染排放量的 0.95 倍，其中污染排放量也是三个不同路径下的最小值。说明了在满足现有的约束条件下，以建筑业的环境友好为单一目标，中国建筑业在 2010—2014 年的规划期内，能够完成环境友好的目标，还能提升整个行业的总产值、降低建筑业的能源消耗量。与上文的两种转型路径相比，环境友好型转型升级路径对建筑业总产值优化值提升的水平最低，但是在节约能源、提高能源利用率、降低污染排放量方面做出了较大的贡献，有利于建筑业的绿色发展。

四、均衡型的转型升级路径

在价值提升型、能源节约型、环境友好型转型升级路径中都是侧重于一个目标进行建筑业的优化升级，得到的结果比较极端，只考虑了对目标有利的情况。但是从实际的建筑业发展来看，建筑业的转型升级不会只围绕着某个具体目标，而是要全面发展，同时兼顾价值提升、能源节约、环境友好。在粒子群算法寻求最优解的情况下，建筑业均衡型转型升级路径下的总产值的实际值与优化值如表 6.13 所示。

表 6.13　2010—2014 年建筑业总产值实际值与优化值（均衡型） 单位：亿元

省份	实际值					优化值				
	2010 年	2011 年	2012 年	2013 年	2014 年	2010 年	2011 年	2012 年	2013 年	2014 年
北京	5196.02	6046.22	6588.30	7464.36	8209.80	6066.93	6760.53	7863.19	8847.45	9714.50
天津	2424.49	2986.45	3258.57	3694.44	4123.49	2848.66	3451.62	3595.55	4390.84	4619.55
河北	3231.46	3972.66	4865.09	5244.90	5625.75	3546.54	4037.15	5169.40	5461.79	5640.99
山西	2143.46	2324.91	2668.17	3034.37	3103.49	2209.34	2339.52	2716.44	3092.83	3321.87
内蒙古	1125.58	1394.68	1441	1571.16	1402.93	1130.73	1401.14	1450.67	1584.94	1666.61
辽宁	4690.31	6217.52	7547.39	8629.19	7851.12	4966.40	6412.56	7749.36	8633.32	8636.34
吉林	1348.78	1626.65	1990.43	2211.44	2521.00	1549.18	1825.99	2075.26	2222.03	2565.08
黑龙江	1769.70	2029.16	2373.96	2471.94	2150.75	2096.57	2423.02	2466.82	2551.89	2570.46
上海	4300.19	4298.28	4843.44	5205.92	5499.94	4799.92	5102.16	5797.34	6208.27	6464.41
江苏	12405.92	15122.85	18423.55	21993.61	24592.93	12798.67	15699.86	18718.65	22019.97	26479.78
浙江	12007.89	14907.42	17332.74	20200.02	22668.19	12674.96	16046.88	17336.32	21009.48	22996.05
安徽	2864.96	3597.26	4230.44	4965.51	5482.93	3080.93	3810.15	4279.77	5193.13	5523.82
福建	2935.94	3692.62	4424.54	5461.75	6689.21	3346.71	3744.96	4457.52	5629.50	7041.40
江西	1690.02	2095.47	2789.57	3469.98	4122.63	1750.86	2253.97	2800.63	3614.34	4174.18
山东	5496.59	6482.90	7281.33	8467.67	9313.46	5530.98	6659.34	7328.80	8497.12	10872.73
河南	4400.61	5279.36	6009.08	7003.20	7911.89	4576.83	5394.92	6183.43	7225.45	8130.13
湖北	4345.20	5586.45	7043.42	8465.27	10059.59	4569.91	5680.77	7145.20	8661.15	10108.08
湖南	3161.73	3915.02	4407.92	5283.84	6020.97	3197.45	3956.32	4447.25	5405.33	6567.95
广东	4715.46	5774.01	6514.43	7863.90	8356.50	5472.71	6548.44	6884.75	8907.04	9845.12
广西	1222.31	1553.07	1867.06	2289.88	2608.91	1316.05	1609.28	1874.25	2348.29	2862.70
海南	199.48	255.47	283.11	286.31	276.33	221.00	261.20	284.76	286.72	287.37
重庆	2534.36	3328.83	3975.67	4731.22	5552.21	2798.41	3394.70	4001.06	4769.57	5692.15

续表

省份	实际值					优化值				
	2010 年	2011 年	2012 年	2013 年	2014 年	2010 年	2011 年	2012 年	2013 年	2014 年
四川	4163. 07	5256. 65	6240. 33	7209. 91	8066. 66	4478. 06	5454. 23	6382. 35	7636. 09	8120. 47
贵州	622. 96	824. 72	1039. 22	1379. 15	1640. 24	678. 79	849. 45	1075. 14	1393. 05	1646. 31
云南	1510. 96	1868. 40	2383. 66	2906. 60	3054. 67	1620. 58	1953. 90	2426. 10	2942. 19	3071. 63
陕西	3063. 61	2908. 30	3529. 39	4000. 36	4557. 71	1732. 82	2214. 91	2803. 77	3592. 74	4289. 70
甘肃	751. 99	925. 84	1364. 63	1720. 86	1814. 52	756. 12	1090. 06	1365. 42	2375. 37	1888. 47
青海	279. 61	319. 42	325. 76	413. 71	432. 91	285. 56	322. 21	372. 00	468. 26	490. 26
宁夏	342. 69	427. 92	466. 95	568. 92	625. 16	391. 67	490. 07	501. 65	633. 02	639. 11
新疆	963. 72	1320. 37	1622. 31	2079. 66	2306. 28	2255. 76	2279. 18	2291. 02	2323. 91	2844. 08
汇总	95909. 07	116338. 88	137131. 46	160289. 05	176642. 17	102749. 12	123468. 49	141843. 89	167925. 08	188771. 29

在建筑业均衡型转型升级路径下得出的建筑业总产值优化值，与价值提升型、能源节约型、环境友好型转型升级路径下的优化值相比，差异较大。均衡型转型升级需要同时兼顾到三个目标，保证建筑业的全面发展，从表 6. 13 中可以看到，在 2011 年、2012 年、2013 年三个年份中，我国建筑业的总产值优化值波动上升，在 2012 年总产值优化值与实际值较为接近，而 2014 年总产值优化值远大于当年的实际值，有了大幅度的提升。从这些年份汇总数据来看，均衡型转型升级路径下的建筑业总产值明显低于价值提升型路径，但是仍高于能源节约型与环境友好型路径下的总产值，说明优化后比较符合实际情况。

均衡型转型升级路径下的能源消耗量，用表 6. 13 中的模型优化结果乘以相应的能源消耗系数即可得到，详细数据见表 6. 14。根据表中数据，与前述三种目标的转型升级路径下的能源消耗量相比，均衡型转型升级路径下的能源消耗量优化值均略大于实际值，与能源节约型转型升级路径相比能源消耗量较高，但是仍然小于价值提升型与环境友好型转型升级路径下的能源消耗量。

表 6.14　2010—2014 年建筑业能源消耗量实际值与优化值（均衡型）

单位：万吨标准煤

省份	实际值					优化值				
	2010 年	2011 年	2012 年	2013 年	2014 年	2010 年	2011 年	2012 年	2013 年	2014 年
北京	123.37	113.14	104.27	87.26	87.61	144.05	126.51	124.45	103.43	103.66
天津	240.85	171.68	181.30	185.09	190.16	282.98	198.42	200.05	219.97	213.03
河北	97.10	112.10	117.78	107.70	103.04	106.56	113.92	125.15	112.16	103.32
山西	112.04	115.48	120.75	134.58	121.75	115.49	116.21	122.94	137.17	130.32
内蒙古	348.31	201.50	209.04	193.28	189.74	349.90	202.44	210.44	194.98	225.40
辽宁	145.70	158.84	138.43	141.05	103.59	154.28	163.82	142.13	141.12	113.95
吉林	71.89	75.74	79.60	122.44	121.63	82.57	85.02	82.99	123.03	123.76
黑龙江	5.17	23.08	25.58	28.94	29.96	6.13	27.56	26.58	29.87	35.81
上海	148.31	143.26	144.84	140.20	131.27	165.54	170.05	173.36	167.19	154.29
江苏	104.10	113.20	113.82	135.30	143.28	107.40	117.52	115.65	135.46	154.27
浙江	269.45	286.11	287.35	322.15	330.47	284.42	307.98	287.41	335.06	335.25
安徽	86.68	102.76	115.31	146.51	155.00	93.21	108.84	116.66	153.23	156.15
福建	105.37	117.17	100.96	134.61	143.95	120.11	118.83	101.71	138.75	151.53
江西	23.60	30.72	30.60	42.45	46.92	24.45	33.04	30.72	44.22	47.50
山东	189.41	207.71	177.93	160.39	169.23	190.59	213.36	179.09	160.94	197.56
河南	65.69	89.83	93.27	114.36	149.97	68.32	91.80	95.98	117.99	154.11
湖北	256.15	286.44	276.43	300.27	309.25	269.39	291.28	280.42	307.22	310.74
湖南	810.33	289.48	319.69	225.65	251.97	819.48	292.53	322.55	230.84	274.86
广东	169.91	179.05	184.72	168.66	200.79	197.20	203.07	195.22	191.04	236.55
广西	17.78	20.84	21.94	19.55	21.82	19.14	21.59	22.02	20.05	23.94
海南	12.68	19.90	22.20	25.35	29.71	14.05	20.35	22.33	25.38	30.90
重庆	80.57	92.27	99.04	108.80	111.56	88.96	94.10	99.68	109.69	114.37
四川	166.44	181.59	168.10	125.71	125.76	179.03	188.42	171.92	133.14	126.60
贵州	56.85	52.00	57.25	80.66	99.21	61.94	53.56	59.23	81.48	99.58
云南	94.42	138.63	139.38	138.41	143.20	101.27	144.97	141.86	140.11	144.00
陕西	127.18	129.82	139.38	138.07	140.79	71.93	98.87	110.72	124.01	132.51
甘肃	61.56	64.94	70.87	68.10	72.08	61.89	76.46	70.91	94.00	75.02
青海	19.97	23.57	24.92	26.67	28.05	20.40	23.77	28.46	30.18	31.77
宁夏	37.19	38.39	41.73	43.44	44.35	42.51	43.96	44.83	48.34	45.34

续表

省份	实际值					优化值				
	2010 年	2011 年	2012 年	2013 年	2014 年	2010 年	2011 年	2012 年	2013 年	2014 年
新疆	159. 03	166. 41	175. 11	232. 77	130. 70	372. 23	287. 26	247. 30	260. 11	161. 18
汇总	4207. 08	3745. 64	3781. 58	3898. 45	3926. 81	4615. 44	4035. 49	3952. 74	4110. 15	4207. 28

用表 6. 13 中的总产值数据乘以相应的污染排放系数，可得到在均衡型转型升级路径下的污染排放量，具体结果见表 6. 15。根据表中数据，与前述三种目标的转型升级路径下的污染排放量相比，均衡型转型升级路径下的污染排放量优化值均略大于实际值，与能源节约型和环境友好型转型升级路径相比污染排放量较高，但是仍然小于价值提升型转型升级路径下的污染排放量。

表 6. 15　2010—2014 年建筑业污染排放量实际值与优化值（均衡型）

单位：万吨

省份	实际值					优化值				
	2010 年	2011 年	2012 年	2013 年	2014 年	2010 年	2011 年	2012 年	2013 年	2014 年
北京	3418. 84	3959. 72	6865. 74	3250. 44	3682. 57	3991. 88	4427. 53	8194. 32	3852. 72	4357. 52
天津	2097. 76	2128. 82	3899. 65	2786. 26	3672. 79	2464. 77	2460. 41	4302. 93	3311. 48	4114. 63
河北	4198. 72	11191. 25	56278. 08	48126. 54	17892. 53	4608. 11	11372. 92	59798. 32	50116. 65	17941. 00
山西	3008. 34	4525. 96	4392. 20	3227. 93	3263. 29	3100. 80	4554. 40	4471. 66	3290. 12	3492. 91
内蒙古	2209. 55	1898. 28	2880. 15	1800. 41	1655. 25	2219. 66	1907. 08	2899. 47	1816. 20	1966. 35
辽宁	4896. 38	6216. 95	15454. 00	8157. 52	14741. 22	5184. 60	6411. 97	15867. 55	8161. 42	16215. 54
吉林	1561. 17	1587. 09	2527. 85	95450. 12	6695. 66	1793. 13	1781. 58	2635. 58	7026. 00	6812. 73
黑龙江	1081. 39	1368. 98	3298. 48	1531. 54	1583. 69	1281. 13	1634. 70	3427. 51	1581. 08	1892. 75
上海	2375. 55	2472. 41	4726. 85	2409. 10	2467. 44	2651. 62	2934. 81	5657. 79	2872. 95	2900. 13
江苏	13788. 47	15918. 52	84898. 86	28415. 68	21659. 63	14224. 99	16525. 89	86258. 74	28449. 74	23321. 43
浙江	18328. 36	20996. 05	36197. 48	27496. 00	31012. 50	19346. 54	22600. 90	36204. 96	28597. 82	31461. 05
安徽	3119. 35	4242. 24	7271. 16	4587. 51	5569. 52	3354. 50	4493. 30	7355. 95	4797. 80	5611. 06
福建	4740. 56	5991. 25	8358. 51	7380. 52	9863. 14	5403. 81	6076. 17	8420. 81	7607. 20	10382. 45
江西	1712. 21	1968. 45	4454. 42	3156. 15	4083. 41	1773. 85	2117. 34	4472. 08	3287. 45	4134. 48
山东	6997. 86	7935. 27	11985. 54	18115. 54	9539. 29	7041. 64	8151. 24	12063. 68	18178. 54	11136. 36
河南	5464. 49	6801. 31	9574. 79	8480. 88	8023. 81	5683. 32	6950. 19	9852. 60	8750. 02	8245. 14
湖北	4038. 62	4131. 11	12924. 06	15135. 71	13809. 53	4247. 48	4200. 87	13110. 82	15485. 93	13876. 09
湖南	6627. 53	5690. 63	7748. 74	6247. 13	6726. 25	6702. 40	5750. 66	7817. 87	6390. 77	7337. 29

续表

省份	实际值					优化值				
	2010 年	2011 年	2012 年	2013 年	2014 年	2010 年	2011 年	2012 年	2013 年	2014 年
广东	4154.08	5269.11	12215.82	3227.45	6978.91	4821.18	5975.83	12910.25	3655.57	8222.12
广西	1415.22	1701.32	2672.98	2601.80	2115.00	1523.76	1762.90	2683.28	2668.16	2320.74
海南	220.83	241.04	595.03	392.44	496.56	244.66	246.44	598.50	393.01	516.40
重庆	2737.41	4629.96	7464.01	4368.10	5212.18	3022.62	4721.58	7511.68	4403.50	5343.55
四川	4914.21	10335.81	18781.00	18490.05	19753.67	5286.03	10724.29	19208.42	19583.02	19885.44
贵州	1166.22	836.49	1821.03	1541.02	2665.68	1270.75	861.57	1883.97	1556.55	2675.55
云南	1613.18	2321.46	2961.12	2440.98	5539.88	1730.22	2427.69	3013.84	2470.87	5570.63
陕西	3355.85	3674.39	9011.71	4106.54	4443.75	1898.11	2798.35	7158.97	3688.11	4182.44
甘肃	960.51	959.29	3427.40	1431.40	2007.72	965.79	1129.45	3429.37	1975.81	2089.54
青海	412.05	588.74	438.49	364.96	383.99	420.82	593.89	500.73	413.09	434.86
宁夏	415.98	488.78	849.48	577.39	764.59	475.44	559.77	912.61	642.44	781.66
新疆	1156.32	1351.44	5033.22	2106.88	1803.15	2706.58	2332.80	7107.90	2354.33	2223.63
汇总	112187.04	141422.13	349007.86	327403.99	218106.59	119440.19	148486.51	359732.17	247378.36	229445.45

综上所述，在建筑业均衡型转型升级路径下，行业兼顾价值提升、能源节约、环境友好三个目标，经过动态多目标优化模型进行求解后，建筑业的三个目标都出现了不同程度的优化。2010—2014 年规划期内，建筑业的总产值达到了 724757.87 亿元，是这几年来实际总产值的 1.06 倍；建筑业的能源消耗总量达到了 20921.11 万吨标准煤，是实际能源消耗量的 1.07 倍；建筑业的污染排放量达到了 104482.67 万吨，是建筑业实际污染排放量的 0.96 倍，说明了在满足现有的约束条件下，统筹兼顾建筑业的三个目标，中国建筑业在 2010—2014 年的规划期内，不仅能够大幅提升建筑业的总产值，还能够降低建筑业的污染排放量、减少能源的消耗。

第三节　建筑业转型升级路径的预测结果

一、基于灰色预测的模型参数预测结果

本书所选取的预测方法是灰色预测，预测的系数矩阵主要包括能源消耗

系数、污染排放系数、劳动力投入系数与资本投入系数。

在能源消耗系数中，缺少2018—2020年的数据，为了保证数据的可靠性，在2009—2017年数据的基础上用灰色预测法预测2018—2020年的数据，具体预测数据与实际数据以北京市为例，见图6.2。由图6.2中可以看出，能源消耗系数的实际值与预测值基本吻合，尤其是2011年的实际值与预测值基本保持一致。为了保证预测结果的准确性，计算得知能源消耗系数的实际值与预测值的方差比为0.1050，误差较小，说明预测结果较为准确。

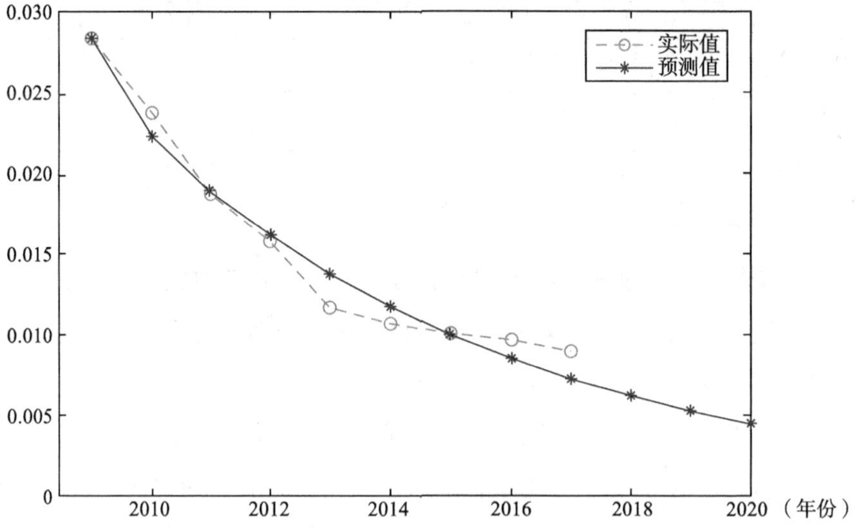

图6.2　北京市能源消耗系数预测结果

在污染排放系数中，缺少2018—2020年的数据，与上文预测方法一样，在2009—2017年数据的基础上用灰色预测法预测2018—2020年的数据，具体预测数据与实际数据以北京市为例，见图6.3。由图中可以看出，污染排放系数的实际值与预测值基本吻合，2014年预测数据与实际数据略有差异，其他年份实际值与预测值基本上保持一致。为了保证预测结果的准确性，计算得知污染排放系数的实际值与预测值的方差比为0.1090，误差较小，说明预测结果较为准确。

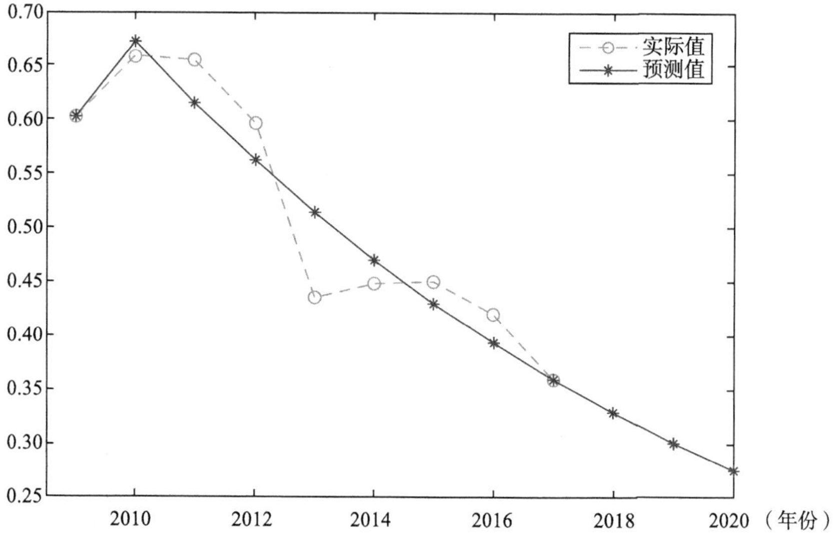

图 6.3 北京市污染排放系数预测结果

在劳动力投入系数中，缺少 2018—2020 年的数据，与上文预测方法一样，在 2009—2017 年数据的基础上用灰色预测法预测 2018—2020 年的数据，具体预测数据与实际数据以北京市为例，见图 6.4。由图中可以看出，2012 年、2015 年、2016 年预测数据与实际数据差异较大，但是其他劳动力投入系数的实际值与预测值基本吻合，尤其是 2017 年的实际值与预测值基本保持一致。为了保证预测结果的准确性，计算得知劳动力投入系数的实际值与预测值的方差比为 0. 1287，误差较小，说明预测结果较为准确。

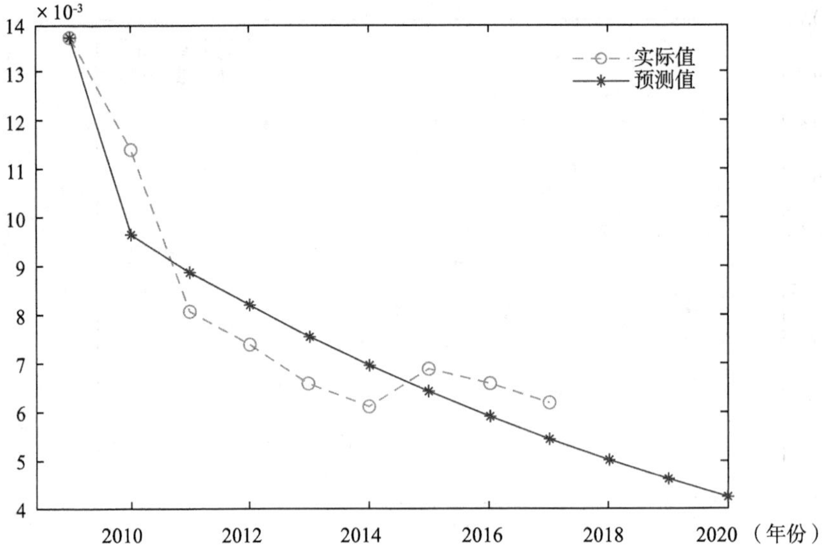

图 6.4　北京市劳动力投入系数预测结果

在资本投入系数中，缺少 2018—2020 年的数据，与上文预测方法一样，在 2009—2017 年数据的基础上用灰色预测法预测 2018—2020 年的数据，具体预测数据与实际数据以北京市为例，见图 6.5。由图中可以看出，2011—2014 年的预测数据与实际数据略有差异，但是其他年份资本投入系数的实际值与预测值基本吻合。为了保证预测结果的准确性，计算得知资本投入系数的实际值与预测值的方差比为 0.0307，误差较小，说明预测结果较为准确。

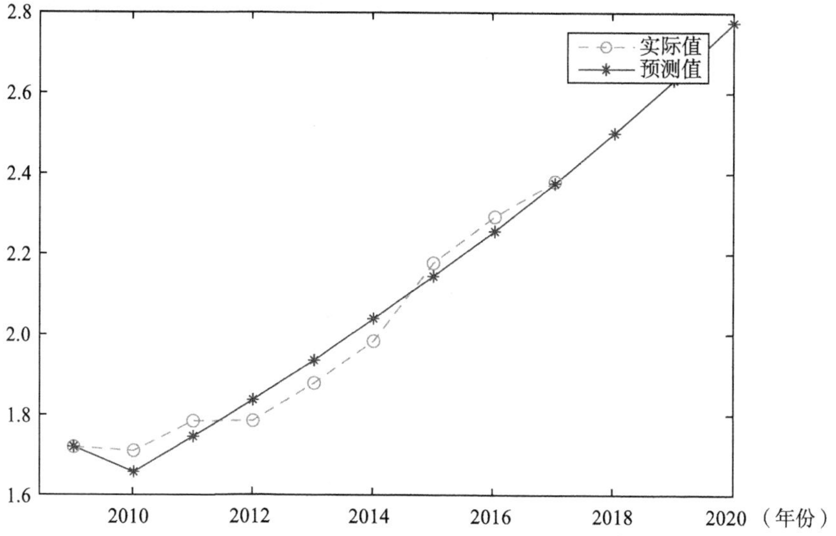

图 6.5　北京市资本投入系数预测

二、2014—2018 年我国建筑业转型升级路径的优化结果

经过上述的灰色预测方法得到 2018 年的数据，动态多目标优化模型的相关数据都已得到，以北京市为例，对 2014—2018 年中国建筑业转型升级路径进行优化。动态多目标优化模型在迭代 100 次之后停止，得到的帕累托前沿面如图 6.6 所示。

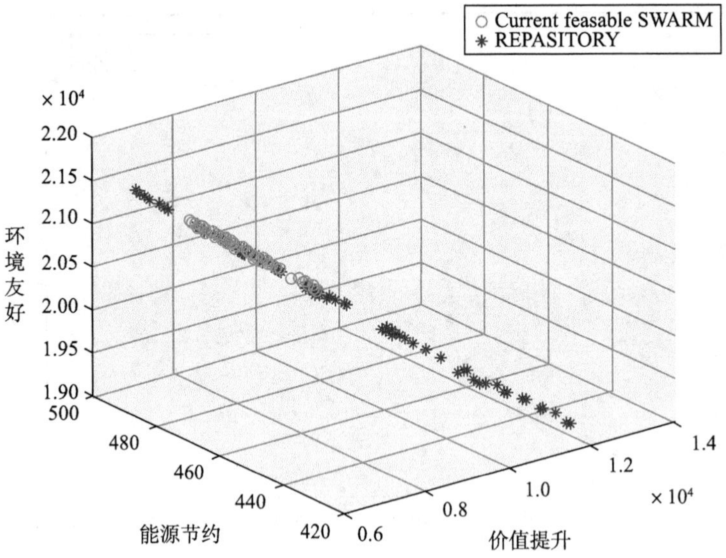

图 6. 6　Pareto Front

由图 6. 6 可以得知，帕累托前沿面的分布趋势与前文的图 6. 1 较为相似。在不同目标下的帕累托解集差异较大，在以我国建筑业价值提升为唯一目标的转型升级优化路径下，这五年期间内建筑业的总产值达到最大，为 1280632. 46 亿元，与此同时，所消耗的能源达到了 26025. 12 万吨标准煤，污染排放量达到了 1415530. 77 万吨。

在以能源节约为唯一目标的我国建筑业转型升级优化路径下，五年期间内建筑业的能源消耗量最小，达到了 21732. 02 万吨标准煤。但是在建筑业总产值方面，五年的总产值为 1085266. 07 亿元，排放出的污染物总量为 1178414. 32 万吨。

在以环境友好为唯一目标的建筑业转型升级路径优化下，五年期间内建筑业的污染排放量达到了最小值，为 1168129. 95 万吨，但是相应的建筑业总产值水平也大幅下降，为 1077315. 78 亿元，能源消耗量为 21520. 71 万吨标准煤。

在统筹兼顾了三个目标的均衡型转型升级路径优化下，建筑业总产值达到 1159171. 12 亿元，能源消耗量达到了 22839. 78 万吨标准煤，污染排放量为

1230253.33 万吨。

为了更加清楚地比较这四条路径下分别在总产值、能源消耗量、污染排放量方面的差异，绘制出柱状图如图 6.7 所示。

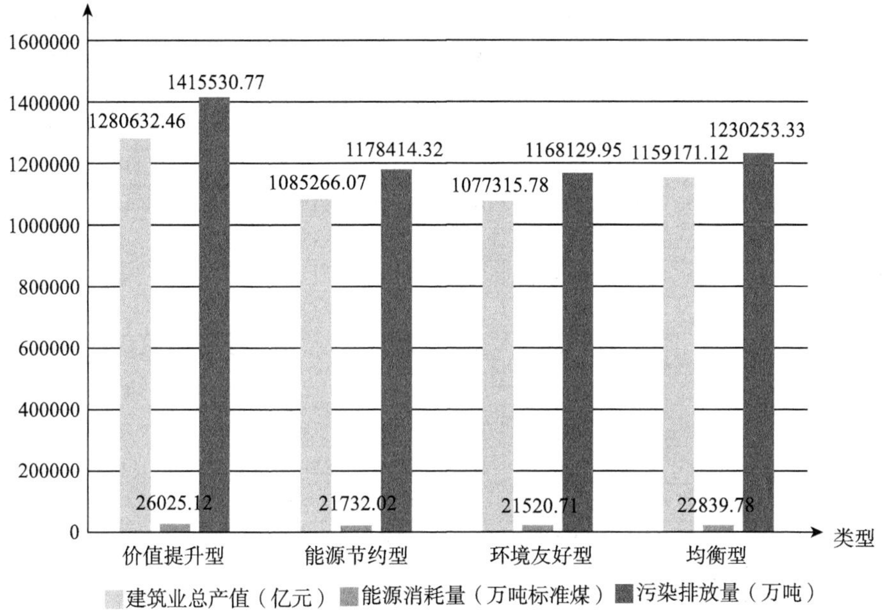

图 6.7　不同转型升级路径下优化结果比较

在价值提升型转型升级路径下，我国建筑业 2014—2018 年具体的优化总产值如表 6.16 所示。为了更好地将实际值与优化值进行对比，在表 6.16 中的左侧分别列出各省份 2014—2018 年建筑业的实际总产值。明显可以看出，在以提高建筑业总产值为目标的转型升级路径下，需要同时满足各种约束条件，可以通过扩大建筑业高产出行业的规模，逐渐缩减低产出行业的规模，来实现建筑业总产值在五年规划期内的最大化。

能源节约型与环境友好型转型升级路径下的建筑业总产值优化结果如表 6.17 所示。两者与价值提升型转型升级路径相比，总产值都略低。

表 6.16　2014—2018 年建筑业总产值实际值与优化值（价值提升型）

单位：亿元

省份	实际值					优化值				
	2014 年	2015 年	2016 年	2017 年	2018 年	2014 年	2015 年	2016 年	2017 年	2018 年
北京	8209.80	8436.73	8841.19	9736.71	10684.20	9141.00	9875.00	10483.00	11461.00	12367.00
天津	4123.49	4488.90	4891.81	4262.35	5303.60	4850.46	4994.83	5038.44	5098.05	6096.69
河北	5625.75	5252.57	5517.69	5655.96	6379.40	7158.64	7869.21	8151.78	8241.33	8351.96
山西	3103.49	2931.26	3318.47	3566.57	3807.70	3303.19	3474.51	3924.74	4267.91	4478.22
内蒙古	1402.93	1123.47	1220.81	1122.19	1203.30	1725.17	1298.22	1447.40	1343.94	1377.34
辽宁	7851.12	5413.76	3926.71	3688.33	4963.70	8817.63	7110.83	7095.28	7062.36	4724.13
吉林	2521.00	2216.31	2283.56	2218.37	2611.90	5950.97	8757.70	3996.87	3816.39	2999.94
黑龙江	2150.75	1680.39	1716.61	1560.07	1719.50	2697.48	1945.56	1992.40	1768.79	1811.39
上海	5499.94	5652.47	6046.19	6426.42	6833.80	6383.23	6677.77	7139.97	7306.23	7765.40
江苏	24592.93	24785.81	25791.76	27956.71	32410.60	30885.33	31931.42	32993.38	34143.14	34527.25
浙江	22668.19	23980.59	24989.37	27235.83	31368.30	29886.25	30045.05	30784.58	33857.55	34955.11
安徽	5482.93	5695.94	6047.29	6829.67	7735.50	6766.31	7210.19	7430.76	8720.11	9519.28
福建	6689.21	7605.81	8531.45	9993.65	12006.50	7732.56	9113.30	10061.31	11985.75	14455.73
江西	4122.63	4602.49	5179.03	6166.81	7425.90	5570.45	6425.77	7176.92	8613.05	9230.25
山东	9313.46	9381.72	10087.43	11477.75	12598.20	12051.04	12927.48	13862.25	14298.81	14352.33
河南	7911.89	8047.65	8807.99	10086.58	11228.60	10910.13	11661.57	11799.39	12192.25	12257.51
湖北	10059.59	10592.86	11862.40	13390.73	15927.10	17142.08	17791.47	18102.64	18777.40	18865.42
湖南	6020.97	6630.82	7304.22	8423.00	9646.10	7522.53	7879.18	8544.86	9944.86	11663.40
广东	8356.50	8865.68	9652.31	11372.05	12549.40	12038.09	13018.72	14252.06	14361.44	14379.73
广西	2608.91	2953.42	3449.19	4210.07	4891.60	3101.29	3721.39	4288.75	5387.32	5787.00
海南	276.33	278.63	307.76	322.76	338.32	382.16	382.64	388.24	389.09	398.16
重庆	5552.21	6256.94	7035.81	7605.66	9194.60	8118.13	8727.33	9236.63	10502.23	10710.50
四川	8066.66	8768.24	9959.68	11400.34	13027.70	12271.40	12287.30	12569.57	12697.50	12711.43
贵州	1640.24	1947.74	2362.95	2932.96	3608.70	2048.05	2309.30	2748.98	3508.42	4430.51
云南	3054.67	3268.93	3867.22	4726.36	5325.20	4774.52	5422.95	6270.13	6275.71	6323.65
陕西	4557.71	4752.61	5329.23	6227.47	6780.20	6283.13	6608.44	6673.54	6691.38	6706.04
甘肃	1814.52	1849.02	1947.24	1825.42	2341.10	3088.35	2235.25	2169.39	1929.25	3726.12
青海	432.91	409.51	410.62	406.93	463.48	470.56	434.65	434.07	419.75	586.07
宁夏	625.16	524.53	511.25	549.21	613.55	1002.01	822.84	737.10	859.19	667.55
新疆	2306.28	2255.74	2258.24	2418.70	2895.90	2527.35	2531.97	2686.03	2934.62	2980.76
汇总	176642.17	180650.54	193455.48	213795.63	245883.65	234599.48	245491.81	252480.46	268854.83	279205.88

表 6.17　2014—2018 年建筑业能源节约型与环境友好型总产值优化值

单位：亿元

省份	能源节约型建筑业总产值优化值					环境友好型建筑业总产值优化值				
	2014 年	2015 年	2016 年	2017 年	2018 年	2014 年	2015 年	2016 年	2017 年	2018 年
北京	8433.00	8593.00	9208.00	10250.00	12109.00	8322.00	8682.00	9002.00	10725.00	11832.00
天津	4228.00	4533.46	4906.82	4930.79	6014.84	4159.10	4568.44	4895.75	4966.07	5961.63
河北	7058.85	8077.58	8447.65	8636.14	7526.52	5244.70	5446.10	7412.43	7888.12	7731.88
山西	3117.23	3119.50	3483.34	3632.98	4068.84	3122.81	3163.50	3355.70	3653.76	4243.29
内蒙古	1421.42	1241.36	1334.60	1126.76	1244.12	1436.34	1169.94	1256.57	1174.22	1265.94
辽宁	8177.17	6548.49	4350.73	5598.37	4748.93	10395.09	5746.09	4485.37	3877.69	4726.84
吉林	2942.97	2344.63	3339.31	3965.19	2828.67	2962.69	3237.79	2658.24	3141.95	2958.65
黑龙江	2157.53	1715.71	1733.76	1603.94	1741.34	2209.47	1715.85	1918.83	1583.29	1715.47
上海	5716.97	5785.11	6079.55	6489.85	7368.38	5573.86	5745.57	6169.48	6739.85	7209.05
江苏	24940.88	25006.89	27276.77	28297.77	34609.50	24602.85	25057.94	25906.12	28627.83	34572.48
浙江	23164.08	24189.56	25855.74	29946.40	33893.03	22721.99	25101.33	25218.85	29783.49	34129.09
安徽	5485.51	6387.73	6488.26	7342.98	8554.33	5808.88	5863.11	6089.89	6897.17	8840.25
福建	6934.86	7667.88	9011.63	11618.69	13747.49	6752.52	8411.30	8810.00	10766.70	13856.77
江西	4355.91	4658.25	5933.59	7240.88	9095.08	4244.82	4705.33	5661.82	6969.06	8848.37
山东	9511.97	9699.95	10561.02	11581.37	14271.79	9357.86	9844.94	10264.73	12567.06	14068.07
河南	8087.71	8300.71	8946.57	10604.51	12289.79	8074.91	8536.27	9333.57	10166.20	12272.48
湖北	10264.37	11158.44	12925.10	14763.52	18244.82	10290.55	10841.38	13108.10	14397.85	18111.97
湖南	6038.66	6855.18	7555.31	9207.83	11432.85	6154.08	6744.41	7427.56	9185.88	11578.54
广东	8641.67	9127.99	10035.49	11817.82	14335.57	8567.55	9716.84	10226.14	12310.55	14363.25
广西	2700.15	2962.64	3631.59	4677.42	5476.10	2701.35	3067.10	3508.16	4417.08	5506.09
海南	279.67	282.93	311.98	338.48	397.23	277.65	288.36	312.66	345.65	397.61
重庆	5628.06	6483.02	7320.48	8564.68	10987.09	5657.93	6331.31	7554.46	8833.81	10884.53
四川	8174.64	8883.04	10539.30	11771.29	12836.13	8154.83	9444.75	10676.08	11652.34	12648.17
贵州	1644.25	2137.25	2605.63	3355.78	4299.37	1744.18	2021.31	2599.09	3311.69	4293.07
云南	3099.76	3456.35	4110.82	5140.49	6322.43	3286.35	3405.61	4025.89	5196.18	6348.12
陕西	4643.71	5627.90	5859.28	6240.37	6572.54	4728.00	5602.39	5947.33	6381.23	6442.86
甘肃	1902.19	2084.83	1982.32	1951.59	2192.82	1921.64	2089.05	2026.54	1953.10	2453.20

续表

省份	能源节约型建筑业总产值优化值					环境友好型建筑业总产值优化值				
	2014 年	2015 年	2016 年	2017 年	2018 年	2014 年	2015 年	2016 年	2017 年	2018 年
青海	434.97	420.99	415.42	410.95	429.29	436.59	416.58	412.85	411.67	433.76
宁夏	625.64	626.18	630.29	640.39	662.33	631.35	620.89	514.84	630.20	674.63
新疆	2360.22	2413.73	2427.96	2437.64	2910.36	2358.71	2370.38	2409.83	2428.67	2918.97
汇总	182172.01	190390.28	207308.32	234184.87	271210.59	181900.65	189955.86	203188.88	230983.36	271287.04

在能源节约型与环境友好型转型升级路径优化中，要使能源消耗量最小或是污染排放量最低，必须缩减那些能耗高、污染排放量高的建筑业相关产业规模，扩大能耗低、污染排放量低的相关产业规模，进而调整建筑业的结构，进行优化升级。由于能源消耗量与污染排放量系数是确定的，所以建筑业总产值优化值乘以相应的系数得到对应的能源消耗系数与污染排放系数呈比例关系，建筑业总产值越大，能源消耗量与污染排放量也会越多。

在符合实际的均衡型转型升级路径中，建筑业总产值的优化结果如表 6.18 所示。均衡型路径是兼顾价值提升、环境友好、能源节约目标的一种方案。从优化结果来看，均衡型转型升级路径建筑业总产值优化值介于前三种目标方案的总产值优化值之间。2014 年建筑业总产值优化值为 199721.98 亿元，2018 年达到了 274265.97 亿元，增幅较大。

不同转型升级路径下的能源消耗量与污染排放量优化结果未在文中列出，具体见附表一。

表 6.18 2014—2018 年建筑业总产值实际值与优化值（均衡型） 单位：亿元

省份	实际值					优化值				
	2014 年	2015 年	2016 年	2017 年	2018 年	2014 年	2015 年	2016 年	2017 年	2018 年
北京	8209.80	8436.73	8841.19	9736.71	10684.20	9607.00	9989.00	10515.00	11371.00	12350.00
天津	4123.49	4488.90	4891.81	4262.35	5303.60	4704.12	4801.88	5000.75	5103.97	6081.67
河北	5625.75	5252.57	5517.69	5655.96	6379.40	5670.93	6518.89	5895.15	5908.20	7875.44
山西	3103.49	2931.26	3318.47	3566.57	3807.70	3153.99	3164.26	3803.00	4161.03	4398.35
内蒙古	1402.93	1123.47	1220.81	1122.19	1203.30	1429.32	1192.21	1231.24	1158.45	1266.70

续表

省份	实际值					优化值				
	2014 年	2015 年	2016 年	2017 年	2018 年	2014 年	2015 年	2016 年	2017 年	2018 年
辽宁	7851.12	5413.76	3926.71	3688.33	4963.70	8267.23	5704.19	6118.12	5852.03	4754.45
吉林	2521.00	2216.31	2283.56	2218.37	2611.90	4093.82	2299.55	3850.71	3812.22	2820.11
黑龙江	2150.75	1680.39	1716.61	1560.07	1719.50	2216.51	1694.06	1761.29	1587.19	1778.63
上海	5499.94	5652.47	6046.19	6426.42	6833.80	6248.25	6591.99	7183.70	7510.15	7617.48
江苏	24592.93	24785.81	25791.76	27956.71	32410.60	30221.55	31920.32	32275.51	33669.06	34571.40
浙江	22668.19	23980.59	24989.37	27235.83	31368.30	23060.84	24209.60	25534.66	27882.22	33159.56
安徽	5482.93	5695.94	6047.29	6829.67	7735.50	5855.02	6529.70	7764.43	8696.29	9665.98
福建	6689.21	7605.81	8531.45	9993.65	12006.50	6730.01	7710.35	9407.12	10488.00	13516.69
江西	4122.63	4602.49	5179.03	6166.81	7425.90	5705.94	6331.54	6793.58	8027.00	9283.63
山东	9313.46	9381.72	10087.43	11477.75	12598.20	9766.08	9933.86	12668.54	14217.47	14258.59
河南	7911.89	8047.65	8807.99	10086.58	11228.60	8029.98	8169.89	9829.04	10575.18	12287.92
湖北	10059.59	10592.86	11862.40	13390.73	15927.10	10122.83	10655.40	13018.73	16009.87	18273.09
湖南	6020.97	6630.82	7304.22	8423.00	9646.10	6418.59	6885.31	8366.14	10051.63	11913.25
广东	8356.50	8865.68	9652.31	11372.05	12549.40	11969.49	12602.67	14110.58	14312.52	14363.40
广西	2608.91	2953.42	3449.19	4210.07	4891.60	3442.94	3731.26	4424.85	5437.87	5723.37
海南	276.33	278.63	307.76	322.76	338.32	276.49	287.79	342.79	362.53	397.98
重庆	5552.21	6256.94	7035.81	7605.66	9194.60	8090.85	8258.66	9728.45	10641.94	10647.07
四川	8066.66	8768.24	9959.68	11400.34	13027.70	8412.84	9198.32	10641.03	11774.84	12757.47
贵州	1640.24	1947.74	2362.95	2932.96	3608.70	1711.36	2081.80	2589.90	3334.87	4335.12
云南	3054.67	3268.93	3867.22	4726.36	5325.20	3156.70	3927.76	4629.64	5904.07	6341.30
陕西	4557.71	4752.61	5329.23	6227.47	6780.20	6049.92	6178.62	6455.15	6650.06	6711.06
甘肃	1814.52	1849.02	1947.24	1825.42	2341.10	1881.72	1911.83	2239.92	1848.11	2940.73
青海	432.91	409.51	410.62	406.93	463.48	464.98	430.54	436.41	417.19	596.44
宁夏	625.16	524.53	511.25	549.21	613.55	628.89	634.70	651.95	672.24	674.47
新疆	2306.28	2255.74	2258.24	2418.70	2895.90	2333.78	2255.79	2258.14	2418.74	2904.62
汇总	176642.17	180650.54	193455.48	213795.63	245883.65	199721.98	205801.72	229525.51	249855.94	274265.97

三、2016—2020 年我国建筑业转型升级路径的优化结果

在本书提出的动态多目标优化模型的基础上，对 2016—2020 年我国建筑业转型升级路径进行优化。模型中的未知参数与上文中由灰色预测方法求得的参数相同，均验证了其合理性。作为基础数据的 2018—2020 年建筑业总产值，根据 2009—2017 年的数据由灰色预测的方法求得。动态多目标优化模型在迭代 100 次之后停止，以北京市为例得到的帕累托前沿面如图 6. 8 所示。

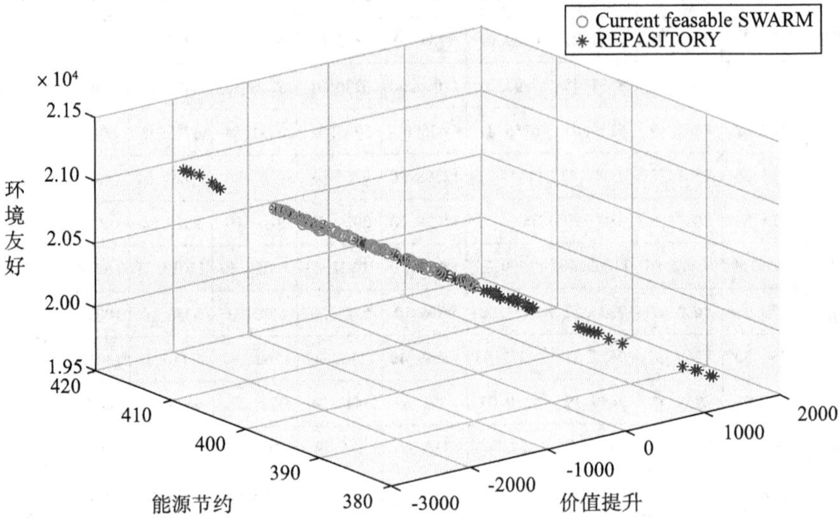

图 6. 8　Pareto Front

四种不同方案下的最优解存在着较大差异，在以提高建筑业总产值为唯一目标的价值提升型转型升级路径的优化方案中，建筑业总产值在 2016—2020 年的产出是最高的，达到了 1568349. 89 亿元，大约是 2016—2020 年实际值的 1. 27 倍，能源消耗量也增加到了 25977. 72 万吨标准煤，污染排放量增加到了 1553735. 97 万吨。

在以削减能源消耗量为唯一目标的能源节约型转型升级优化路径下，建筑业在 2016—2020 年规划期内消耗的能源最少，为 22402. 82 万吨标准煤，与此同时，在能源节约型转型升级路径下的建筑业总产值为 1363678. 63 亿元，

污染排放量为 1354225. 26 万吨。

在以减少污染排放为唯一目标的环境友好型转型升级优化路径下，建筑业在 2016—2020 年规划期内的污染排放量是最少的，仅为 1338859. 44 万吨，相应的建筑业的总产值也最低，为 1350707. 34 亿元，同时需要消耗 22258. 16 万吨标准煤。

在以统筹兼顾价值提升、能源节约、环境友好的均衡型转型升级优化路径下，建筑业在 2016—2020 年规划期内总产值为 1474356. 68 亿元，能源消耗量为 24407. 86 万吨标准煤，污染排放量为 1433258. 98 万吨。

为了更加清楚地比较这四条路径下分别在总产值、能源消耗量、污染排放量方面的差异，绘制出柱状图如图 6. 9 所示。

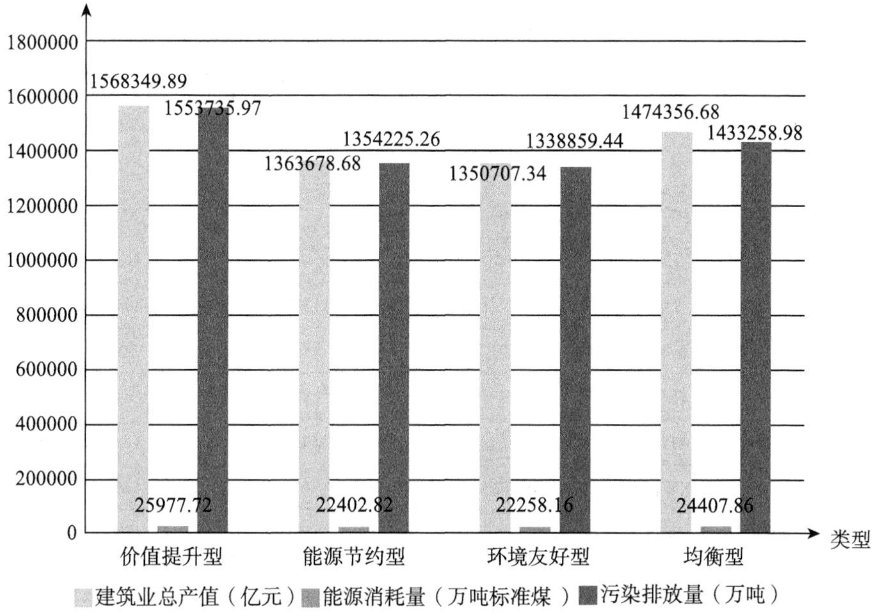

图 6. 9　2016—2020 年不同转型升级路径下优化结果比较

在价值提升型转型升级路径下，我国建筑业 2016—2020 年具体的优化总产值见表 6. 19。为了更好地将实际值与优化值进行对比，在表 6. 19 中的左侧分别列出各省 2016—2020 年建筑业的实际总产值。在以提高建筑业总产值为目标的转型升级路径下，五年中每年都有较大幅度的增长，以北京市为例，2020 年建筑业总产值优化值比实际值高出了 1845.69 亿元，证明在价值提升型路径下，建筑业更多的潜力被发掘，总产值得到了进一步的提升。

表 6.19　2016—2020 年建筑业总产值实际值与优化值（价值提升型）

单位：亿元

省份	实际值					优化值				
	2016 年	2017 年	2018 年	2019 年	2020 年	2016 年	2017 年	2018 年	2019 年	2020 年
北京	8841.19	9736.71	10684.20	11579.10	12548.20	10400.21	11683.86	12419.45	13295.64	14393.89
天津	4891.81	4262.35	5303.60	5740.70	6214.60	5139.19	5524.24	6635.87	7086.76	7617.09
河北	5517.69	5655.96	6379.40	6770.20	7184.90	8191.71	8311.83	8461.12	8661.37	8841.86
山西	3318.47	3566.57	3807.70	4058.90	4326.70	3867.63	4201.29	4507.64	4841.34	5142.87
内蒙古	1220.81	1122.19	1203.30	1183.50	1163.10	1266.38	1304.17	1354.72	1383.80	1385.30
辽宁	3926.71	3688.33	4963.70	4762.60	4569.70	8376.58	8080.82	4940.32	4679.27	4519.57
吉林	2283.56	2218.37	2611.90	2759.60	2915.70	2876.76	2882.20	2911.98	2968.96	3083.89
黑龙江	1716.61	1560.07	1719.50	1669.20	1620.40	2005.97	1855.54	1854.48	1740.88	1638.19
上海	6046.19	6426.42	6833.80	7251.30	7693.60	6694.06	7639.00	7695.66	8191.28	8436.29
江苏	25791.76	27956.71	32410.60	35714.10	39354.20	40165.74	41025.74	41851.50	44361.15	48006.00
浙江	24989.37	27235.83	31368.30	34692.60	38369.20	33793.62	37234.38	38899.74	40424.12	42985.37
安徽	6047.29	6829.67	7735.50	8586.10	9530.10	7193.38	8142.34	8926.27	9961.84	11024.96
福建	8531.45	9993.65	12006.50	14120.60	16606.10	10178.96	11961.42	14392.71	16940.95	20000.36
江西	5179.03	6166.81	7425.90	8755.50	10325.40	7118.24	8584.64	9268.97	10221.54	12440.97
山东	10087.43	11477.75	12598.20	13816.10	15151.30	16442.66	16634.58	17459.24	17600.77	17718.61
河南	8807.99	10086.58	11228.60	12473.50	13856.10	13341.10	13590.07	13598.77	13930.74	15566.35
湖北	11862.40	13390.73	15927.10	18293.50	21011.40	23881.73	24367.29	24481.43	25505.49	25609.32
湖南	7304.22	8423.00	9646.10	10968.70	12471.90	8513.80	9982.77	11957.72	13541.11	15361.74
广东	9652.31	11372.05	12549.40	14008.60	15638.80	16345.20	16705.62	16844.84	17130.63	17600.42
广西	3449.19	4210.07	4891.60	5756.90	6775.20	4438.26	5046.29	5815.45	6945.59	8262.62
海南	307.76	322.76	338.32	354.34	371.12	426.77	434.26	459.89	460.48	466.77
重庆	7035.81	7605.66	9194.60	10573.40	12160.50	11223.13	12168.28	12321.09	13731.62	15022.25
四川	9959.68	11400.34	13027.70	14806.80	16828.90	12599.36	12886.34	12972.31	13426.33	14123.85

续表

省份	实际值					优化值				
	2016 年	2017 年	2018 年	2019 年	2020 年	2016 年	2017 年	2018 年	2019 年	2020 年
贵州	2362. 95	2932. 96	3608. 70	4428. 70	5435. 10	3860. 18	4903. 11	6374. 01	6688. 39	7230. 58
云南	3867. 22	4726. 36	5325. 20	6144. 50	7090. 40	7822. 09	8870. 51	9029. 83	9186. 69	9227. 19
陕西	5329. 23	6227. 47	6780. 20	7559. 30	8427. 40	6255. 67	7239. 38	7241. 23	7923. 66	8537. 51
甘肃	1947. 24	1825. 42	2341. 10	2584. 70	2853. 70	1955. 54	1963. 79	2364. 59	2962. 67	3606. 11
青海	410. 62	406. 93	463. 48	486. 46	510. 57	482. 70	489. 83	573. 50	584. 31	624. 53
宁夏	511. 25	549. 21	613. 55	642. 14	672. 06	682. 69	718. 45	740. 76	745. 83	755. 74
新疆	2258. 24	2418. 70	2895. 90	3191. 90	3518. 20	3152. 23	3596. 99	3606. 47	3615. 00	3699. 32
汇总	193455. 48	213795. 63	245883. 65	273733. 54	305194. 55	278691. 55	298029. 02	309961. 58	328738. 20	352929. 53

能源节约型转型升级路径下的建筑业总产值优化结果见表 6. 20。与 2016—2020 年规划期内价值提升型转型升级路径相比，总产值较低，但是仍然高于当年的建筑业总产值实际值。以北京市为例，2016 年在能源节约型建筑业总产值优化值为 9152. 07 亿元，价值提升型建筑业总产值优化值为 10400. 21 亿元，比价值提升型降低了 1248. 14 亿元，但是比同年实际总产值增加了 310. 88 亿元。

表 6. 20　2016—2020 年建筑业总产值实际值与优化值（能源节约型）

单位：亿元

省份	实际值					优化值				
	2016 年	2017 年	2018 年	2019 年	2020 年	2016 年	2017 年	2018 年	2019 年	2020 年
北京	8841. 19	9736. 71	10684. 20	11579. 10	12548. 20	9152. 07	9820. 65	11889. 92	13126. 40	14436. 44
天津	4891. 81	4262. 35	5303. 60	5740. 70	6214. 60	4917. 52	5071. 17	5873. 36	6524. 07	7469. 63
河北	5517. 69	5655. 96	6379. 40	6770. 20	7184. 90	5733. 26	5968. 50	7503. 17	8036. 10	8740. 28
山西	3318. 47	3566. 57	3807. 70	4058. 90	4326. 70	3416. 76	3573. 55	4238. 92	4380. 82	4777. 83
内蒙古	1220. 81	1122. 19	1203. 30	1183. 50	1163. 10	1231. 32	1242. 67	1263. 57	1278. 72	1315. 04
辽宁	3926. 71	3688. 33	4963. 70	4762. 60	4569. 70	4077. 18	3947. 24	4922. 50	4601. 33	4420. 86
吉林	2283. 56	2218. 37	2611. 90	2759. 60	2915. 70	2288. 63	2370. 41	2852. 11	3027. 40	3085. 78
黑龙江	1716. 61	1560. 07	1719. 50	1669. 20	1620. 40	1783. 73	1601. 47	1721. 31	1683. 22	1628. 60

续表

省份	实际值					优化值				
	2016 年	2017 年	2018 年	2019 年	2020 年	2016 年	2017 年	2018 年	2019 年	2020 年
上海	6046. 19	6426. 42	6833. 80	7251. 30	7693. 60	6317. 12	6606. 68	7424. 93	7492. 32	8143. 49
江苏	25791. 76	27956. 71	32410. 60	35714. 10	39354. 20	26781. 70	28730. 79	35182. 28	41134. 69	46101. 63
浙江	24989. 37	27235. 83	31368. 30	34692. 60	38369. 20	26021. 37	28188. 86	34113. 57	39686. 95	42839. 39
安徽	6047. 29	6829. 67	7735. 50	8586. 10	9530. 10	6353. 94	6843. 57	8545. 73	9560. 10	11011. 61
福建	8531. 45	9993. 65	12006. 50	14120. 60	16606. 10	8746. 56	10476. 63	13482. 67	16515. 52	19903. 87
江西	5179. 03	6166. 81	7425. 90	8755. 50	10325. 40	5441. 32	7021. 93	8869. 42	9914. 63	11938. 58
山东	10087. 43	11477. 75	12598. 20	13816. 10	15151. 30	10672. 18	12483. 64	14206. 92	15941. 89	17639. 37
河南	8807. 99	10086. 58	11228. 60	12473. 50	13856. 10	8864. 12	10210. 31	12769. 39	13927. 04	15508. 96
湖北	11862. 40	13390. 73	15927. 10	18293. 50	21011. 40	14511. 45	14971. 94	18450. 68	21992. 00	25437. 84
湖南	7304. 22	8423. 00	9646. 10	10968. 70	12471. 90	7319. 28	8815. 74	11350. 92	13354. 49	15128. 38
广东	9652. 31	11372. 05	12549. 40	14008. 60	15638. 80	10377. 73	11543. 08	14790. 60	16059. 91	17639. 00
广西	3449. 19	4210. 07	4891. 60	5756. 90	6775. 20	3623. 08	4396. 74	5523. 32	6405. 05	7752. 17
海南	307. 76	322. 76	338. 32	354. 34	371. 12	309. 85	335. 48	403. 86	434. 01	466. 74
重庆	7035. 81	7605. 66	9194. 60	10573. 40	12160. 50	7480. 78	8275. 15	10572. 62	12617. 38	14927. 23
四川	9959. 68	11400. 34	13027. 70	14806. 80	16828. 90	11236. 99	12569. 21	13589. 41	14587. 26	15894. 26
贵州	2362. 95	2932. 96	3608. 70	4428. 70	5435. 10	2971. 88	3779. 88	4296. 34	5545. 95	7104. 10
云南	3867. 22	4726. 36	5325. 20	6144. 50	7090. 40	4405. 01	5030. 91	6521. 21	8216. 63	9202. 97
陕西	5329. 23	6227. 47	6780. 20	7559. 30	8427. 40	5875. 51	6748. 57	6825. 63	7787. 43	8050. 07
甘肃	1947. 24	1825. 42	2341. 10	2584. 70	2853. 70	2020. 62	1893. 06	2431. 13	2409. 01	2672. 72
青海	410. 62	406. 93	463. 48	486. 46	510. 57	416. 11	424. 30	436. 54	462. 18	471. 73
宁夏	511. 25	549. 21	613. 55	642. 14	672. 06	531. 30	624. 97	666. 37	700. 63	744. 69
新疆	2258. 24	2418. 70	2895. 90	3191. 90	3518. 20	2364. 78	2487. 47	2996. 35	3227. 28	3582. 49
汇总	193455. 48	213795. 63	245883. 65	273733. 54	305194. 55	205243. 15	226054. 58	273714. 73	310630. 41	348035. 76

在环境友好型转型升级路径下，建筑业总产值优化值预测结果见表 6. 21。从建筑业总产值来看，在以减少污染排放为唯一目标的情况下，建筑业总产值均低于价值提升与能源节约目标下的建筑业总产值。以北京市为例，2016 年环境友好型转型升级路径下建筑业总产值为 9104. 55 亿元，能源节约型转

型升级路径下建筑业总产值为9152.07亿元，比能源节约型低47.52亿元。

与上文所述相同，环境友好转型升级优化路径下，可以大幅降低建筑业的污染排放量，积极响应国家的长远发展规划。要实现这一目标，建筑业就必须做好引导作用，制定相应的绿色规范标准、推广节能减排高新技术的应用，实现优化升级。

表6.21　2016—2020年建筑业总产值实际值与优化值（环境友好型）

单位：亿元

省份	实际值					优化值				
	2016年	2017年	2018年	2019年	2020年	2016年	2017年	2018年	2019年	2020年
北京	8841.19	9736.71	10684.20	11579.10	12548.20	9104.55	9770.97	12077.31	13095.48	14315.62
天津	4891.81	4262.35	5303.60	5740.70	6214.60	4938.83	4993.67	5967.47	6790.56	7334.20
河北	5517.69	5655.96	6379.40	6770.20	7184.90	5588.54	6007.46	7307.97	7986.13	8603.23
山西	3318.47	3566.57	3807.70	4058.90	4326.70	3361.22	3717.83	4089.19	4357.60	4772.95
内蒙古	1220.81	1122.19	1203.30	1183.50	1163.10	1223.15	1233.20	1245.03	1265.36	1312.86
辽宁	3926.71	3688.33	4963.70	4762.60	4569.70	4371.25	3729.54	4994.70	4632.60	4386.08
吉林	2283.56	2218.37	2611.90	2759.60	2915.70	2292.48	2333.88	2965.25	2995.67	3087.13
黑龙江	1716.61	1560.07	1719.50	1669.20	1620.40	1825.12	1577.74	1720.63	1687.18	1622.89
上海	6046.19	6426.42	6833.80	7251.30	7693.60	6071.80	6531.41	7226.20	7602.12	8256.67
江苏	25791.76	27956.71	32410.60	35714.10	39354.20	25854.46	30420.82	35237.58	39774.09	43426.39
浙江	24989.37	27235.83	31368.30	34692.60	38369.20	25261.43	27695.36	33783.21	39404.04	42255.10
安徽	6047.29	6829.67	7735.50	8586.10	9530.10	6349.19	7096.38	8459.38	9577.99	10843.49
福建	8531.45	9993.65	12006.50	14120.60	16606.10	8546.56	10658.81	13498.25	16669.07	19961.25
江西	5179.03	6166.81	7425.90	8755.50	10325.40	5497.01	6865.35	8897.09	9880.47	11984.46
山东	10087.43	11477.75	12598.20	13816.10	15151.30	10499.62	11671.84	14141.77	16579.47	17669.45
河南	8807.99	10086.58	11228.60	12473.50	13856.10	9344.79	10278.61	12174.21	13796.28	15600.86
湖北	11862.40	13390.73	15927.10	18293.50	21011.40	12156.58	14511.17	18117.08	22534.31	25401.11
湖南	7304.22	8423.00	9646.10	10968.70	12471.90	7357.79	8737.20	11351.29	13225.05	15068.20
广东	9652.31	11372.05	12549.40	14008.60	15638.80	9755.68	11764.95	14358.05	15976.74	17674.39
广西	3449.19	4210.07	4891.60	5756.90	6775.20	3575.92	4292.91	5515.57	6424.12	7702.36

续表

省份	实际值					优化值				
	2016 年	2017 年	2018 年	2019 年	2020 年	2016 年	2017 年	2018 年	2019 年	2020 年
海南	307.76	322.76	338.32	354.34	371.12	317.06	332.19	407.97	445.97	466.75
重庆	7035.81	7605.66	9194.60	10573.40	12160.50	7488.02	8107.39	10533.24	13097.85	15418.05
四川	9959.68	11400.34	13027.70	14806.80	16828.90	11256.69	12569.84	12954.23	13253.14	14865.21
贵州	2362.95	2932.96	3608.70	4428.70	5435.10	2783.20	3609.02	4326.99	5560.09	7093.64
云南	3867.22	4726.36	5325.20	6144.50	7090.40	4342.55	5014.05	6435.22	7699.39	9183.52
陕西	5329.23	6227.47	6780.20	7559.30	8427.40	5779.54	6712.44	6886.94	7810.61	8062.93
甘肃	1947.24	1825.42	2341.10	2584.70	2853.70	1948.75	1959.89	2145.52	2729.69	2862.81
青海	410.62	406.93	463.48	486.46	510.57	416.19	438.35	447.75	483.85	516.64
宁夏	511.25	549.21	613.55	642.14	672.06	553.39	627.42	661.21	697.13	737.61
新疆	2258.24	2418.70	2895.90	3191.90	3518.20	2391.42	2620.02	2912.87	3479.82	3737.95
汇总	193455.48	213795.63	245883.65	273733.54	305194.55	200252.80	225879.71	270839.17	309511.88	344223.78

在均衡型转型升级路径下，建筑业总产值的优化结果见表 6.22。均衡型转型升级优化路径下的建筑业总产值低于价值提升型的总产值，但是明显高于能源节约型与环境友好型路径下的建筑业总产值。

不同转型升级路径下的能源消耗量与污染排放量优化结果未在文中列出，具体见附表二。

表 6.22 2016—2020 年建筑业总产值实际值与优化值（均衡型） 单位：亿元

省份	实际值					优化值				
	2016 年	2017 年	2018 年	2019 年	2020 年	2016 年	2017 年	2018 年	2019 年	2020 年
北京	8841.19	9736.71	10684.20	11579.10	12548.20	10137.96	11600.87	12346.16	13399.81	14433.83
天津	4891.81	4262.35	5303.60	5740.70	6214.60	5383.46	5403.66	6388.65	7091.18	7543.07
河北	5517.69	5655.96	6379.40	6770.20	7184.90	5899.56	5944.02	7409.98	7951.30	8592.40
山西	3318.47	3566.57	3807.70	4058.90	4326.70	3948.26	4260.58	4555.38	4866.41	5156.56
内蒙古	1220.81	1122.19	1203.30	1183.50	1163.10	1234.50	1235.35	1261.92	1274.53	1307.51
辽宁	3926.71	3688.33	4963.70	4762.60	4569.70	4096.92	3874.76	4883.75	4691.75	4317.34
吉林	2283.56	2218.37	2611.90	2759.60	2915.70	2705.32	2903.85	2906.24	3023.95	3081.35
黑龙江	1716.61	1560.07	1719.50	1669.20	1620.40	1977.74	1841.24	1836.39	1736.33	1655.80

续表

省份	实际值					优化值				
	2016 年	2017 年	2018 年	2019 年	2020 年	2016 年	2017 年	2018 年	2019 年	2020 年
上海	6046.19	6426.42	6833.80	7251.30	7693.60	7188.90	7571.82	7754.28	8192.27	8464.24
江苏	25791.76	27956.71	32410.60	35714.10	39354.20	31178.04	40081.36	42184.99	44758.59	47489.40
浙江	24989.37	27235.83	31368.30	34692.60	38369.20	25077.50	29041.11	35674.93	38014.19	41928.86
安徽	6047.29	6829.67	7735.50	8586.10	9530.10	7252.02	7906.19	9006.93	9952.63	11049.97
福建	8531.45	9993.65	12006.50	14120.60	16606.10	8793.86	10471.76	13552.76	16579.71	19925.12
江西	5179.03	6166.81	7425.90	8755.50	10325.40	6942.28	8279.93	9298.13	10338.62	12366.67
山东	10087.43	11477.75	12598.20	13816.10	15151.30	15836.01	16820.68	17231.54	17735.49	17772.65
河南	8807.99	10086.58	11228.60	12473.50	13856.10	12778.33	12890.61	12996.94	14400.20	15592.74
湖北	11862.40	13390.73	15927.10	18293.50	21011.40	11968.82	14464.05	18528.37	22254.79	25429.16
湖南	7304.22	8423.00	9646.10	10968.70	12471.90	8406.30	10071.75	11935.70	13524.48	15342.03
广东	9652.31	11372.05	12549.40	14008.60	15638.80	15910.60	16465.37	17320.97	17446.31	17609.30
广西	3449.19	4210.07	4891.60	5756.90	6775.20	4417.03	5270.74	5862.76	6993.21	8247.99
海南	307.76	322.76	338.32	354.34	371.12	436.67	451.46	452.28	456.62	466.93
重庆	7035.81	7605.66	9194.60	10573.40	12160.50	10692.69	11981.98	12165.47	13987.94	15419.67
四川	9959.68	11400.34	13027.70	14806.80	16828.90	10845.66	12584.37	12965.32	13547.33	14548.21
贵州	2362.95	2932.96	3608.70	4428.70	5435.10	2893.21	3632.79	4404.12	5609.16	7113.32
云南	3867.22	4726.36	5325.20	6144.50	7090.40	7718.25	8475.99	8598.08	8941.65	9194.55
陕西	5329.23	6227.47	6780.20	7559.30	8427.40	6347.82	7181.94	7189.84	7935.64	8629.69
甘肃	1947.24	1825.42	2341.10	2584.70	2853.70	1951.14	1967.99	2505.15	3242.97	4196.28
青海	410.62	406.93	463.48	486.46	510.57	437.54	479.65	575.51	608.65	635.03
宁夏	511.25	549.21	613.55	642.14	672.06	560.64	636.71	662.81	698.83	738.04
新疆	2258.24	2418.70	2895.90	3191.90	3518.20	2905.43	3610.21	3618.92	3676.47	3778.44
汇总	193455.48	213795.63	245883.65	273733.54	305194.55	235922.46	267402.80	296074.25	322931.01	352026.16

四、对我国建筑业转型升级路径的分析与总结

本书首先对 2010—2014 年的建筑业转型升级路径进行优化，其次对 2018—2020 年的未知数据用灰色预测法进行预测，最后分别对 2014—2018 年

和2016—2020年建筑业转型升级路径进行预测。为了使所得数据具有可比性，将2010—2020年优化过的每一年的建筑业总产值、能源消耗量、污染排放量绘制成折线图，如图6.10、图6.11、图6.12所示。

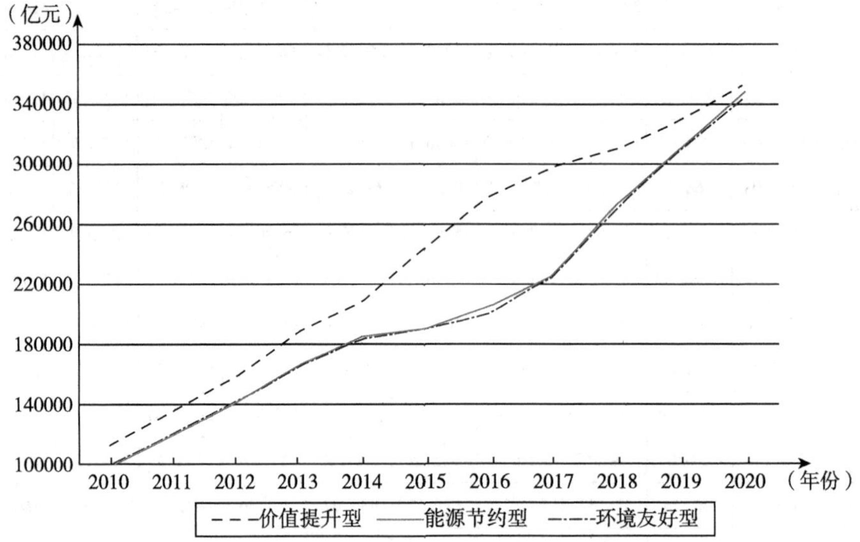

图6.10　2010—2020年优化后的建筑业总产值

图6.10是不同目标的转型升级路径下，建筑业优化过后的总产值在2010—2020年的变化趋势。可以看到，无论在哪一种目标下的转型升级路径，都呈不断上升的趋势。其中在价值提升型转型升级路径下的建筑业总产值的涨幅最大，能源节约型与环境友好型涨幅相差不大。

将不同目标转型升级路径下的能源消耗总量绘制成折线图，如图6.11所示。从图中可以明显地看出，在价值提升型转型升级优化路径下，能源消耗总量优化过后还是处于上升的趋势。在能源节约型与环境友好型转型升级优化路径下的能源消耗量处于缓慢上升趋势，而且能源节约型转型升级路径下的能源消耗量最小。

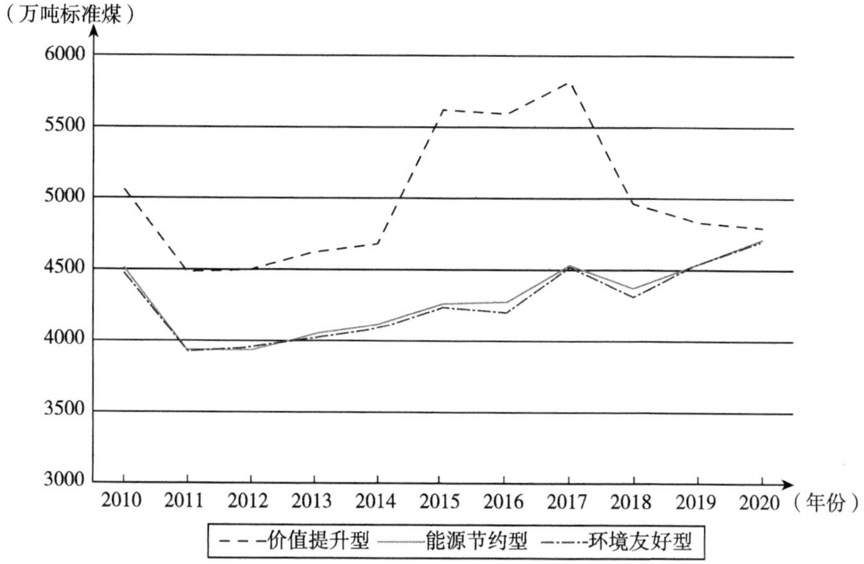

图 6.11　2010—2020 年优化后的建筑业能源消耗量

将不同目标转型升级路径下的污染排放总量绘制成折线图，如图 6.12 所示。从图中可以看出，在价值提升型转型升级优化路径下，2010—2020 年污染排放总量呈波动上升的趋势，2010—2012 年的污染排放量呈明显的上升趋势。而能源节约型与环境友好型的污染排放量一直低于价值提升型的污染排放量。

前述的数据与折线图趋势均为这几种不同目标的转型升级路径下的预测与优化结果。建筑业的转型升级要综合考虑价值提升、能源节约、环境友好三个目标，实际上我国建筑业的总产值、能源消耗量、污染排放量介于三种目标的预测值之间，更加接近均衡型转型升级路径下的预测值。

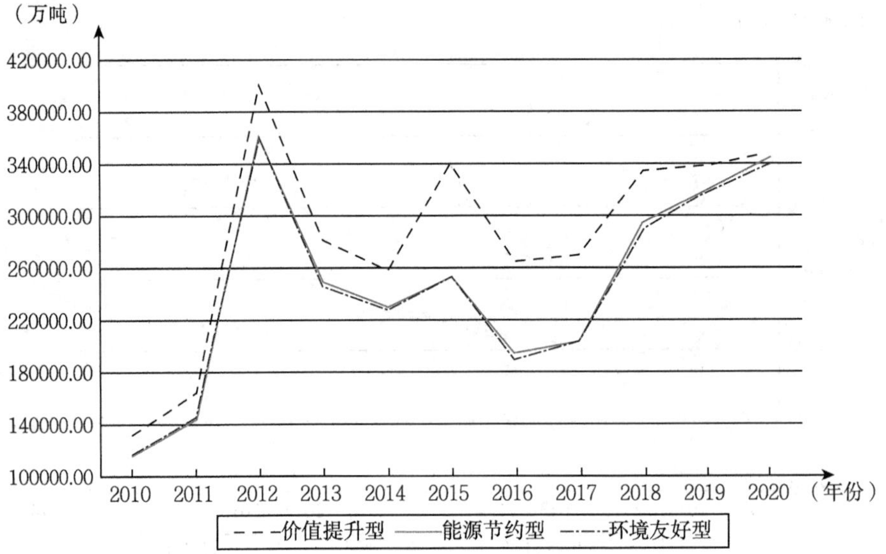

图 6.12　2010—2020 年优化后的建筑业污染排放量

目前，我国建筑业存在着低附加值、高能耗、高污染，而转型升级就是要逐渐改变这种现状，大力提倡发展高附加值、低能耗、低污染的建筑业。通过调整我国建筑业的结构，严格控制建筑业的投入与产出比例，实现建筑业总产值的增长、能源消耗量的减少与污染排放量的降低。建筑业转型升级提倡高附加值、低能耗、低污染，在能源节约型与环境友好型转型升级路径下，不仅能够实现能源消耗量与污染排放量的降低，还能实现建筑业总产值的增加。

本章中，首先确定的是 2010—2014 年动态多目标优化模型的系数矩阵与相关的参数，得出帕累托解集；其次分别对价值提升型、能源节约型、环境友好型和均衡型四种优化方案下的建筑业总产值、能源消耗量和污染排放量进行比较与分析。通过灰色预测法预测出 2018—2020 年的相关参数，并对 2014—2018 年和 2016—2020 年我国建筑业转型升级路径进行预测和分析。得出结论：改变我国建筑业现有产业结构，调整产出投入比例能够提高我国建筑业总产值、降低能源消耗量、减少污染排放量。

第七章　基于绿色发展视角下的建筑业转型升级策略

第一节　政府视角下的建筑业转型升级策略

一、坚持调整和优化建筑业的产业结构

产业结构直接决定企业生存及发展，在宏观上对产业效益产生重要影响。[1]我国建筑业的产业结构主要包括组织结构、细分行业结构、所有制结构、区域结构、规模结构、业务结构、人力资源结构。但是，目前我国建筑业的产业结构存在的问题较大，主要体现在以下几个方面：一是房屋建筑类型所占比例较大，社会资源的分配并不均匀；二是建筑业的监管机制有待完善；三是有关工程服务的产业发展不够成熟；四是劳务分包产业不够规范、所占市场比例较低；五是科技含量较低。[2]在建筑业进行绿色转型升级的过程中，不合理的产业结构会阻碍其价值提升、能源节约、环境友好目标的实现，因此，政府应结合“创新、协调、绿色、开放、共享”新发展理念，通过制定相关政策，在组织结构上，推动工程总承包的发展，使业主、设计者和承包商形成良好的合作伙伴关系，为绿色设计、绿色施工提供组织条件；在所有制结构上，以落实多元化产权主体为重点，促进企业产权主体的多元化和企业组织形式的多样化，使各类型建筑企业在竞争中增加收益，从而在整体上促进建筑业的发展；在业务结构上，引导我国建筑企业开展多元化经营，引进其他行业先进的技术、管理模式，促进绿色技术在建筑业中的应用以及

精益管理方式的落实，减少建筑业由于技术落后、管理粗放造成对环境的破坏。

二、鼓励和引导工程服务类企业开展“绿色业务”

工程服务类企业是指在项目建设过程中为项目建设单位提供工程设计、工程监理以及工程咨询等服务的相关企业。随着我国城镇化进程不断加快、建设项目难度不断提高、建设法律法规日益完善，具备专业能力的工程服务类企业激发了建筑市场的活力，获得了更多的发展机遇。在我国经济发展面临环境破坏及能源短缺问题的形势下，政府要积极制定政策，鼓励和引导工程服务类企业在建设项目全过程管理中发挥更多“绿色影响”，使工程项目在前期决策阶段确立绿色目标，在勘察设计阶段进行绿色设计，在施工阶段开展绿色造价，在竣工阶段融入绿色验收标准。通过对工程服务类企业的绿色化改造，一方面，提升了工程服务类企业的业务能力，促进其可持续发展；另一方面，从决策、设计、施工等方面推动了工程项目的绿色改革，从而有利于实现建筑业的转型升级。

三、合理控制我国建筑业的产业集中度

建筑业的产业集中度通常用来描述占有较大建筑市场规模企业的数量。虽然我国建筑业的发展速度较快，但建筑企业的规模依然以中小型居多，建筑业存在整体集中度不高、局部集中度较高的问题。[3] 为了促进建筑业的绿色转型升级，政府应该吸取发达国家的经验，调整我国建筑业的集中度，向着绿色结构方向发展，构筑层次化的竞争市场，形成总包—专业化分包—劳务分包的产业内协作竞争。引导大型企业多元化发展，使其不再局限于传统的房屋建筑类型，进行更多的横向业务拓展，如咨询业、房地产业、装饰工程、物业管理、绿色环境工程等，形成“一业为主，多业为辅”的经营格局。同时，鼓励中小企业发挥自身优势，进行纵向业务拓展，从低层次的劳务分包向专业化方向发展，形成专、精、特、新的绿色建筑企业。我国建筑业应在龙头集团企业的引导下，进行资金、人才、技术的重组，在企业内和产业内

形成专业的建筑业绿色技术梯队，使大企业更强、中小企业更精地发展。政府应该降低市场退出标准，提高行业进入壁垒，避免产业内过度竞争，调整建筑企业的数量和结构，通过提高建筑业绿色施工技术、减少资源能源的浪费，推进技术创新，加强新工艺、新技术和新型设备的运用，提高建筑企业人员素质等，保证建筑企业的资质等级、技术配备以及业务质量等处于较高水平。制定严格的市场准入制度，对原有不适合提高建筑业集中度、不利于绿色转型升级的法律法规进行修改、删除或补充，废除冗余复杂的手续，规范市场。在合理控制建筑业产业集中度的同时，为建筑业转型升级奠定市场、组织、技术以及制度基础。

四、推动我国建筑业进行产业融合

推动建筑业进行产业融合，即推动建筑业与工业、制造业以及信息技术产业的融合，能够加强各产业间密切的联系，加快建筑业的技术创新，拓宽建筑业的发展空间，提高建筑产品的附加值，从而实现建筑业的可持续发展。因此，推动我国建筑业进行产业融合是绿色发展要求下建筑业转型升级的重要策略。一方面，政府应该利用当前信息技术发展的机遇，引导信息技术与建筑业的融合，提升建筑业信息化管理水平，实现建设过程中相关信息的有效传递，从而提高建设的效率。另一方面，政府要提高建筑业中的工业水平，工业技术的发展能够改进老旧的施工方法，促进建筑业绿色节能施工技术的创新，实现生产过程中能源的高效利用，加速建筑业中节能和环保新业态的形成。

五、落实创新驱动发展战略

党的十八大明确提出要转换我国发展动能，实现创新驱动发展，以解决日益严重的生态环境和资源能源短缺问题。而近年来我国建筑业对技术创新的重视不足，相关的生产及管理技术停滞不前，落后的施工技术及管理方式不仅阻碍建筑业整体生产效率的提高，而且造成了生态环境破坏和能源浪费。因此，政府应该在建筑业中落实创新驱动发展战略，推动建筑业的绿色转型升级。在创新主体方面，政府要鼓励建筑企业积极进行自主创新，从企业内部改进管理方式、施工技术，充分利用国家的创新优惠政策，积极开展创新示范项目，实现由内而外的创新。在创新环境方面，政府要在建筑业营造创新的氛围，表彰创新度较高的建筑企业并给予相关政策支持，以点带面，调动企业的创新积极性。重视建筑业行业协会的作用，通过建筑业行业协会将一些新的技术推广到企业中去，加强企业与行业协会、科研机构的交流。在创新研发方面，政府要加大对科研机构的制度支持和资金投入力度，使科研机构在提供技术保障、技术难点攻克等方面发挥更大的作用。

六、贯彻生态环保的绿色发展理念

绿色发展理念要求在发展的过程中同时兼顾经济效益与生态效益。在当前生态环境破坏及资源能源短缺问题的影响下，贯彻生态环保的绿色发展理念满足了建筑业绿色发展模式的要求，有利于实现建筑业的转型升级。因此，政府应该从建筑业的各个方面入手，贯彻生态环保的绿色发展理念。在消费者方面，政府要倡导生态环保的绿色消费观，使建筑产品的消费者关注产品本身的节能性、环保性及品质；在建造者方面，政府要引导其进行绿色施工，推广建材循环利用，减少生产环节的能源消耗及环境破坏；在设计者方面，政府要推广绿色设计，注意建筑物使用过程的节能效率，尽可能减少建筑物使用过程中的能源消耗；在运营者方面，政府要增强企业的社会责任感，使企业在追求经济效益的过程中，落实环境保护的要求。

七、促进生态化的城镇建设

加快城镇化建设能够扩大我国工程建设的规模，从而提高建筑业的产值，推动建筑业的发展。在绿色发展理念的影响下，政府应积极促进生态化的城镇建设，注重协调生态保护与工程建设的关系，例如智慧城市的建设是以信息技术为支撑，通过智慧交通系统、智慧照明系统以及智慧供给排放系统，提高城市运行效率，实现节能减排。海绵城市建设的主要目的是优化城市的泄洪功能，降低大量降水对城市产生的不良影响，实现城镇建设与自然环境相适应。城市综合管廊的建设及完善将有利于优化市政管线的运行能力，并降低其维护费用。通过生态化的城镇建设，将绿色施工技术、信息化技术、环保材料等广泛应用于建筑业，实现建筑业的绿色转型升级。

八、建立绿色信息管理平台

绿色信息管理平台能够促进建筑业中绿色信息的有效传播与交流，提高绿色节能技术、环保材料在建设过程中的应用效率，有利于建筑业发展过程中兼顾经济效益与生态效益。在建筑业中建立统一的绿色企业、绿色技术、绿色管理信息平台，一方面，保证绿色建造项目信息及时公开，完善建筑业绿色信息的采集、报送、发布、查询制度，实现建筑业市场绿色信息的互通、互认、互用。另一方面，建立相关的奖惩机制，逐步将绿色信息与招投标、资质审批、评优评奖、工程担保等挂钩，从而增加浪费能源、污染环境等行为的成本，加强建筑业中各生产经营主体的环保节约意识，为促进建筑业的可持续发展、实现其转型升级营造绿色的行业环境。

第二节　行业视角下的建筑业转型升级策略

一、推广绿色建筑

由于当前我国城镇化进程的速度加快，大量的房屋建筑正处于不断被建造的过程中，因此，推广绿色建筑能够有效实现建筑业的转型升级。首先，绿色建筑充分体现了以人为本的特点，在设计及建造的过程中充分考虑室内外环境的安全性及舒适性，从源头上避免了有毒有害及劣质建材在建筑产品中的使用，有效减少了建筑产品对人体及室内外环境质量的损害；其次，绿色建筑包含因地制宜及自然环保的内容，在设计及建造的过程中，要求合理利用绿色技术，控制污染排放，降低其对环境产生的消极影响；最后，绿色建筑满足了低碳化的要求，通过绿色设计及绿色技术的应用，使建筑充分实现节能、节地、节水、节材。绿色建筑不仅推动了建筑业中绿色建造技术的发展，有效实现了建筑业节能减排的目标，而且引导人们养成了低碳环保的生活方式，促进了城市绿色文化的形成，推动了建筑业的转型升级。

二、提升建筑工业化水平

建筑工业化是指将建筑产品的主要构件通过预制化施工及装配化施工的方式进行生产。由于建筑工业化用工厂生产的方式代替了传统的现场建造方式，促进了建筑设计的标准化、建造管理的信息化以及建筑构件的部品化，整合了设计、生产、运营的产业链，因此，建筑工业化有利于从全寿命周期角度控制各个阶段能源资源的投入，减少生产过程中污染物的排放，降低现场施工对周围环境及建筑工人的影响，实现建筑产品的节能、环保以及价值的最大化，推动建筑业的绿色转型升级。

首先，处于建筑产业链中的勘察设计、构件加工安装、土木及房屋施工安装、项目交付后的运维方应合力促进建筑工业化，实现建筑业的转型升级。在产业链起始位置的勘察设计方要积极践行政府及有关部门提出的工业化发展要求，实现从建筑产品生产源头对污染物的控制，减少不必要的资源浪费，有效节约建筑成本。在产业链中游环节的构件生产方及施工方要及时更新生产技术，为建筑工业化奠定技术基础。在产业链下游环节的建筑产品运营者及消费者应该具有绿色生态意识，选择符合绿色标准的建筑产品，提出生态环保的消费需求，通过第三方机构对工厂生产过程进行监督，保证建筑产品的质量。

其次，建筑工业化要提高生产的机械化水平。一方面，机械的投入能够提高构件生产的精细度及准确度，便于后续的运输及安装，降低构件的报废率，减少建筑材料的浪费，降低生产成本，更加符合绿色施工的要求。另一方面，一些风险较高的施工工艺逐渐被机械作业取代，可以有效避免质量及安全事故的发生。

最后，建筑信息及时准确的传递是实现建筑工业化的基础。[4] 在设计、生产、运输及安装环节中各单位方需要建立有效的信息传递系统，避免因信息错误及传递滞后造成工期延长，加大环境成本。

三、形成建筑业的绿色产业链

建筑业的绿色产业链涉及建设项目在决策、设计、施工以及运维阶段的建筑材料及设备、建设项目的管理方式以及相关的建设技术等。形成绿色化的建筑产业链，即在建设项目投资决策时，业主提出对建筑绿色节能环保的相关要求，从而在设计阶段推动绿色设计，进而在施工中采用节能环保的建筑材料及施工工艺，推动绿色节能的建筑施工技术的应用，实现项目管理的精细化发展，在建筑工程项目中践行绿色发展理念，从而达到在建筑产品生产过程中合理控制能源浪费、减少能源投入、降低污染排放、提高生产效率、节约生产成本、增加产业价值的目的。首先，确定建筑产业链绿色化的发展目标，在全行业推行产业链绿色发展的目标；其次，将建筑产业链绿色化的内容进行细化分类，并制定相应绿色化对策，具体分类如下：

建材用品生产链：主要是由为建筑工程建设提供基础建材生产的企业组成，例如水泥厂、钢筋加工厂等。

建筑制造业产业链：主要是由利用基础建材进行二次生产为建筑工程建设提供半成品构件的企业组成。例如，商品混凝土制造企业、装配式建筑的混凝土构件制造企业、门窗以及其他建筑结构零星部件等制造企业等。

建筑服务产业链：为建筑生产提供技术服务的企业种类繁多，例如绿色建筑设计、绿色建筑施工咨询、建筑智能化设备制造、绿色建筑运维及节能服务管理等。

静脉产业链：绿色建筑的静脉产业链，包括建筑产品投入后进行的主体及设备的运营维护、废弃排放回收处理等后续服务工作，一般由专门的物业公司、设备维修公司和科技环保处理机构组成。

最后，制定绿色产业链的相关对策，引进投资、技术、人才等，以实现绿色化产业链的目标，促进建筑业的转型升级。

四、加强多业态之间的联动

加强多业态的联动以促进相关产业链的不断完善，提升产业的技术水平，增加产品的附加值，有效激发产业转型升级的活力。因此，在多元化发展的时代，多业态的联动能够为建筑业的绿色发展提供多种选择。应推动房地产业、旅游业、酒店服务业及文化产业的充分联动，形成住宅建设、度假村建设、商场酒店建设及文化服务中心建设的立体建设格局，将互联网技术、工业化技术以及节能技术充分应用于立体建设的过程中，为低碳环保的建筑设计制造提供新的思路，为建筑施工提供新的技术，提高建筑业的生产效率，降低建筑业运营的能耗，促进我国建筑业的绿色转型升级。

五、提高劳务分包业的质量

由于建筑业需要依靠大量的劳动力进行生产，因此劳务分包对生产建造的顺利开展具有重要的作用。但是，目前的劳务分包业中存在的问题不利于建筑业生产效率的提高、能源节约以及价值提升。一方面，由于从业人员大多为农民工，受教育水平较低，导致其缺少环保节约意识；另一方面，由于从业人员的工作环境比较差、待遇差、工作危险程度较高，导致工人的工作效率低。为了在建造的过程中有效节约能源，减少污染排放，提高生产效率，实现建筑业的绿色转型升级，提高劳务分包业的质量势在必行。第一，改进生产技术，改善工作环境，保证工人的福利待遇，减少因操作失误造成的建材浪费，提高工人的工作效率。第二，加强对工人的引导，营造节约能源、保护环境的良好行业氛围。第三，完善劳务用工制度及规范，提出节能与环保的相关要求，为提高劳务分包业的质量提供制度保障。第四，在劳务分包业中建立良好的工人培训制度，增强工人在操作过程中的节约意识，注重引进技术型人才，提高技术人才的占比。

六、推广绿色工程总承包模式

推广绿色工程总承包模式有利于落实建设项目决策、设计、采购、施工以及运维全过程的环保节约工作，促进绿色设计、绿色施工及绿色管理在建设项目中的应用，以达到节约能源、保护环境、提升价值的目标，加快建筑业实现转型升级的步伐。推广绿色总承包模式首先需要在行业内形成绿色资质等级的评价标准，在保证建筑企业生产质量的同时提高建筑产品的环保性能；其次需要建立有效的沟通协调机制，集成建筑设计、采购、施工信息，使绿色设计充分体现在施工中，增加绿色建材的应用，提高施工效率；最后在行业中设立相关奖项及试点项目，引进市场中的先进技术，降低建设过程中的能源损耗。

七、推广循环利用资源的建造模式

“循环经济”带来了一种新的生产方式。在绿色发展模式的要求下，建筑业的发展需要兼顾经济效益与生态效益，而建筑业中的各种资源通过市场、企业、消费者等进行传递，使建筑业生产的各个环节保持正常运行。因此，在建造过程中推广循环利用资源的模式有利于在建筑市场、企业、消费者中形成生态环保的运行体系，为建筑业的转型升级营造良好的行业环境。例如，将建筑材料进行循环使用，通过碎化回炉的方式将建筑垃圾用来再制造建材和工程的填料；将废弃的石膏进行处理后投入到医疗、农业等领域；选择可重复利用的环保材料应用于施工；将建造过程中的能源进行循环使用，收集施工现场的雨水、废水并进行沉淀处理。

八、发挥行业协会及组织的作用

建筑业中的各类协会、组织在促进建筑业转型升级等方面发挥着重要作用。通过定期举办的学术交流会、企业座谈会，加强建筑企业之间的业务交流，推动建筑业中新知识、新技术、新模式、新理念的广泛传播。行业协会及相关组织要积极应对建筑业绿色转型升级带来的新挑战，首先，根据实际环境为企业的发展提出合理的建议，推进环境友好、资源节约的措施在行业内的实行。其次，加大对建筑企业监管的力度，制定相关的标准规范企业减少环境污染排放量和能源消耗量。最后，充分利用行业协会的平台作用，搭建好企业与政府间、企业与企业间、企业与行业间沟通交流的桥梁，为建筑业转型升级做出积极贡献。

九、推进建筑业中节能环保工作的开展

在建筑业中广泛开展节能环保工作对实现建筑业的绿色转型升级具有重要作用。因此，在行业内部首先应树立节能环保的意识，通过互联网、大众媒体等方式传播节能环保观念，保证建筑业中的各类企业、各个生产环节以及从业人员了解节能环保工作的重要性，为更好地推动节能环保工作的开展奠定思想基础；其次应形成节能环保的行业准则，通过行业协会、相关企业或社会公众对建筑业中节能环保工作的开展情况进行监督，使建设项目的决策、设计、招投标、施工、运维等阶段满足节能环保的要求；最后应促进建筑业与其他行业的融合发展，使节能环保的新技术、新工艺、新材料充分应用于建筑业，为节能环保工作的开展奠定物质基础。

第三节　企业视角下的建筑业转型升级策略

一、合理利用建筑垃圾

在建筑业的绿色发展模式中，各类建筑企业应当重视对建筑垃圾的处理工作。将不同种类的建筑垃圾分别进行产业化处理，形成“建筑垃圾的产生—建筑垃圾资源化公司—处理程序—废弃物资源化产品—构建销售渠道—建筑材料消费”的循环模式。从提升对自然资源的利用效率来看，建筑垃圾能够通过一定方式的处理转换为可再利用的材料，例如，废弃的建筑混凝土通过碎化、水洗分级等方式能够进行再次使用。因此，对建筑业中的各类企业来说，首先，设计单位应在建筑设计阶段，严格执行绿色建筑的相关设计规范及要求。对建筑设计进行优化，使其满足绿色环保且经济的建设要求。其次，在建筑材料的采购阶段需要重视节能环保的指标，施工企业作为建筑生产过程的主体单位应该制定详细的材料采购细则，选择更多绿色环保的新材料，降低建筑垃圾对环境的影响。最后，在施工过程中，施工企业需要严格遵循 3R 循环的原则，做好可循环材料的保存与养护工作，在安全等指标符

合要求的情况下，对建筑材料进行重复利用或者改造，以提高建筑业的能源利用效率。例如，将已使用的模板进行清理打磨，使其具备再次使用的条件；对施工现场机械冲洗、路面喷洒等用水进行循环利用。通过增强企业内部的循环利用意识以及制定正确的建筑垃圾处理方案，提高建设过程中资源能源的使用效率，减少污染排放，降低建筑产品的生产成本，实现建筑业的转型升级。

二、提升企业内部的创新意识

创新是一个企业向前发展的动力，其不仅有利于企业获得更多的经济效益，而且能够促进行业中先进技术的产生，提高企业资源及能源的利用效率，减少对环境的破坏，从而实现建筑业的转型升级。创新过程中的主要参与者是指创新过程中所参与的社会力量，包括直接参与企业创新过程的员工及技术人员、建筑产品的消费者、制定行业相关规范及发挥监管作用的政府部门、技术成果输出的科研机构等。[5]因此，建筑企业一方面可以通过对生产技术创新来改良施工工艺、企业管理框架，达到降低企业成本、提高企业生产效率的目的。在进行技术创新的过程中，新技术、新工艺、新设备的运用，有助于施工管理理念的转变；同时还能在新环境下探索有效的商业模式。在互联网技术的推动下，这些新的思路以及经验能够在行业中迅速传播，以帮助整个建筑业的发展。

另一方面高校及各类科研机构是整个建筑业创新转型发展过程中的智力支持主体。目前，我国已经有很多高校及科研机构与建筑企业进行合作，针对具体的施工项目以及具体的施工工艺进行新工艺探索及重难点攻克。与高校及科研机构进行合作，可以提高职工的专业技术水平，培养员工的创新能力，为企业带来更多的先进技术。此外，建筑企业要为高质量人才提供就业保障，通过完善人才引进制度以及优化人力资源管理方式，留住高质量人才，同时拓宽建筑企业的人才吸引渠道，尽可能从各高校及科研机构吸收更多的优秀毕业生或员工，不断提高企业自身的技术水平，充实企业管理团队。

三、细化绿色转型升级的目标

在共同推动建筑业实现绿色转型升级目标的过程中，各类建筑企业应当把此目标具体细化至各项实际操作中。在企业的思想观念方面，利用生态环保的理念，在工程建设过程中，严格执行规定的绿色施工方案，减少资源的浪费。将绿色产业链的管理思想引入建造及管理过程中，将保护生态环境的责任作为企业生产发展的重要目标。在企业管理战略方面，改变粗放的管理方式，通过精益管理提高对资源的整合能力，提高企业对于资源及能源利用效率。在企业发展模式方面，积极解决企业追求经济效益所产生的环境破坏及资源短缺问题，努力实现企业发展的绿色经济模式，统筹管理各类生产资源，提高企业的竞争能力。在企业劳动力方面，由于传统建筑企业属于劳动密集型企业，更加需要重视生产技术的创新，应积极把握好供给侧结构性改革环境下的政策优势，改善企业技术装备等，通过提高技术水平提升企业的生产效率。在探索多业态融合方面，企业需要结合自身情况探索出符合自身发展条件的新模式和新业态，例如，施工企业将信息技术产业与建筑业进行融合，实现施工进度的信息化管理。

四、改革企业的成本管理方式

传统的成本管理与控制方式已经无法适应建筑业绿色转型升级的趋势，因此，建筑企业应积极引进成熟的成本管理与控制方法，借鉴国内外先进的绿色成本管理和控制的经验。首先对企业的生产成本、管理成本、销售成本以及新增的用于绿色转型升级的成本等进行合理的控制，保证经济收益的稳定。其次制订详细的计划，建立完整的原始记录及考核报告，保证成本控制在计划的范围之内，建立建筑企业内部采购、生产、研发、会计等部门人员间高效的交流机制，确保企业成本控制能在各个环节得到有效实施。最后贯彻落实节约的成本控制理念，明确建筑业转型升级的目标，加强对员工的培训，将绿色发展理念融入建筑企业成本管理。通过改革建筑企业的成本管理方式，减少生产过程中不必要的资本投入，避免资源及能源的过度采购，激发建筑企业的生机与活力，从而推动建筑业的持续发展，实现建筑业的转型升级。

五、加深企业信息化程度

建筑业的信息化发展主要表现在将互联网、大数据等信息化技术应用到建筑业运营的各个环节中，以促进各类建筑企业生产能力的提升，实现建筑业的转型升级。因此，建筑企业需要转变运维思路，重点开展企业管理、技术、市场等方面的创新。例如勘察设计单位可以利用计算机技术进行辅助设计，提高建筑设计的质量；施工单位可以利用物联网、BIM、3S 技术等提高生产过程的管理能力；建设单位可以利用信息技术强化建设全过程的控制能力及项目交付后的运营能力。

企业转型升级是为了提升企业获取信息的能力，降低企业运维成本，提高生产效率。首先，企业需要积极参与建筑业互联网系统工程的建设，通过云计算、大数据等技术提高企业信息的利用效率及工程监管系统的运行效率，使信息化专业技术在建筑业中得到实际应用。其次，企业可以通过开发绿色施工设备来推进建筑业绿色转型，例如利用 3D 打印技术实现建筑预制构件的批量加工生产，提高施工过程的装配化水平，减少资源的浪费，降低施工带来的环境污染。最后，大力推广智能监测设备的研发及智能化技术应用体系的建立与完善，保证建筑信息在各企业间及时准确地交流，提高建筑企业的生产效率。

六、加强企业绿色文化建设

文化建设是新时代企业发展的精神动力。加强文化建设可以增强企业员工的归属感，调动企业员工的积极性，提升企业的凝聚力，提高员工的工作效率。建筑业需要依靠大量的劳动力进行生产，而在建筑企业内部进行绿色文化建设能够增强从业人员对绿色发展的认同感，为建筑业的转型升级提供思想支持。因此，建筑企业首先应该基于“创新—协调—绿色—开放—共享”的发展理念，建立以人为本的绿色企业文化，在建筑产品的生产过程中注重环保、生态及节能的要求，采用生态环保的建筑材料，减少资源能源的浪费，避免对环境的破坏。其次建筑企业的绿色文化建设要符合时代发展的潮流，根据时代的变化不断赋予绿色文化新的内容。最后建筑企业要将有诚信、有担当、遵纪守法作为绿色文化建设的基础，防止偷工减料、以次充好等现象的发生，提高建筑产品的质量。

七、优化企业组织结构及管理制度

组织结构是企业内各部门实现其职能的基本框架，在绿色发展的要求下，企业要对原有的不合理的组织进行优化，通过企业的转型升级，促进建筑业的转型升级。目前，建筑企业内部存在职能部门臃肿、权力交叉严重、组织混乱和效率低下等问题，因此，各类建筑企业必须对自身的组织结构进行调整，加速信息与命令的传达，革除冗余部门，保证企业转型升级的顺利进行。企业组织结构的调整会涉及企业各部门、股东和管理者的权益，在进行调整前需开展大量的调研，谨慎考虑方案的可行性。组织结构调整要符合企业整体的战略目标，遵循企业“市场化、集约化、扁平化”的原则，梳理管理部门与各级部门之间的关系，合并相似的部门，坚决防止效率低下、推卸责任、拉帮结派、攀关系等现象出现，从组织结构上提高建筑企业的生产效率。

管理制度不仅是规范企业员工行为的标准，而且是企业正常运行的保证，具有普适性、稳定性、权威性等特点。在建筑业绿色转型升级的过程中，建筑企业通过制定合理的管理制度以及利用提高产值、降低污染排放、减少能源消耗的管理措施，提高企业员工的工作积极性，简化管理流程，完善管理制度，实现管理精益化。

八、加强企业人才队伍的建设

建筑业是劳动力密集型产业，因此，实现建筑业的转型升级需要对建筑企业中的人才队伍建设进行改革。第一，建筑企业应转变人才引进思维，加大对研发人才的引进力度，扩大企业研发队伍的规模，不断提升企业的研发能力；拓宽用人渠道，聘请权威专家指导企业的绿色转型升级。第二，建筑企业要贯彻绿色发展理念，提升相关人员在能源节约、环境保护等方面的业务能力，与掌握绿色施工核心工艺、专业水平高、管理能力强的研究所、高校和咨询机构建立合作关系，定期对企业的员工进行教育培训，提高员工的综合素质。第三，建筑企业要建立层次明确、渠道多样、目标一致的人才晋升机制，保证培养的人才符合企业绿色转型升级的需要。第四，建筑企业要进行充分调研、深入了解企业各个组织部门的人才岗位需求，加大环保型、能源节约型人才的比重，制定人才激励机制，例如以学历和资质为标准划分薪酬等级，使员工不断挖掘自身价值，进而提升企业的综合实力。

九、加强企业间的绿色交流与合作

在国家大力推行 PPP 模式、EPC 总承包的情况下，中小型建筑企业由于缺乏先进的技术、优秀的人才、充足的资金及项目管理能力，不仅导致其自身发展受到阻碍，而且不利于实现建筑业的转型升级。合作是提升实力、持续发展的必由之路。通过合作不仅能够解决中小型建筑企业自身的发展问题，激发建筑市场更多的活力，提升整体的建造水平，而且有利于在建造过程中减少能源投入，节约建设成本，增加企业经济收益。因此，各建筑企业应加强绿色交流与合作，首先，在交流与合作的基础上，企业应在内部建立良好的合作机制，借鉴行业中成功的合作交流经验，形成合作共享的企业氛围；其次，在交流与合作的方式上，各建筑企业应遵循绿色环保的原则，把握不同交流与合作方式造成的能源消耗与污染排放情况；最后，在交流与合作的内容上，应正确了解自身发展的局限，引进先进的建造技术与项目管理方式，提高企业的综合能力，增强其市场竞争力。通过各建筑企业的绿色交流与合作，使更多建筑企业能够接受采用 PPP 模式、EPC 总承包的建设项目，提高建造效率，将经济效益与生态效益进行统一，推动建筑业的转型升级。

参考文献

[1] 李忠富，范建双，王一越．中国建筑业产业结构调整的研究［J］．建筑管理现代化，2008（5）：1－4.

[2] 陈琳彦．中国建筑业细分产业结构演化研究［D］．郑州：郑州航空

工业管理学院，2017.

［3］许炳，朱海龙．我国建筑产业集中度现状及影响因素分析：基于进入壁垒视角［J］．建筑经济，2015，36（2）：5－9.

［4］安彼鹏，陈凌虎．国外企业信息化的进程及启示［J］．中国科技论坛，2002（3）：57－63.

［5］李兰兰．中国建筑业绿色转型发展的路径研究［D］．武汉：武汉理工大学，2018.

附 录

附表一 2014—2018 年建筑业能源消耗量与污染排放量优化预测结果

附表 1—1 2014—2018 年建筑业价值提升型能源消耗量与污染排放量优化值

省份	价值提升型能源消耗量优化值					价值提升型污染排放量优化值				
	2014 年	2015 年	2016 年	2017 年	2018 年	2014 年	2015 年	2016 年	2017 年	2018 年
北京	97.54	99.99	101.77	103.58	76.68	4100.27	4440.55	4403.87	4126.50	4260.43
天津	223.68	227.09	223.93	248.02	198.14	4320.31	5589.67	3382.98	3446.25	4775.53
河北	131.12	230.99	231.14	222.07	211.30	22767.84	11662.88	12116.87	8527.77	23332.04
山西	129.59	154.31	151.85	151.00	155.39	3473.27	4549.84	4030.60	4005.92	3982.04
内蒙古	233.32	174.34	208.20	219.65	140.90	2035.45	1760.46	2131.09	2395.87	1903.08
辽宁	116.34	102.18	126.04	128.87	55.27	16555.94	19127.27	8887.78	8706.18	8394.31
吉林	287.11	511.34	227.42	227.45	182.10	15805.50	28103.58	3708.15	1995.27	5274.49

续表

省份	价值提升型能源消耗量优化值					价值提升型污染排放量优化值				
	2014 年	2015 年	2016 年	2017 年	2018 年	2014 年	2015 年	2016 年	2017 年	2018 年
黑龙江	37.58	35.75	37.24	37.03	47.28	1986.27	1907.65	1466.18	1355.53	1500.38
上海	152.35	159.96	166.05	167.95	154.53	2863.71	3064.47	2622.07	2628.84	2772.25
江苏	179.94	124.66	118.94	103.74	100.13	27201.51	30175.55	27294.51	25309.08	31516.48
浙江	435.70	424.26	414.27	430.25	384.51	40887.57	39901.24	38493.53	39308.60	40880.00
安徽	191.28	210.19	215.60	244.89	269.40	6873.16	7730.03	6353.05	8301.48	8480.72
福建	166.40	173.86	174.78	194.12	193.71	11401.55	15507.24	15400.49	18080.50	21687.93
江西	63.39	70.61	73.56	81.67	84.00	5517.46	2855.13	7306.05	7328.96	7130.37
山东	218.98	225.56	228.62	204.96	159.31	12343.24	13554.36	12333.04	9876.65	12856.82
河南	206.80	273.87	252.76	309.09	327.28	11064.47	32505.00	8503.11	10295.46	15155.19
湖北	526.98	526.96	278.53	265.67	262.23	23532.17	27328.81	20077.30	23789.09	27554.83
湖南	314.81	324.52	332.89	335.57	73.48	8403.69	8461.50	8550.73	8432.32	8430.30
广东	289.24	274.41	213.34	247.05	198.44	10053.57	11131.93	9857.16	7312.10	8675.29
广西	25.93	34.81	32.44	36.95	34.14	2514.17	2966.36	2046.16	3395.64	3308.43
海南	41.09	44.22	40.81	42.53	50.57	686.73	475.44	297.00	347.26	433.56
重庆	163.11	155.89	155.35	167.35	144.59	7620.96	7531.57	6916.18	7646.38	7512.35
四川	191.32	192.48	302.76	274.19	167.79	30050.26	30727.96	11788.27	10295.93	20146.35
贵州	123.88	108.77	133.49	145.86	163.49	3328.44	3759.31	4739.61	8833.54	9790.09
云南	223.83	246.84	256.01	223.55	211.21	8658.97	10156.75	4666.95	4104.76	6799.82

续表

省份	价值提升型能源消耗量优化值					价值提升型污染排放量优化值				
	2014 年	2015 年	2016 年	2017 年	2018 年	2014 年	2015 年	2016 年	2017 年	2018 年
陕西	194.09	175.54	108.71	100.73	111.32	6126.02	6930.44	6013.13	5705.28	5866.45
甘肃	122.69	82.53	83.15	82.25	98.37	3417.17	2568.88	1812.63	2091.79	3524.53
青海	30.49	34.28	36.01	38.11	50.81	417.39	440.03	412.90	433.07	442.78
宁夏	71.08	63.54	55.76	62.55	42.59	1225.50	1304.41	803.12	854.07	767.42
新疆	143.23	154.04	239.25	248.03	160.07	1975.99	2710.03	2311.04	2161.23	2422.77
汇总	5332.90	5617.78	5220.67	5344.74	4509.01	297208.53	338928.34	238725.57	241091.33	299577.00

附表 1—2　2014—2018 年建筑业能源节约型能源消耗量与污染排放量优化值

省份	能源节约型能源消耗量优化值					能源节约型污染排放量优化值				
	2014 年	2015 年	2016 年	2017 年	2018 年	2014 年	2015 年	2016 年	2017 年	2018 年
北京	89.99	87.01	89.39	92.64	75.08	3782.69	3864.06	3868.25	3690.48	4171.55
天津	194.98	206.12	218.08	239.89	195.48	3765.87	5073.35	3294.60	3333.19	4711.42
河北	129.29	237.10	239.53	232.71	190.42	22450.45	11971.69	12556.65	8936.30	21026.08
山西	122.29	138.54	134.77	128.53	141.19	3277.74	4084.96	3577.29	3409.96	3618.02
内蒙古	192.24	166.70	191.98	184.16	127.27	1677.06	1683.35	1965.01	2008.70	1719.00
辽宁	107.89	94.10	77.29	102.15	55.56	15353.41	17614.64	5449.87	6901.44	8438.37
吉林	141.99	136.90	190.00	236.31	171.70	7816.38	7523.94	3098.09	2073.07	4973.36
黑龙江	30.06	31.52	32.41	33.58	45.45	1588.68	1682.28	1275.85	1229.20	1442.35

续表

省份	能源节约型能源消耗量优化值					能源节约型污染排放量优化值				
	2014年	2015年	2016年	2017年	2018年	2014年	2015年	2016年	2017年	2018年
上海	136.45	138.58	141.39	149.18	146.63	2564.80	2654.83	2232.65	2335.10	2630.51
江苏	145.30	97.63	98.33	85.98	100.37	21966.08	23631.79	22565.32	20976.12	31591.55
浙江	337.70	341.58	347.94	380.55	372.82	31690.93	32124.87	32330.43	34767.76	39637.90
安徽	155.07	186.21	188.26	206.21	242.09	5572.14	6848.27	5547.24	6990.46	7621.05
福建	149.24	146.29	156.55	188.18	184.22	10225.35	13047.71	13793.79	17526.80	20625.36
江西	49.57	51.18	60.81	68.66	82.77	4314.47	2069.78	6040.36	6161.36	7025.95
山东	172.84	169.25	174.17	166.01	158.42	9742.62	10170.32	9395.99	7999.63	12784.67
河南	153.30	194.94	191.65	268.84	328.14	8202.12	23137.09	6447.26	8954.73	15195.10
湖北	315.55	330.50	198.87	208.88	253.60	14090.64	17140.06	14334.99	18703.91	26648.39
湖南	252.71	282.35	294.34	310.70	72.03	6746.01	7361.82	7560.50	7807.39	8263.66
广东	207.64	192.40	150.22	203.29	197.83	7217.06	7805.08	6940.85	6017.02	8648.65
广西	22.58	27.72	27.47	32.08	32.31	2188.97	2361.55	1732.63	2948.18	3130.69
海南	30.07	32.70	32.80	37.00	50.45	502.56	351.55	238.66	302.08	432.55
重庆	113.08	115.80	123.12	136.48	148.33	5283.38	5594.76	5481.41	6235.70	7706.35
四川	127.45	139.15	253.86	254.19	169.44	20018.08	22214.63	9884.20	9544.90	20343.99
贵州	99.45	100.66	126.53	139.51	158.65	2672.21	3479.25	4492.46	8449.23	9500.32
云南	145.31	157.33	167.84	183.12	211.17	5621.66	6473.47	3059.74	3362.25	6798.51
陕西	143.45	149.50	95.45	93.94	109.10	4527.60	5902.13	5279.45	5320.73	5749.66

续表

省份	能源节约型能源消耗量优化值					能源节约型污染排放量优化值				
	2014 年	2015 年	2016 年	2017 年	2018 年	2014 年	2015 年	2016 年	2017 年	2018 年
甘肃	75.57	76.98	75.98	83.21	57.89	2104.73	2396.01	1656.33	2116.02	2074.18
青海	28.19	33.20	34.46	37.31	37.22	385.82	426.20	395.15	423.99	324.33
宁夏	44.38	48.35	47.68	46.62	42.26	765.19	992.66	686.75	636.57	761.42
新疆	133.76	146.85	216.26	206.03	156.29	1845.32	2583.48	2089.00	1795.23	2365.54
汇总	4047.39	4257.12	4377.43	4735.93	4314.15	227960.01	252265.58	197270.76	210957.48	289960.48

附表 1—3 2014—2018 年建筑业环境友好型能源消耗量与污染排放量优化值

省份	环境友好型能源消耗量优化值					环境友好型污染排放量优化值				
	2014 年	2015 年	2016 年	2017 年	2018 年	2014 年	2015 年	2016 年	2017 年	2018 年
北京	88.80	87.91	87.39	96.93	73.36	3732.90	3904.08	3781.71	3861.50	4076.12
天津	191.80	207.71	217.59	241.60	193.75	3704.51	5112.50	3287.17	3357.03	4669.74
河北	96.06	159.86	210.17	212.55	195.62	16680.61	8071.61	11017.90	8162.28	21599.79
山西	122.51	140.50	129.83	129.27	147.24	3283.61	4142.59	3446.21	3429.46	3773.13
内蒙古	194.26	157.11	180.75	191.91	129.51	1694.67	1586.50	1850.12	2093.30	1749.15
辽宁	137.16	82.57	79.68	70.76	55.30	19517.77	15456.27	5618.52	4780.26	8399.13
吉林	142.94	189.05	151.25	187.25	179.59	7868.77	10390.12	2466.21	1642.67	5201.89
黑龙江	30.78	31.53	35.87	33.15	44.77	1626.93	1682.41	1412.04	1213.37	1420.92
上海	133.03	137.63	143.48	154.93	143.46	2500.60	2636.68	2265.67	2425.05	2573.63

续表

省份	环境友好型能源消耗量优化值					环境友好型污染排放量优化值				
	2014 年	2015 年	2016 年	2017 年	2018 年	2014 年	2015 年	2016 年	2017 年	2018 年
江苏	143.33	97.83	93.39	86.98	100.26	21668.37	23680.04	21431.42	21220.78	31557.76
浙江	331.25	354.45	339.37	378.48	375.42	31086.10	33335.75	31534.05	34578.61	39913.97
安徽	164.21	170.92	176.70	193.69	250.18	5900.61	6285.82	5206.65	6566.06	7875.78
福建	145.31	160.47	153.05	174.38	185.68	9956.49	14312.71	13485.15	16241.57	20789.32
江西	48.31	51.70	58.03	66.08	80.52	4204.44	2090.70	5763.69	5930.07	6835.36
山东	170.04	171.78	169.29	180.14	156.16	9584.76	10322.34	9132.38	8680.47	12602.17
河南	153.06	200.47	199.94	257.73	327.68	8189.14	23793.67	6726.14	8584.61	15173.70
湖北	316.35	321.11	201.68	203.71	251.76	14126.58	16653.04	14537.95	18240.65	26454.35
湖南	257.54	277.78	289.36	309.96	72.94	6874.95	7242.87	7432.67	7788.78	8368.97
广东	205.86	204.81	153.08	211.77	198.21	7155.16	8308.58	7072.71	6267.89	8665.35
广西	22.59	28.69	26.54	30.30	32.49	2189.94	2444.82	1673.74	2784.09	3147.83
海南	29.86	33.32	32.87	37.78	50.50	498.93	358.30	239.18	308.48	432.96
重庆	113.68	113.09	127.06	140.77	146.94	5311.42	5463.84	5656.61	6431.65	7634.41
四川	127.14	147.95	257.15	251.62	166.96	19969.58	23619.34	10012.48	9448.45	20046.08
贵州	105.50	95.20	126.21	137.68	158.41	2834.61	3290.49	4481.19	8338.21	9486.40
云南	154.06	155.02	164.38	185.10	212.03	5960.06	6378.44	2996.53	3398.68	6826.13
陕西	146.05	148.82	96.88	96.06	106.95	4609.78	5875.37	5358.78	5440.83	5636.21
甘肃	76.34	77.13	77.67	83.27	64.76	2126.24	2400.86	1693.28	2117.65	2320.48

续表

省份	环境友好型能源消耗量优化值					环境友好型污染排放量优化值				
	2014年	2015年	2016年	2017年	2018年	2014年	2015年	2016年	2017年	2018年
青海	28.29	32.86	34.25	37.38	37.61	387.26	421.74	392.71	424.74	327.70
宁夏	44.78	47.94	38.94	45.88	43.04	772.16	984.27	560.96	626.44	775.55
新疆	133.68	144.21	214.65	205.27	156.75	1844.14	2537.07	2073.41	1788.61	2372.54
汇总	4054.58	4229.42	4266.50	4632.37	4337.84	225861.08	252782.84	192607.22	206172.25	290706.55

附表1—4　2014—2018年建筑业均衡型能源消耗量与污染排放量优化值

省份	均衡型能源消耗量优化值					均衡型污染排放量优化值				
	2014年	2015年	2016年	2017年	2018年	2014年	2015年	2016年	2017年	2018年
北京	102.52	101.14	102.08	102.77	76.57	4309.30	4491.81	4417.32	4094.09	4254.58
天津	216.93	218.32	222.25	248.31	197.65	4189.96	5373.74	3357.67	3450.25	4763.77
河北	103.87	191.35	167.15	159.20	199.25	18036.23	9661.58	8762.59	6113.55	22000.83
山西	123.74	140.53	147.14	147.22	152.62	3316.39	4143.58	3905.57	3905.60	3911.02
内蒙古	193.31	160.10	177.11	189.34	129.58	1686.39	1616.70	1812.83	2065.20	1750.20
辽宁	109.08	81.97	108.68	106.78	55.63	15522.51	15343.56	7663.75	7214.13	8448.17
吉林	197.51	134.27	219.10	227.20	171.18	10873.01	7379.30	3572.54	1993.09	4958.31
黑龙江	30.88	31.13	32.92	33.23	46.42	1632.11	1661.05	1296.11	1216.36	1473.24
上海	149.13	157.91	167.07	172.64	151.59	2803.15	3025.11	2638.13	2702.22	2719.44
江苏	176.07	124.62	116.36	102.30	100.26	26616.91	30165.06	26700.64	24957.67	31556.78

续表

省份	均衡型能源消耗量优化值					均衡型污染排放量优化值				
	2014 年	2015 年	2016 年	2017 年	2018 年	2014 年	2015 年	2016 年	2017 年	2018 年
浙江	336.19	341.86	343.62	354.32	364.76	31549.68	32151.49	31928.95	32371.24	38780.10
安徽	165.51	190.35	225.28	244.22	273.55	5947.48	7000.47	6638.33	8278.80	8611.43
福建	144.83	147.10	163.42	169.87	181.12	9923.30	13119.97	14399.15	15821.15	20279.09
江西	64.94	69.57	69.63	76.11	84.48	5651.66	2813.26	6915.82	6830.27	7171.60
山东	177.46	173.33	208.93	203.80	158.27	10002.88	10415.57	11271.02	9820.46	12772.85
河南	152.21	191.87	210.55	268.10	328.09	8143.57	22772.43	7083.20	8929.97	15192.79
湖北	311.19	315.60	200.31	226.52	254.00	13896.34	16367.36	14438.83	20282.92	26689.67
湖南	268.61	283.59	325.93	339.17	75.05	7170.45	7394.18	8371.89	8522.86	8610.89
广东	287.60	265.64	211.22	246.21	198.21	9996.28	10776.17	9759.31	7287.19	8665.44
广西	28.79	34.91	33.47	37.30	33.77	2791.14	2974.23	2111.09	3427.49	3272.05
海南	29.73	33.26	36.03	39.63	50.54	496.84	357.59	262.23	323.55	433.36
重庆	162.57	147.51	163.62	169.58	143.74	7595.34	7127.11	7284.45	7748.10	7467.85
四川	131.16	144.09	256.31	254.27	168.40	20601.38	23003.06	9979.60	9547.78	20219.31
贵州	103.51	98.05	125.76	138.64	159.97	2781.27	3388.97	4465.34	8396.58	9579.30
云南	147.98	178.78	189.03	210.32	211.80	5724.92	7356.38	3445.90	3861.68	6818.80
陕西	186.89	164.13	105.15	100.10	111.40	5898.65	6479.68	5816.35	5670.04	5870.84
甘肃	74.75	70.59	85.85	78.80	77.64	2082.08	2197.19	1871.57	2003.81	2781.63
青海	30.13	33.96	36.21	37.88	51.71	412.43	435.87	415.12	430.43	450.61

续表

省份	均衡型能源消耗量优化值					均衡型污染排放量优化值				
	2014 年	2015 年	2016 年	2017 年	2018 年	2014 年	2015 年	2016 年	2017 年	2018 年
宁夏	44.61	49.01	49.32	48.94	43.03	769.15	1006.15	710.34	668.23	775.37
新疆	132.26	137.24	201.14	204.43	155.98	1824.66	2414.43	1942.90	1781.30	2360.87
汇总	4383.96	4411.76	4700.65	4937.16	4406.25	242245.46	262413.08	213238.53	219716.03	292640.22

附表二　2016—2020 年建筑业能源消耗量与污染排放量优化预测结果

附表 2—1　2016—2020 年建筑业价值提升型能源消耗量与污染排放量优化值

省份	价值提升型能源消耗量优化值					价值提升型污染排放量优化值				
	2016 年	2017 年	2018 年	2019 年	2020 年	2016 年	2017 年	2018 年	2019 年	2020 年
北京	100.96	105.60	77.00	70.47	64.77	4369.09	4206.74	4278.50	4137.60	4046.12
天津	228.41	268.76	215.67	205.52	197.28	3450.62	3734.35	5197.88	5437.67	5724.24
河北	232.27	223.97	214.07	218.27	221.93	12176.23	8600.73	23637.00	22337.66	21051.59
山西	149.64	148.64	156.42	159.76	161.49	3971.95	3943.38	4008.19	3972.32	3893.66
内蒙古	182.16	213.15	138.59	128.69	117.06	1864.57	2324.97	1871.82	1869.10	1829.29
辽宁	148.80	147.45	57.80	49.13	42.94	10492.77	9961.69	8778.46	8623.43	8638.71
吉林	163.68	171.77	176.76	186.45	200.45	2668.94	1506.87	5119.85	5235.17	5453.86

续表

省份	价值提升型能源消耗量优化值					价值提升型污染排放量优化值				
	2016 年	2017 年	2018 年	2019 年	2020 年	2016 年	2017 年	2018 年	2019 年	2020 年
黑龙江	37.49	38.85	48.40	53.10	58.32	1476.17	1422.01	1536.07	1447.37	1367.24
上海	155.68	175.60	153.14	152.36	146.79	2458.32	2748.58	2747.35	2693.29	2554.51
江苏	144.80	124.65	121.37	110.90	105.61	33228.01	30410.91	38202.05	36753.21	36100.51
浙江	454.77	473.16	427.90	408.28	399.76	42256.08	43229.10	45493.24	45214.37	45985.75
安徽	208.72	228.66	252.61	280.92	309.80	6150.10	7751.45	7952.41	8477.53	8962.19
福建	176.83	193.73	192.86	201.60	212.00	15580.57	18043.80	21593.38	25104.80	29276.53
江西	72.96	81.40	84.35	87.91	100.77	7246.32	7304.78	7160.28	7516.92	8708.68
山东	271.17	238.44	193.80	170.73	148.84	14628.80	11490.04	15639.99	14693.12	13785.08
河南	285.79	344.53	363.09	402.60	485.67	9614.13	11475.82	16813.52	16927.24	18589.33
湖北	367.44	344.76	340.29	295.86	248.41	26486.79	30870.93	35757.58	38095.00	39115.67
湖南	331.68	336.84	75.33	55.52	39.94	8519.66	8464.46	8643.04	8647.36	8667.10
广东	244.67	287.38	232.46	210.71	193.60	11304.83	8505.64	10162.49	9553.75	9074.78
广西	33.58	34.61	34.31	36.81	38.83	2117.49	3180.68	3324.69	3573.51	3826.42
海南	44.86	47.47	58.41	62.81	68.34	326.47	387.57	500.78	484.15	472.61
重庆	188.76	193.90	166.33	167.53	165.24	8403.63	8859.38	8642.01	8807.46	8810.55
四川	303.48	278.27	171.23	155.75	145.48	11816.21	10449.06	20559.81	20383.85	20540.32
贵州	187.45	203.84	235.20	224.73	220.53	6655.48	12345.10	14084.65	15814.71	18294.09
云南	319.37	315.99	301.60	280.19	256.52	5822.09	5801.95	9709.78	9669.91	9507.70

续表

省份	价值提升型能源消耗量优化值					价值提升型污染排放量优化值				
	2016 年	2017 年	2018 年	2019 年	2020 年	2016 年	2017 年	2018 年	2019 年	2020 年
陕西	101.90	108.98	120.20	114.89	109.28	5636.61	6172.52	6334.63	6459.37	6485.94
甘肃	74.95	83.73	62.43	68.73	73.56	1633.95	2129.23	2236.67	2648.33	3046.44
青海	40.05	44.47	49.72	52.30	57.71	459.15	505.37	433.28	402.18	391.58
宁夏	51.64	52.30	47.26	45.05	43.15	743.84	714.17	851.58	840.25	834.34
新疆	280.77	304.01	193.67	170.63	153.52	2712.16	2649.04	2931.34	2692.45	2524.41
汇总	5584.75	5814.92	4962.26	4828.19	4787.61	264271.04	269190.31	334202.32	338513.07	347559.24

附表 2—2　2016—2020 年建筑业能源节约型能源消耗量与污染排放量优化值

省份	能源节约型能源消耗量优化值					能源节约型污染排放量优化值				
	2016 年	2017 年	2018 年	2019 年	2020 年	2016 年	2017 年	2018 年	2019 年	2020 年
北京	88.85	88.76	73.72	69.57	64.96	3844.75	3535.89	4096.08	4084.93	4058.08
天津	218.56	246.72	190.88	189.20	193.46	3301.79	3428.08	4600.60	5005.92	5613.43
河北	162.56	160.82	189.83	202.51	219.38	8521.97	6175.94	20960.86	20725.11	20809.73
山西	132.20	126.43	147.09	144.57	150.02	3508.92	3354.18	3769.25	3594.46	3617.30
内蒙古	177.12	203.10	129.26	118.92	111.12	1812.94	2215.33	1745.87	1727.17	1736.52
辽宁	72.43	72.03	57.59	48.31	42.00	5107.21	4865.99	8746.80	8479.79	8450.03
吉林	130.22	141.27	173.12	190.12	200.58	2123.30	1239.29	5014.57	5338.22	5457.21
黑龙江	33.34	33.53	44.93	51.34	57.98	1312.63	1227.31	1425.76	1399.43	1359.23

续表

省份	能源节约型能源消耗量优化值					能源节约型污染排放量优化值				
	2016 年	2017 年	2018 年	2019 年	2020 年	2016 年	2017 年	2018 年	2019 年	2020 年
上海	146.92	151.87	147.76	139.36	141.70	2319.89	2377.14	2650.70	2463.47	2465.85
江苏	96.55	87.29	102.03	102.84	101.42	22155.77	21297.10	32114.38	34080.09	34668.43
浙江	350.17	358.21	375.25	400.84	398.41	32537.53	32727.25	39895.82	44389.85	45829.57
安徽	184.36	192.19	241.84	269.59	309.43	5432.41	6515.03	7613.39	8135.65	8951.34
福建	151.94	169.68	180.67	196.53	210.98	13388.05	15803.99	20228.05	24474.35	29135.28
江西	55.77	66.58	80.71	85.27	96.70	5539.22	5975.06	6851.63	7291.22	8357.00
山东	176.01	178.94	157.70	154.64	148.17	9494.89	8622.85	12726.56	13308.29	13723.43
河南	189.88	258.85	340.94	402.49	483.88	6387.83	8621.85	15788.08	16922.75	18520.80
湖北	223.27	211.83	256.46	255.11	246.75	16094.38	18967.95	26949.06	32847.25	38853.76
湖南	285.14	297.47	71.51	54.75	39.33	7324.31	7474.93	8204.45	8528.18	8535.43
广东	155.34	198.57	204.11	197.54	194.03	7177.55	5877.14	8923.17	8956.61	9094.67
广西	27.41	30.16	32.59	33.95	36.44	1728.57	2771.27	3157.68	3295.40	3590.03
海南	32.57	36.67	51.29	59.20	68.33	237.03	299.40	439.76	456.32	472.58
重庆	125.82	131.86	142.73	153.93	164.20	5601.45	6024.90	7415.64	8092.79	8754.82
四川	270.67	271.42	179.38	169.21	163.71	10538.52	10191.91	21537.86	22146.38	23115.02
贵州	144.31	157.14	158.53	186.34	216.67	5123.93	9517.04	9493.62	13113.39	17974.07
云南	179.86	179.21	217.81	250.61	255.84	3278.72	3290.58	7012.26	8648.83	9482.75
陕西	95.71	101.59	113.31	112.92	103.04	5294.07	5754.04	5971.06	6348.31	6115.64

续表

省份	能源节约型能源消耗量优化值					能源节约型污染排放量优化值				
	2016 年	2017 年	2018 年	2019 年	2020 年	2016 年	2017 年	2018 年	2019 年	2020 年
甘肃	77.45	80.71	64.18	55.89	54.52	1688.33	2052.54	2299.60	2153.42	2257.91
青海	34.52	38.52	37.85	41.36	43.59	395.81	437.77	329.80	318.12	295.78
宁夏	40.19	45.50	42.51	42.32	42.52	578.89	621.25	766.06	789.33	822.13
新疆	210.63	210.24	160.90	152.33	148.67	2034.65	1831.92	2435.43	2403.68	2444.69
汇总	4269.76	4527.17	4366.50	4531.55	4707.84	193885.28	203094.95	293163.84	319518.69	344562.51

附表 2—3　2016—2020 年建筑业环境友好型能源消耗量与污染排放量优化值

省份	环境友好型能源消耗量优化值					环境友好型污染排放量优化值				
	2016 年	2017 年	2018 年	2019 年	2020 年	2016 年	2017 年	2018 年	2019 年	2020 年
北京	88.39	88.31	74.88	69.41	64.42	3824.79	3518.01	4160.63	4075.31	4024.12
天津	219.50	242.95	193.94	196.93	189.96	3316.09	3375.69	4674.32	5210.40	5511.65
河北	158.46	161.87	184.89	201.25	215.94	8306.86	6216.26	20415.54	20596.22	20483.43
山西	130.05	131.54	141.89	143.80	149.87	3451.88	3489.61	3636.11	3575.41	3613.60
内蒙古	175.95	201.55	127.37	117.68	110.94	1800.91	2198.45	1720.26	1709.13	1733.63
辽宁	77.65	68.05	58.44	48.64	41.67	5475.57	4597.62	8875.08	8537.42	8383.55
吉林	130.44	139.09	179.99	188.13	200.66	2126.87	1220.19	5213.51	5282.27	5459.58
黑龙江	34.11	33.03	44.91	51.46	57.78	1343.09	1209.12	1425.20	1402.72	1354.47
上海	141.21	150.14	143.80	141.40	143.67	2229.80	2350.06	2579.75	2499.58	2500.12

续表

省份	环境友好型能源消耗量优化值					环境友好型污染排放量优化值				
	2016 年	2017 年	2018 年	2019 年	2020 年	2016 年	2017 年	2018 年	2019 年	2020 年
江苏	93.21	92.43	102.19	99.44	95.54	21388.68	22549.86	32164.86	32952.83	32656.64
浙江	339.95	351.94	371.62	397.98	392.97	31587.30	32154.30	39509.47	44073.42	45204.50
安徽	184.22	199.29	239.40	270.10	304.70	5428.35	6755.70	7536.46	8150.87	8814.67
福建	148.47	172.63	180.88	198.36	211.59	13081.92	16078.82	20251.42	24701.89	29219.27
江西	56.34	65.10	80.96	84.97	97.07	5595.92	5841.81	6873.00	7266.10	8389.12
山东	173.16	167.31	156.97	160.82	148.42	9341.36	8062.11	12668.20	13840.54	13746.83
河南	200.18	260.58	325.05	398.71	486.75	6734.23	8679.54	15052.19	16763.86	18630.55
湖北	187.04	205.31	251.83	261.40	246.39	13482.64	18384.21	26461.81	33657.24	38797.65
湖南	286.64	294.82	71.51	54.22	39.18	7362.85	7408.34	8204.71	8445.51	8501.48
广东	146.03	202.39	198.14	196.51	194.42	6747.33	5990.10	8662.21	8910.23	9112.91
广西	27.05	29.44	32.54	34.05	36.20	1706.07	2705.83	3153.25	3305.21	3566.96
海南	33.33	36.31	51.81	60.83	68.33	242.54	296.47	444.23	468.89	472.59
重庆	125.94	129.19	142.20	159.79	169.60	5606.87	5902.77	7388.02	8400.96	9042.69
四川	271.14	271.44	171.00	153.74	153.11	10557.00	10192.42	20531.16	20120.92	21618.47
贵州	135.15	150.04	159.67	186.82	216.36	4798.62	9086.83	9561.34	13146.83	17947.62
云南	177.31	178.61	214.94	234.83	255.30	3232.22	3279.54	6919.79	8104.38	9462.69
陕西	94.15	101.04	114.32	113.25	103.21	5207.60	5723.23	6024.69	6367.21	6125.41
甘肃	74.69	83.56	56.64	63.33	58.40	1628.28	2125.01	2029.45	2440.07	2418.50

续表

省份	环境友好型能源消耗量优化值					环境友好型污染排放量优化值				
	2016 年	2017 年	2018 年	2019 年	2020 年	2016 年	2017 年	2018 年	2019 年	2020 年
青海	34.53	39.80	38.82	43.30	47.74	395.89	452.26	338.27	333.03	323.93
宁夏	41.86	45.68	42.19	42.11	42.12	602.96	623.68	760.13	785.39	814.32
新疆	213.01	221.44	156.42	164.25	155.13	2057.56	1929.54	2367.58	2591.77	2550.78
汇总	4199.15	4514.88	4309.21	4537.51	4697.42	188662.03	202397.37	289602.66	317715.63	340481.75

附表 2—4　2016—2020 年建筑业均衡型能源消耗量与污染排放量优化值

省份	均衡型能源消耗量优化值					均衡型污染排放量优化值				
	2016 年	2017 年	2018 年	2019 年	2020 年	2016 年	2017 年	2018 年	2019 年	2020 年
北京	98.42	104.85	76.55	71.02	64.95	4258.92	4176.86	4253.25	4170.02	4057.35
天津	239.26	262.89	207.63	205.64	195.37	3614.64	3652.84	5004.23	5441.06	5668.62
河北	167.28	160.16	187.47	200.37	215.67	8769.15	6150.61	20700.52	20506.41	20457.64
山西	152.76	150.74	158.07	160.59	161.92	4054.75	3999.04	4050.64	3992.89	3904.03
内蒙古	177.58	201.90	129.09	118.53	110.49	1817.63	2202.28	1743.60	1721.51	1726.57
辽宁	72.78	70.70	57.14	49.26	41.01	5131.94	4776.64	8677.93	8646.43	8252.17
吉林	153.93	173.06	176.41	189.90	200.29	2509.89	1518.18	5109.76	5332.12	5449.36
黑龙江	36.97	38.55	47.93	52.96	58.95	1455.40	1411.06	1521.08	1443.59	1381.93
上海	167.19	174.06	154.31	152.38	147.28	2640.04	2724.41	2768.28	2693.62	2562.97
江苏	112.40	121.78	122.34	111.90	104.48	25792.74	29710.87	38506.46	37082.49	35712.03

续表

省份	均衡型能源消耗量优化值					均衡型污染排放量优化值				
	2016 年	2017 年	2018 年	2019 年	2020 年	2016 年	2017 年	2018 年	2019 年	2020 年
浙江	337.47	369.05	392.42	383.94	389.94	31357.30	33716.72	41721.83	42518.88	44855.49
安徽	210.42	222.03	254.90	280.66	310.50	6200.24	7526.64	8024.28	8469.69	8982.52
福建	152.77	169.60	181.61	197.30	211.21	13460.44	15796.65	20333.21	24569.48	29166.39
江西	71.15	78.51	84.61	88.91	100.17	7067.19	7045.50	7182.81	7603.02	8656.67
山东	261.17	241.11	191.27	172.03	149.29	14089.07	11618.59	15436.01	14805.59	13827.12
河南	273.73	326.80	347.02	416.17	486.49	9208.57	10885.17	16069.41	17497.68	18620.85
湖北	184.15	204.65	257.54	258.16	246.66	13274.40	18324.51	27062.54	33239.75	38840.50
湖南	327.49	339.85	75.19	55.45	39.89	8412.08	8539.91	8627.12	8636.73	8655.97
广东	238.17	283.24	239.03	214.59	193.70	11004.25	8383.32	10449.74	9729.80	9079.36
广西	33.42	36.15	34.59	37.06	38.77	2107.36	3322.16	3351.74	3598.00	3819.65
海南	45.90	49.35	57.44	62.28	68.36	334.04	402.91	492.48	480.09	472.76
重庆	179.84	190.93	164.23	170.65	169.62	8006.45	8723.74	8532.86	8971.87	9043.64
四川	261.24	271.75	171.14	157.15	149.85	10171.52	10204.20	20548.74	20567.56	21157.46
贵州	140.49	151.03	162.51	188.47	216.96	4988.29	9146.68	9731.78	13262.85	17997.41
云南	315.13	301.93	287.18	272.72	255.61	5744.80	5543.90	9245.52	9411.98	9474.06
陕西	103.40	108.11	119.35	115.07	110.46	5719.64	6123.54	6289.67	6469.13	6555.98
甘肃	74.78	83.91	66.14	75.24	85.60	1630.28	2133.80	2369.62	2898.89	3545.02
青海	36.30	43.55	49.90	54.47	58.68	416.19	494.87	434.80	418.94	398.17
宁夏	42.41	46.35	42.29	42.21	42.14	610.86	632.92	761.97	787.30	814.80
新疆	258.79	305.13	194.34	173.53	156.81	2499.81	2658.77	2941.45	2738.24	2578.41
汇总	4926.79	5281.72	4689.64	4728.62	4781.09	216347.88	231547.28	311943.32	327705.60	345714.90

重要术语索引表